Desaster oder Kultur?

Eckhard Schindler

Desaster oder Kultur?

Das Ästhetik-Prinzip und der gesellschaftliche Fortschritt

Books on Demand

Bibliografische Information der Deutschen Nationalbibliothek:
Die Deutsche Nationalbibliothek verzeichnet diese Publikation in der Deutschen Nationalbibliografie; detaillierte bibliografische Daten sind im Internet über http://dnb.dnb.de abrufbar.

1. Auflage Mai 2013
2. Auflage Oktober 2014

Lektorat: Frank Piegeler, Möglingen
Herstellung und Verlag: BoD – Books on Demand, Norderstedt

ISBN: 978-3-7386-1803-7

Inhalt

Vorwort

Es wäre phantastisch, ein Leben führen zu können, das von Wohlstand, Anerkennung, Sicherheit, Gesundheit und Familienglück gekennzeichnet ist, in dem es möglich ist, Hobbys zu frönen, uneingeschränkt zu reisen, in einer Umgebung zu leben, in der Offenheit, Fairness, Mitgefühl und Humor die dominierenden Haltungen sind, ein Leben, in dem eines der größten Ärgernisse darin besteht, eine Steuererklärung abgeben zu müssen. Was könnte man sonst noch wollen? Dann wäre die Welt in Ordnung!

Wäre sie das wirklich?

Nein, da waren noch einige Kleinigkeiten, die die Harmonie stören könnten.

Da waren Armut, Kriminalität, Umweltzerstörung. Da war die Tatsache, dass die Welt voller eskalierender Konflikte ist, voller Unvereinbarkeiten, Unversöhnlichkeiten, Mauern und Gräben, die Menschen mit großem und zugleich völlig überflüssigem Engagement gegeneinander errichten. Da war die Eigenheit, dass Fachwissen und technologisches Instrumentarium sich rasant entwickeln, die Kompetenzen zum systematischen und gerechten Management der Gesellschaft jedoch auf fatale Weise stagnieren. Da war die oberflächliche Medien- und Diskussionskultur, in der plakative Statements und lexikalisches Wissen mehr zählen als die komplexeren Zusammenhänge, die bei etwas weniger schlaffer Aufmerksamkeit womöglich zum Vorschein kämen. Da war der ganze Schlamassel, der tiefe Sumpf, in dem wir uns wiederfinden würden, wenn wir nur die Augen ein wenig mehr öffnen wollten.

Bei genauerem Hinsehen kann kaum geleugnet werden, dass die Entwicklung der menschlichen Kultur einen regelrecht desaströsen Verlauf nimmt. Das vorliegende Buch stellt sich der Frage, ob wir diesem Trend auf fatale Weise ausgesetzt sind und was getan werden kann, um in segensreicheres Fahrwasser zu gelangen.

Im ersten Kapitel werden unter der Überschrift „Kultur oder Desaster?" einige der Menschheitsprobleme zusammenfassend dargestellt.

Im Anschluss folgt die Aufarbeitung einiger Gesetzmäßigkeiten und Zusammenhänge, die für die analytische Betrachtung der Defizite oder für die Beschreibung von Lösungsansätzen hilfreich sein könnten. Im Kapitel „Das neuronale System" geht es dabei zunächst um das menschliche Individuum und im folgenden Kapitel um die menschliche Gesellschaft bzw. um den „Menschheitsorganismus". Manche der in diesen Kapiteln vorgestellten Thesen werden aus dem Wissensfundus der Neurologie, Psychologie und Philosophie gewonnen, andere werden als mehr oder weniger kühne, aber sich durchaus aufdrängende Behauptungen danebengestellt.

Die beiden letzten Kapitel (4 und 5) versuchen, Lösungsansätze zu liefern. Dies geschieht einmal, indem die im ersten Kapitel aufgezeigten Menschheitsprobleme im Lichte der Thesen aus Kapitel 2 und 3 betrachtet werden und zum anderen, indem einige Erfordernisse bzw. Zielvorgaben benannt werden, deren Erfüllung mit hoher Priorität angestrebt werden müsste, um den fatalen Verlauf der Entwicklung abwenden zu können. Da ein großer Teil der gesellschaftlichen Gegenwartsprobleme mit der Gestaltung der Marktwirtschaft zusammenhängt, widmet sich das vorletzte Kapitel insbesondere der Kapitalismuskritik. Das fünfte und letzte Kapitel stellt sich den restlichen Menschheitsproblemen aus Kapitel 1 und versucht abschließend die Frage zu beantworten, wie es gelingen könnte, das Desaster abzuwenden und die Kulturgesellschaft erfolgreich weiterzuentwickeln. Einfache oder komfortable Lösungen können dabei allerdings nicht präsentiert werden.

Insbesondere in den Kapiteln zum neuronalen System (2) und zum Menschheitsorganismus (3) werden an einigen Stellen Begriffe neu eingeführt oder über den üblichen Sprachgebrauch hinausgehend benutzt. Das ist notwendig, weil es nur so gelingt, die entsprechenden Thesen und Erörterungen, befreit vom Stigma abgegriffener Begriffsbedeutungen, in ausreichendem Maß hervorzuheben. In einem Glossar am Ende des Buches sind diese Abweichungen zusammenfassend dargestellt.

1 Kultur oder Desaster?

1.1 Umweltzerstörung und Ressourcenverschwendung

Gigantische Mengen Atommüll werden angehäuft, für deren Verwahrung oder Entsorgung es keine Lösung gibt und in absehbarer Zeit wohl auch nicht geben wird. Der Betrieb von Atomkraftwerken mit einem Restrisiko, für das längst evident ist, dass es gelegentlich eintritt, gilt als akzeptabel. Das nicht unerhebliche Risiko der radioaktiven Verseuchung mehr oder weniger großer Landstriche wird in Kauf genommen.

Bei der Verwendung fossiler Energieträger werden erhebliche Mengen CO_2 in die Atmosphäre gepumpt. Der ausgelöste globale Temperaturanstieg wird sich nach aller Wahrscheinlichkeit noch durch Methan beschleunigen, das aus den Permafrostböden riesiger Regionen entweicht. Die Idee, CO_2 unter der Erdoberfläche zu deponieren, hat eher den Charakter eines ungedeckten Wechsels als den einer Lösung. Der durch die Aktivität des Menschen ausgelöste Anstieg der Temperaturen und des Meeresspiegels ist unausweichlich. Klimazonen werden sich verschieben. Wohin diese Entwicklung führen wird, ist völlig unklar. Ein Konsens der Weltmächte, der auch nur näherungsweise geeignet wäre, diese Entwicklung zu stoppen, ist nicht in Sicht. Durch die Häufung extremer Wetterlagen werden bereits heute zunehmend Katastrophen und Hungersnöte ausgelöst. Inselbewohner im Pazifik bereiten sich darauf vor, ihre Paradiese zu verlassen.

Dass Hochspannungsleitungen, Solarparks und Windkraftanlagen die Umgebung verschandeln, wird noch als akzeptabel angesehen, zumindest von denen, die nicht direkt in der Nähe eines Windparks oder einer Hochspannungsleitung leben müssen. Die eher als umweltfreundlich angesehenen Wasserkraftwerke verbrauchen schöne Landschaften und bringen gelegentlich riesige Bergstürze und vielfachen Tod zuwege. Zur Gas-Ausbeutung wird mittels der Fracking bzw. „Hydraulic Fracturing" genannten Fördermethode großvolumig die Gesteinsstruktur tief unter dem Erdboden zerstört und es werden große Mengen Wasser chemisch verseucht.

Die Menschen atmen Sauerstoff. Gleichzeitig schätzen sie dieses Gas jedoch so gering, dass sie es in großen Mengen an dem Komfort dienende energetische Prozesse sowie an Autos und viele weitere technische Spielereien verfüttern.

Eingriffe des Menschen in seine Umwelt führen fortgesetzt zur signifikanten Dezimierung der Biodiversität. Ackerbau und Viehzucht werden in großem Stil so betrieben, dass künstlich errichtete Monokulturen natürlich gewachsene Biotope und konventionelle landwirtschaftliche Methoden ersetzen. Die Verschleppung von Arten führt zur Verdrängung endemischer Arten, die lange Zeit in abgeschotteten Umgebungen überleben konnten. Bei einigen der eingebrachten Arten kommt es wiederum zu einer extremen, ungehinderten Ausbreitung, da sie in der neuen Umgebung keine natürlichen Feinde oder Konkurrenten mehr vorfinden. Bei der Gentechnik werden ohne größere Skrupel Unfälle in Kauf genommen, die zur Verdrängung natürlicher oder konventionell gezüchteter Arten durch synthetische Arten führen. Dem Wert von komplexen natürlichen Gleichgewichten, die sich im Rahmen einer viele Millionen Jahre währenden Evolution herausgebildet haben, wird mit unglaublicher Ignoranz begegnet. Die Fähigkeit des Menschen, als erfolgreicher Biodesigner tätig sein zu können, wird maßlos überschätzt, während gleichzeitig die negativen Auswirkungen schrittweise aufgedeckt werden. Durchaus beeindruckende Teilerfolge stehen einem fatalen Wirken der Menschheit als Ganzes gegenüber.

Wälder und Biotope, die dem Gleichgewicht zwischen CO_2 und O_2 zuträglich sind, fallen weltweit einem drastischen Vernichtungsprozess anheim.

Ländereien und Meere werden unaufhaltsam mit Müll angereichert. Einzelnen Aktivitäten und Initiativen zur Verhinderung und Beseitigung von Umweltschäden steht die allgemeine Inkaufnahme der aktiven, durch Profitstreben motivierten Vergiftung der Umwelt und des Risikos von Umweltunfällen entgegen.

Diese Entwicklung und das unselige Wirken des Menschen werden zwar prinzipiell zur Kenntnis genommen – es gibt unzählige, mehr oder weniger einflussreiche Bewegungen, die auch bereits zum Einlenken führen. Das Wirken der Menschheit als Ganzes kann man jedoch in dieser Hinsicht nur als zerstritten, ambivalent und fatalistisch charakterisieren. Die Fähigkeit zu Einsichten und Reaktionen, die der Dimension dieses Problems wirklich angemessen wären, ist nicht sichtbar. Komfortable Lebensumstände, die sich bei genauerer Betrachtung auf fatale Umweltzerstörung gründen, werden weitestgehend ohne Vorbehalte angenommen und ausgebaut. Wo aufgrund gesellschaftlicher oder wirtschaftlicher Probleme Abstriche bezüglich der komfortablen Lebensumstände gemacht werden müssen, wird die Frage des Umweltschutzes noch nebenrangiger. In Gegenden, in denen Armut vorherrscht, ist Umweltschutz auch eher kein Thema, dies allerdings in der Regel bei geringerem Beitrag zur Verursachung des weltweiten ökologischen Flurschadens.

Durch die wissenschaftlich-technische Revolution wurden viele Möglichkeiten entdeckt, wie man die Ressourcen der Erde zur angenehmeren Gestaltung des Lebens verwenden kann. Die marktwirtschaftlich organisierte Konsumgesellschaft spornt dazu an, diese Möglichkeiten extensiv zu nutzen. Im Rahmen der Globalisierung wird das kapitalistisch-marktwirtschaftliche Modell in die ganze Welt exportiert. Die Mechanismen dieser die weltweite Entwicklung maßgeblich prägenden Wirtschaftsform bauen geradezu auf dem Fundament des ständigen Wachstums und der ständigen extensiven Ausbeutung von Ressourcen auf.

Fossile Rohstoffe, wie Kohle, Öl und Erdgas, die über viele Erdzeitalter durch die Zyklen der Natur entstanden sind, werden innerhalb weniger Jahrhunderte fast vollständig ausgebeutet. Sie werden entweder in lebensfeindliche oder extrem beschleunigt in natürliche Stoffe umgewandelt. Für Rohstoffe, die im Rahmen von Wohlstand und Marktwirtschaft einen hohen Wert erhalten haben, wie Edelmetalle, Seltene Erden etc., werden Ausbeutungsverfahren in Kauf genommen, die ganze Landstriche vergiften und verwüsten.

Es ist charakteristisch für den Menschen, dass er Ressourcen, die zunächst in unendlicher Menge verfügbar zu sein schienen, gnadenlos ausbeutet. So wurde z. B. bereits in der Antike im mediterranen Raum mit den Wäldern verfahren. Ebenso wird heute der Fischreichtum in den Weltmeeren dezimiert. Einlenken ist oft erst möglich, wenn fast alle Vorkommen erschöpft sind, sodass sich die Ausbeutung nicht mehr lohnt.

Komplexe Gleichgewichte, deren Synergien sich über viele Jahrmillionen herausgebildet haben, werden durch den Menschen in dilettantischer Art und Weise zunichtegemacht. Mit wissenschaftlichen Kenntnissen, die sehr fortschrittlich erscheinen, jedoch gemessen an den unermesslichen Reichtümern der Natur naiv anmuten, wird fleißig in alle erreichbaren Systeme eingegriffen. Das Ergebnis sind ein drastisch schrumpfendes Ressourcenaufkommen, die fortschreitende Zerstörung von Gleichgewichten und die Dezimierung der Biodiversität.

Ein Bewusstsein für den schonenden Umgang mit Umwelt und Ressourcen ist durchaus in der Gesellschaft vorhanden, die Verantwortung für die Notwendigkeit nachhaltigen Wirtschaftens wird partiell erkannt und es wird dafür gekämpft. Insgesamt, global betrachtet, hat das Wirken des Menschen jedoch in dieser Hinsicht desaströsen Charakter.

1.2 Bevölkerungsexplosion, Hungerkatastrophe und globaler Ressourcenbedarf

Die Weltbevölkerung wächst explosionsartig.

In diesem Zusammenhang sind zwei Aspekte zu beachten:

- Der unmittelbare Zusammenhang zwischen Armut, Bevölkerungswachstum und humanitärer Dauerkatastrophe.
- Die Folgen, die daraus für die Entwicklung der Weltbevölkerung und den steigenden globalen Ressourcenbedarf erwachsen.

Zur globalen Hungerkatastrophe merkt Jean Ziegler (2011b, 14f.) Folgendes an:

> „Der jährliche Hungertod von mehreren zehn Millionen Männern, Frauen und Kindern ist der Skandal unseres Jahrhunderts.

> Alle fünf Sekunden verhungert ein Kind unter zehn Jahren. Und das auf einem Planeten, der grenzenlosen Überfluss produziert …
> In ihrem augenblicklichen Zustand könnte die Weltlandwirtschaft problemlos zwölf Milliarden Menschen ernähren, was gegenwärtig fast der doppelten Weltbevölkerung entspräche.
> Insofern ist die Situation alles andere als unabwendbar.
> Ein Kind, das am Hunger stirbt, wird ermordet.“

Das ist jedoch nur die Spitze des Eisbergs der humanitären Katastrophe bzw. es ist nur das krasseste Symptom für das weltweite Armutsproblem:

> „Seit 1975 sind achtundfünfzig Länder des Südens verelendet. Sie beherbergen die *Bottom Billion*, die eine Milliarde Menschen, die weltweit die unterste Armutsschicht bilden.“ (Ziegler 2011a, 88f.)

Das Hungerproblem wird auch insbesondere dadurch verschärft, dass in vielen armen Ländern der Welt landwirtschaftliche Flächen strategisch aufgekauft oder direkt der Gewinnung von Agrotreibstoffen zugeführt werden. Dabei tun sich häufig potente Kapitalgeber mit korrupten Kräften in den betreffenden Ländern zusammen, um Gewinnabsichten zu verfolgen. In vielen Fällen werden dabei Familien um die Möglichkeit gebracht, weiterhin von der zum Eigenbedarf betriebenen (Subsistenz-) Landwirtschaft zu leben. In anderen Fällen landen wichtige Teile des ökologischen Reichtums der Welt auf dem Opferaltar und es treten z. B. Monokulturen an die Stelle von Primärwäldern (siehe dazu das Kapitel „Die Geier des ‚grünen Goldes‘“ in Ziegler 2011b, 223ff.).

Gleichzeitig ist das Wachstum der Bevölkerung gerade in ärmeren Regionen, in denen Kinderreichtum als wichtigste Form der Alterssicherung fungiert, besonders extrem. Der enge Zusammenhang zwischen Armut, Hunger und drastischem Bevölkerungswachstum ist einerseits statistisch erwiesen, andererseits ist er auch augenfällig und allgemein bekannt. Schon aus den täglichen Nachrichten ist ablesbar, dass in den armen Regionen Asiens, Schwarzafrikas, Südamerikas etc. zwischen den genannten Trends ein proportionales Verhältnis bestehen muss.

Die Wechselwirkung zwischen Armut und Ressourcenknappheit, mangelnder landwirtschaftlicher Produktivität und ausuferndem Bevölkerungswachstum ist ein Teufelskreis, der eigentlich ins vorletzte Jahrtausend gehört, nicht jedoch in unsere Welt des wissenschaftlichen Fortschritts und des weltweiten Siegeszuges der Hochtechnologien. Das Ausmaß dieser humanitären Katastrophe ist gigantisch. Auf die negative Rolle, die dabei der Globalisierung zukommt, wird weiter unten näher eingegangen.

Der zweite Aspekt, die explosionsartige Entwicklung der Weltbevölkerung und des Ressourcenbedarfs auf globaler Ebene, hat das Potenzial, das Menschheitsdesaster zu komplettieren. Armut sowie der Trend zum Bevölkerungswachstum herrschen nicht nur in den ärmsten Ländern der Welt, sondern auch in Entwicklungsländern, Schwellenländern sowie in durchschnittlich entwickelten Regionen. Nur in einigen wenigen, vorwiegend besonders reichen Ländern, kehrt sich der Trend zum Bevölkerungswachstum teilweise um.

Parallel dazu findet jedoch in vielen der betroffenen Länder eine schrittweise Entwicklung zum Wohlstand statt. Die Folge ist, dass sich der verschwenderische Umgang mit den weltweit verfügbaren Ressourcen, der der prosperierenden Konsumgesellschaft zu eigen ist, von Jahr zu Jahr drastisch verstärkt.

Ein wichtiges Grundrecht ist das Recht auf ein menschenwürdiges Dasein. Einerseits ist es eine Farce, dass es nicht gelingt, diesen Anspruch flächendeckend zu verwirklichen. Andererseits würde das zu einer noch deutlich gesteigerten Teilhabe an den Austauschprozessen der Wohlstandsgesellschaft führen. Extrapoliert man dabei Verhalten und Trends dieser Gesellschaft, so wie sie sich gegenwärtig darstellen, so wäre die Folge ein Umwelt- und Ressourcenproblem in einem Ausmaß, das der Zivilisation den Garaus machen würde.

Es sieht so aus, als dass die Menschheit die Schande der Armut weder beheben will noch dass sie es kann. Jedenfalls gibt es keine Lösung ohne einen so tiefgreifenden Wertewandel und eine so tiefgreifende Änderung des Verhaltens der Weltbevölkerung, dass wohl nichts zu der Hoffnung berechtigt, dass sie jemals erreichbar sind.

1.3 Machtstreben, Gewalt und Kriege

Das Leben aller Arten auf dem Planeten Erde ist vom ständigen Kampf um Ressourcen und Lebensräume geprägt. Dabei gibt es ein ständiges Wechselspiel zwischen Konkurrenzkampf und Überlebenskampf auf der einen Seite und Nahrungsketten, Symbiosen und Synergien auf der anderen Seite. Die Lebensformen und Verhaltensweisen, die sich dabei herausgebildet haben, erscheinen einerseits als eine von wunderbarer Vielfalt geprägte Flora und Fauna. Andererseits ist jedoch auch erkennbar, dass jedes Mittel – bis zu brutaler Gewalt – recht ist, um jeweils den Interessen der eigenen Art zur Geltung zu verhelfen.

Der Mensch, obwohl eine ganz besondere Art des Säugetieres, bildet da, zumindest historisch betrachtet, keine Ausnahme. Die Besonderheiten und Errungenschaften, auf die in der Hinsicht auf den Menschen heute verwiesen werden kann, haben offensichtlich nicht dazu geführt, dass die Befreiung von der animalischen Seite als gelungen betrachtet werden darf.

Einerseits gibt es Kultur, Kunst, Bildung, Wissenschaft, humanitäre Organisationen, Weltorganisationen, demokratische Staatswesen mit Verfassungen, die die Würde des Menschen als unantastbar erklären, eine „Allgemeine Erklärung der Menschenrechte", von sozialen und ethischen Beweggründen geprägte Politik, politische Diplomatie, weltweit funktionierende Informations-, Waren- und Geldflüsse und viele weitere Wunder der menschlichen Gesellschaft.

Andererseits wird regelmäßig auf animalisch anmutende Verhaltensweisen zurückgegriffen, bei denen alle zuvor genannten Errungenschaften mit Füßen getreten werden. Die Geschichte der Menschheit ist eine Geschichte von Kriegen, Genoziden, die eigene Bevölkerung mordenden Regimen. Der Präsident eines demokratischen Landes (Dwight D. Eisenhower) ordnet die Ermordung eines Politikers an (Patrice Lumumba), der in seinem Land (Kongo) die einzige Hoffnung auf Demokratie verkörperte, die es über viele Jahrhunderte hinweg gab. Selbst bei politischen Führungen von Demokratien, die eigentlich eher soziale und ethische oder gar pazifistische Gesinnungen vertreten (wollten), kommt es regelmäßig zur Anordnung bzw. Forcierung von Kriegen (Rot-Grüne Regierung in Deutschland: Kosovo-Krieg 1998/99; George W. Bush: Irak-Krieg und Missachtung der Menschenrechte). Ganz zu schweigen von den unzähligen Politikern und Regimen, denen die Menschenrechte weniger wichtig sind oder gar von den Diktatoren und militärischen Gruppierungen, die in verschiedenen Winkeln der Welt über Macht verfügen und sie repressiv anwenden, wenn es ihnen nötig erscheint. Die Nationalsozialisten haben versucht, die jüdische Bevölkerung in Europa auszulöschen, Stalin und die Roten Khmer wurden zu Massenmördern im Namen des Kommunismus.

Bemerkenswert ist auch die Tatsache, dass die Welt von Allianzen geprägt ist, die fortschrittliche demokratische Kräfte mit Mächten eingehen, welche nicht für die Achtung der Menschenrechte oder demokratischer Grundrechte stehen (USA und Saudi Arabien, USA und das ägyptische Militär, strategische Allianzen im Kalten Krieg). Maßgebliche Motive sind dabei die Sicherung des Zugangs zu Ressourcen (z. B. Öl), das Streben nach der Erhaltung oder Ausweitung des politischen und wirtschaftlichen Einflusses, der Handel mit Waffen.

Vergleicht man das Verhalten von Tieren im allgemeinen Überlebenskampf mit dem der Menschen, so kann nicht unerwähnt bleiben, welch neue Dimensionen das allgemeine Morden beim Menschen erlangt hat. Durch die wissenschaftlich-technische Revolution ist es zur Entwicklung von Waffen gekommen, die sehr effektiv oder auch sehr qualvoll eine größere Zahl von Menschen verletzen und töten können. Und diese Waffen werden angewendet. Dem Mensch ist es gelungen, außerordentlich wirkungsvolles Kampf- und Kriegsgerät herzustellen. Normalerweise könnte dies noch eine halbwegs sinnvolle Option sein, wenn damit zugleich konsequent mit der gebührenden Verantwortung umgegangen würde. Leider wird jedoch ständig von Neuem bewiesen, dass dem nicht so ist. Immer wieder wird mit modernen Waffen Schaden an Leben und Gesundheit vieler Menschen angerichtet.

Kein Mensch auf der Erde kann heute sicher sein, dass er nicht demnächst von einer Schusswaffe, Chemiewaffe, Atomwaffe verletzt oder getötet wird, und das womöglich gemeinsam mit einer größeren Zahl von Mitmenschen.

Die Gründe für diese Entgleisungen sind vielfältig. Partieller Ressourcenmangel und Bevölkerungswachstum dürften jedoch mit die wichtigsten Faktoren für diese Entwicklung sein. Der Überlebenskampf der Arten hat sich beim Menschen so weit gewandelt, dass die Annahme eines möglicherweise drohenden Ressourcenmangels, der teilweise auch aus territorialen Beschränkungen resultieren könnte, zum generellen Streben nach Macht und Einfluss führt. Es wird als recht und billig erachtet, dass alle zur Verfügung stehenden Mittel benutzt werden, um dem Machtanspruch Geltung zu verschaffen. Die Entwicklung immer mächtigerer, effektiverer Mittel und Werkzeuge, die diesem Zweck dienen können, ist eine der bedeutendsten Motivationen für das Handeln der Menschen geworden. Die militärischen Ausgaben nehmen in vielen Ländern einen bedeutenden Platz im Haushalt ein. Wissenschaftliche Forschung wird maßgeblich für die Entwicklung moderner Waffen und für sonstige militärisch-strategische Zwecke vorangetrieben.

Einen Machtanspruch militärisch durchzusetzen ist nur das letzte Mittel – das dennoch leider viel zu oft in Anwendung kommt. Das große Spiel um Macht und Einfluss prägt bzw. motiviert das Verhalten auch in vielen anderen Sphären des gesellschaftlichen Lebens, wie z. B. in Wirtschaft und Politik. Selbst kulturelle und religiöse Prozesse sind regelmäßig involviert. Geschichtliche Ereignisse wie die Kreuzzüge, die Inquisition, die Kulturrevolution in China sind nur die deutlichsten Beispiele. Wo auch immer kulturelle, religiöse, informationelle Prozesse geeignet erscheinen, um der eigenen Schicht, dem eigenen Land, der eigenen Ethnie, der eigenen Familie, der eigenen Gruppierung zu einem Vorteil zu verhelfen, werden sie regelmäßig vom Streben nach Macht und Einfluss korrumpiert.

Dabei ist diese Sichtweise auf die gesellschaftlichen Prozesse dem normalen, bodenständig lebenden Menschen zunächst einmal fremd. Sie erscheint keineswegs natürlich oder gottgegeben. Dennoch sind all die schlimmen Ereignisse, die es in der Geschichte gegeben hat, und all die bösen Konflikte, von denen die Welt heute geprägt ist, zielgerichtet von Menschen herbeigeführt worden.

1.4 Kriminalität, Korruption, mafiöse Strukturen

Die weltpolitische Dramatik steht nur am oberen Ende der Skala der Schändlichkeiten. Die Gesellschaft ist im Kleinen wie im Großen regelmäßig von bedauernswerten Verhaltensweisen geprägt.

In vielen Ländern der Welt ist der Alltag von Kriminalität und vom Einfluss mafiöser Allianzen bzw. von Milizen oder Oligarchien geprägt. Die Skala der Vorgehensweisen reicht dabei von der subtilen Unterwanderung der gesunden gesellschaftlichen Strukturen über Korruption und Erpressung bis zu mehr oder weniger brutaler Gewalt.

Diese Erscheinungen scheinen gesetzmäßig mit der Armut zu korrelieren. Überall, wo Menschen in Armut und Abhängigkeit leben, greifen kriminelle Machenschaften Raum. Aber auch Wohlstandsgesellschaften sehen sich permanent dem Risiko krimineller und korrupter Vorgehensweisen ausgesetzt. Man kann davon ausgehen, dass auch hier das Leben nicht von purer Lauterkeit geprägt ist, aber das Level, auf dem das Spiel hier stattfindet, ist etwas mehr von Vornehmheit geprägt und die Tarnung ist professioneller.

Eine Grundregel scheint zu sein, dass von Egoismus, Kriminalität und Korruption geprägte Lebensentwürfe im Verborgenen blühen. Überall dort, wo hingegen das Licht der Öffentlichkeit nicht weit entfernt ist oder wo zumindest einige wenige Menschen gelegentlich hinschauen, scheint daraus eher der Ansporn für Verhaltensweisen zu erwachsen, die von Kooperativität und Altruismus geprägt sind. Wo man sich präsentiert, seine Haltung offenbart und das unter dem eigenen Namen, dort gibt es Anreize für Lauterkeit.

Umgekehrt gilt auch die Regel, dass lautere Motive zumindest darauf abzielen, dass sie in der Gemeinschaft als solche wahrgenommen werden. Wo das nicht geschieht, kann das zur Verkümmerung der Verhaltensweisen führen, die der Gemeinschaft zuträglich sind – und damit zur Ausweitung von negativen Erscheinungen.

Wo man sich verstecken kann, blühen Kriminalität, Betrug, Untreue, Korruption etc.; Geld stinkt nicht und wenn man es ausgibt, ist nicht mehr erkennbar, wie es verdient wurde – das ist ein bedeutender Anreiz zu unlauterem Verhalten.

Die Kriminalität und Korruption, die in vielen Teilen der Welt etabliert sind bzw. die in einigen Regionen das Leben sogar weitestgehend bestimmen, entspringen offensichtlich den extremen Gegensätzen zwischen sehr reichen und mehr oder weniger korrupten oder kriminellen Macht-Eliten einerseits und in großer Armut lebenden Bevölkerungsschichten andererseits. Der Umstand, dass die Gier nach Geld, Reichtum und Macht in der Gesellschaft mehr zählt als ein friedliches, von bescheidener Kultiviertheit geprägtes Leben, dürfte für die ausgeprägten Verwerfungen, die es in dieser Hinsicht auf der Welt gibt, mit verantwortlich sein.

1.5 Marktwirtschaft, Keynesianismus, Wohlstand und Wachstum

Die kapitalistische Markwirtschaft ist Leitbild und Fundament für das gesellschaftliche Leben in der westlichen Gesellschaft der Gegenwart. In Konkurrenz zu anderen Gesellschaftssystemen (z. B. Kommunismus) hat es sich als das erfolgreichste Modell etabliert, das zumindest im Kontext der Geschichte der letzten Jahrhunderte hochwirksam die in der Gesellschaft schlummernden Triebkräfte zu mobilisieren vermochte. Die kapitalistische Marktwirtschaft kann als in engem Zusammenhang mit wissenschaftlich-technischer Revolution, Wohlstand und freiheitlich-demokratischer Grundordnung stehend betrachtet werden.

Mit anderen Worten: Die kapitalistisch-marktwirtschaftliche Gesellschaftsform wird heute von ihren Befürwortern als maßgebliche Grundlage für Fortschritt, Wohlstand und Humanismus gesehen – und dies vielleicht nicht ganz zu Unrecht.

Darüber hinaus übt diese Gesellschaftsform enormen und immer weiter wachsenden Einfluss auf das gesellschaftliche Leben in der ganzen Welt aus. Es scheint so, als ob die marktwirtschaftliche Globalisierung auf Dauer vor keiner Grenze haltmacht. Der Export dieses Modells ist zumindest teilweise seiner Attraktivität zu verdanken. Man kann davon ausgehen, dass der wachsende weltweite Einfluss des westlichen Modells unter anderem auch dadurch zustande kommt, dass den Menschen die Segnungen der Marktwirtschaft attraktiv erscheinen.

Ein wichtiger Erfolgsfaktor des Kapitalismus besteht in den Mechanismen des marktwirtschaftlichen Wettbewerbes. Durch das Gesetz von Angebot und Nachfrage ergibt sich die Möglichkeit, dass aus menschlichen Aktivitäten, die durchaus von Eigennutz motiviert sein können, dennoch ein Nutzen für die Gesellschaft entsteht. Dies führt zu dem Phänomen, dass das Streben, den Mitmenschen behilflich sein zu wollen, das ja dem Menschen nicht abgesprochen werden kann, in gewisser Weise mit dem Streben nach Wahrung der eigenen Interessen verbunden werden kann. Dieses Phänomen wird in der Literatur auch die „unsichtbare Hand" genannt, die ersten Beschreibungen dazu gehen auf Adam Smith zurück (siehe z. B. den Abschnitt „Die unsichtbare Hand" in Conway 2011, 6ff.).

Dass das Gesetz von Angebot und Nachfrage die Weltgeschichte spätestens seit dem 19. Jahrhundert sehr stark geprägt hat, unterliegt keinem Zweifel. Dass es heute in einigen Ländern eine wesentliche Grundlage dafür ist, dass dort ein von Wohlstand, Demokratie, Selbstbestimmung und langjährigem Frieden geprägtes Leben möglich ist, kann ebenfalls kaum geleugnet werden. Gleichzeitig war der Kapitalismus schon immer stark umstritten und es ist auch klar, dass er in einigen Aspekten recht schlimme Blüten treibt.

Bei der Weiterentwicklung der kapitalistischen Gesellschaft spielt eine Vielzahl von wechselnden Leitlinien eine Rolle. Betrachtet man die letzten 100 Jahre, so haben sich in dieser Zeit einige spezielle ökonomische Schulen besonders hervorgetan. Einmal ist dies der Keynesianismus. „Es sei Aufgabe des Staates, die Konjunktur wieder anzukurbeln, indem er Geld aufnahm und ausgab. Der Staat solle Beschäftigte einstellen und öffentliche Infrastrukturprojekte – etwa den Bau von Straßen und Eisenbahnen, Krankenhäusern und Schulen – finanzieren. [...] Nach Keynes Auffassung kämen die Zusatzausgaben des Staates in der Wirtschaft auch an. So schaffe der Bau einer Autobahn Arbeitsplätze in Bauunternehmen, deren Beschäftigte ihren Lohn für Lebensmittel, Waren und Dienstleistungen ausgeben, wodurch die Wirtschaft insgesamt gestützt werde." (Conway 2011, 38f.) Das Kalkül ist dabei, dass der Staat durchaus Schulden in erheblichem Ausmaß aufnehmen kann, um die Konjunktur wieder anzukurbeln. Ein Teil der Ausgaben wird dann in Form von Steuern zurückfließen.

In der Vergangenheit kam es jedoch trotz bzw. teilweise auch aufgrund des Keynesianismus zu steigender Inflation mit Folgen, die nicht mehr durch erneute Ausgaben und Schulden des Staates bekämpft werden konnten. Der Keynesianismus ist auch heute noch von Bedeutung bei politischen Entscheidungen, wobei er aber moderneren ökonomischen Schulen untergeordnet wird.

Und gerade der Keynesianismus spielt eine gewisse Rolle bei einem Phänomen, das hier einmal Neurasthenie des ökonomischen Wachstums genannt werden soll. Weitere wichtige Komponenten sind die rasche Gewöhnung an die ständige Steigerung des Wohlstands sowie das durch kurze Legislaturperioden beförderte kurzsichtige politische Handeln in den erfolgreichsten westlichen Demokratien.

Das Wort „Neurasthenie" steht für Nervenschwäche beim Menschen. Es ist ein aus der Mode gekommener Begriff, nicht zuletzt deshalb, weil es dafür keine wirklich klare Definition oder Diagnose gibt. Aber in Hinsicht auf den Nerv des öffentlichen Lebens in der Wohlstandsgesellschaft kann er gerade auch wegen dieser

Unschärfe ganz gut als Persiflage verwendet werden. Diesen Nerv zu treffen ist heutzutage ein schwieriges Unterfangen, aber es ist zugleich auch der wichtigste Sport, dem sich die Politik unterwirft.

Neurasthenie des ökonomischen Wachstums bedeutet vereinfacht gesagt, dass aus dem Wohlstand, je mehr er wächst, auch immer mehr das Diktat entsteht, dass er weiterwachsen muss. Nachrichten, die nicht in dieses Muster passen, werden von der Gesellschaft umso weniger akzeptiert, je höher der allgemeine Wohlstand ist – sie scheinen dann vielmehr zunehmend die Gefahr einer Destabilisierung der Gesellschaft mit sich zu bringen.

Arme Gesellschaften sind der Gefahr der Destabilisierung durch objektive Gründe ständig ausgesetzt und schlechte Nachrichten gehören zur Normalität. Das ist eine „Stärke", über die reiche Gesellschaften nicht ohne Weiteres verfügen.

Aus der Neurasthenie des ökonomischen Wachstums folgt eine Reihe von Konsequenzen. Zunächst soll eine positive Konsequenz genannt werden: Aus dem Wachstum entsteht ständiger Ansporn für Anstrengungen zur weiteren Entwicklung der gesellschaftlichen Austauschprozesse. Prinzipiell ist dagegen nichts zu sagen und so liegt hierin ein wichtiger Grund dafür, dass in manchen Ländern bis heute ein recht hohes Niveau des Wohlstandes erreicht worden ist. Es ist allerdings auch wichtig, nach dem hierfür zu zahlenden Preis zu fragen – sei es bisher, sei es in der Zukunft, sei es in fernen Ländern (darauf wird später noch eingegangen).

Zusammen mit dem Wohlstand sind Gesellschaftsmodelle entstanden, bei denen die soziale Absicherung benachteiligter Bürger ein wichtiges Fundament ist. Grundsätzlich ist das eine ausgesprochen positive Entwicklung. In

Zeiten der wirtschaftlichen oder demografischen Rezession erwächst daraus allerdings ein Finanzierungsproblem. Rückschritte, die in dieser Hinsicht gelegentlich unvermeidbar sind, werden deshalb ungern im Klartext angekündigt. Viel eher werden Maßnahmen ergriffen, die den Status quo vorläufig wahren. Auch wenn die Fassade nie lange aufrechterhalten werden kann, so liegt mit dem Wunsch der Wahrung des sozialen Friedens doch ein Zwang vor, der eine klare, offene Kommunikation in der Gesellschaft erheblich behindert.

Ein entscheidender Faktor ist der Umstand, dass Politiker nur für kurze Legislaturperioden im Amt sind und danach nicht mehr für ihre Haltungen und Entscheidungen zur Verantwortung gezogen werden. Sicher, sie müssen sich normalerweise auch um ihren künftigen Ruf Gedanken machen. Aber die Gesellschaft hat in dieser Hinsicht ein relativ kurzes Gedächtnis. Bei wechselnden Machtverhältnissen gelingt es außerdem häufig, die Folgen des eigenen Handelns zur Stolperfalle für den die nachfolgende Regierung stellenden politischen Gegner werden zu lassen. So besteht ein erheblicher Druck, Maßnahmen zu ergreifen, die kurzfristig Erfolge bringen, deren langfristige Auswirkungen jedoch kaum gesehen werden. Ein Aspekt ist dabei auch, dass langfristige Auswirkungen schwieriger messbar und durchschaubar sind. Noch viel weniger sind sie einer politischen Kraft zuordenbar, da wechselnde Besetzungen der Regierungsämter an allen Langzeitwirkungen beteiligt sind.

Kurzsichtiges Agieren ist dadurch geradezu geboten. Die Modevokabel „Nachhaltigkeit“ charakterisiert Versuche, diesem Zwang zu entkommen, die sicher teilweise auch gut gemeint sind, jedoch eher hilflos anmuten.

Neben dem Gebot zur sozialen Absicherung spielt auch die Empfindlichkeit des kapitalistischen Systems gegenüber konjunkturellen Schwächen eine entscheidende Rolle. Das gesamte Gefüge erfordert geradezu ständiges Wachstum. Die geringsten Anzeichen einer Rezession, ja sogar schon der geringste Zweifel in den Fortgang der Konjunktur, können sich panikartig verstärken und zu einer tiefen Krise führen. Dem Zwang der Märkte ist ständig Referenz zu erweisen. Solange dies geschieht, kann die Marktwirtschaft eine gewisse Zeit auf der Erfolgsspur gehalten werden.

Der Keynesianismus würde es normalerweise erfordern, dass in Zeiten der Konjunktur der wirtschaftliche Spielraum erarbeitet wird, der in Krisenzeiten zum Gegensteuern nötig ist. Ebenso gilt das für die Sozialsysteme – eine gewisse Kontinuität sollte dadurch erreicht werden können, dass man in guten Zeiten mit Wohltaten relativ zurückhaltend umgeht, damit in schlechten Zeiten keine allzu großen Einschnitte nötig sind. Der Zwang zur Kurzsichtigkeit hat jedoch zur Folge, dass ein entsprechend kluges Wirtschaften nicht opportun ist. Vielmehr wird der Versuchung wenig widerstanden, Märkte und gesellschaftliches Bewusstsein jederzeit mit der Droge der Wohltat zu besänftigen.

So ist heute ein gewissenloser und kurzsichtiger Umgang mit Staatsschulden ausgesprochen gesellschaftsfähig. Beliebt sind außerdem die Deregulierung der Märkte, die Befreiung des kapitalistischen Wirtschaftssystems von möglichst vielen Fesseln und die Währungssysteme scheinbar stärkende bzw. rettende Maßnahmen. Viele der Maßnahmen, die in der jüngsten Vergangenheit ergriffen wurden, sind durchaus sinnvoll bzw. notwendig. Viele sind umstritten. Insgesamt ergibt sich jedoch die Tendenz, dass das Wirtschafts- und Finanzsystem zunehmend von greifbaren Grundlagen und realen Werten entbunden wird. Staatsschulden wachsen in schwindelerregende Höhen – die mögliche Rückzahlung ist fraglich und teilweise nicht einmal mehr diskutabel. Virtuelle Börsenwerte von Unternehmen entbehren teilweise jeglicher realer Grundlage. Zentralbanken pumpen partiell Geldmengen ins System, die die vorläufig noch in moderatem Rahmen verbleibenden Inflationsraten bereits heute weitestgehend irreal und wundersam erscheinen lassen. Mithilfe des Hochfrequenzhandels werden an der Börse virtuelle Werte aus dem Nichts gezaubert, die der gigantischen Blase der Illusionen die Krone aufsetzen.

Das kapitalistische System hat früher auch ohne diese gigantischen Übertreibungen funktioniert und es müsste auch mit einer etwas moderateren und realitätsnäheren Gangart nicht zusammenbrechen. Der durch allgemeine Neurasthenie charakterisierte Umgang mit dem kapitalistischen System hat jedoch zur Verabreichung immer stärkerer Drogen und zu einem Wettbewerb der beschleunigten Entfernung von der Realität geführt. Das ist recht bequem und scheint heute immer noch halbwegs gut zu funktionieren, doch ist die Zukunft dadurch deutlich mehr infrage gestellt als unbedingt nötig.

1.6 Neoliberalismus und Kapitalismus der Gegenwart

Eine weitere wichtige ökonomische Schule ist die des Monetarismus, die wesentlich auf Professor Milton Friedman von der University of Chicago zurückgeführt wird. „Die Wachstumsrate einer Wirtschaft, so argumentierte Friedman, lasse sich durch die Steuerung der Geldmenge, die die Zentralbanken druckten, beeinflussen. Warf man die Notenpresse an, gaben die Menschen mehr Geld aus und umgekehrt.“ (Conway 2011, 42f.)

Als Konsequenz aus dieser Schule erhielten viele Zentralbanken die Lizenz zur autonomen, von der Politik unabhängigen Steuerung der Geldmenge. Diese Strategie ist in gewisser Weise aufgegangen und sie hat wesentlich zur herausragenden Entwicklung des Wohlstands in den Ländern der westlichen Welt nach dem Zweiten Weltkrieg beigetragen. Diese Chicagoer Schule und ihr Erfolg wird jedoch einerseits heute durch zunehmend fahrlässigen Umgang mit den wichtigsten ihrer Regeln infrage gestellt (siehe vorangehender Abschnitt). Andererseits wurde sie gleichzeitig zur wichtigsten Keimstätte einer Erscheinung, die Neoliberalismus genannt wird und mit der viele üble Auswüchse verbunden werden können, die der Kapitalismus in der Gegenwart treiben darf.

Der Neoliberalismus und die Chicagoer Schule halten für bestimmte Trends her, die den Kapitalismus der Gegenwart besonders prägen. Sie sind jedoch nicht die einzigen Einflussfaktoren für die gegenwärtige Entwicklung und es gibt ganz unterschiedliche Ausprägungen des markwirtschaftlichen Systems. Dennoch scheint es sinnvoll und notwendig, einige charakteristische Parameter des Kapitalismus der Gegenwart hervorzuheben.

Der Erfolg des marktwirtschaftlichen Systems beruht wesentlich auf der unsichtbaren Hand, dem Gesetz von Angebot und Nachfrage, der Zusicherung der Eigentumsrechte, dem individualistisch geprägten Menschenbild und auf der engen Wechselwirkung mit der freiheitlich-demokratischen Grundordnung. Ein wichtiger Faktor dürfte jedoch vor allem auch der Pluralismus sein, der letztlich Wettbewerb und wissenschaftlich-technische Revolution erst ermöglicht. Das gesellschaftliche Leben basiert auf Wechselwirkungen, die auf vielen unterschiedlichen Ebenen stattfinden, wie z. B. Kultur, Wissenschaft, Ökonomie, öffentliche Meinung, Politik.

Auf jeder dieser Ebenen beantwortet sich die Frage, ob eine fruchtbare Entwicklung stattfinden kann, immer wieder von Neuem und die Antwort hängt wesentlich davon ab, in welchem Maße Vielfalt und Pluralismus zugelassen und Realität sind. Erfolgreicher Wettbewerb ist insbesondere dann möglich, wenn eine Vielfalt der Angebote und Alternativen fortgesetzt vorhanden ist. Die gedeihliche Fortentwicklung eines Systems wird dann gehemmt, wenn diese Vielfalt eine gewisse Schwelle unterschreitet.

Übertragen auf das ökonomische System bedeutet das z. B., dass der Wettbewerb nur funktionieren kann, wenn in den jeweiligen Marktsegmenten viele Wettbewerber aktiv sind, die sich einigermaßen das Wasser reichen können. Übertragen auf das politische System bedeutet das z. B., dass es für politische Entscheidungen möglichst immer echte Alternativen geben sollte, zwischen denen gewählt werden kann. Im Zusammenhang mit dem neoliberalen Trend wird beides sträflich verletzt.

Seit Langem ist klar, dass die Herausbildung von Machtkonzentrationen sowie von Monopolen oder Oligopolen dem gesellschaftlichen Leben nicht zuträglich ist. Zur Eindämmung der negativen Auswirkungen gibt es u. a. Kartellämter, die gelegentlich Fusionen verhindern oder gar große Konzerne zerschlagen. Doch erstens wird das Kartellrecht in vielen Ländern in kleinen Schritten immer mehr verwässert und zweitens sind die nationalen Ämter und Regierungen den international agierenden Großkonzernen immer weniger gewachsen.

Es wäre klug, diesem Ungleichgewicht Rechnung zu tragen und danach zu streben, das staatliche wirtschaftspolitische und kartellrechtliche Handeln adäquat aufzustellen. Es ist eine unabdingbare Notwendigkeit, die nationale Politik und Gesetzgebung in dieser Hinsicht zu stärken sowie sich international so weit zu organisieren, dass man den Großkonzernen Paroli bieten kann. Nur so ist der Pluralismus zu retten, der wiederum die Voraussetzung dafür ist, dass unsichtbare Hand und wirtschaftliche Dynamik ihre Wirkung entfalten können.

Was geschieht, ist aber das Gegenteil. Gerade im Zusammenhang mit der neoliberalistischen Strömung werden Macht und Einfluss zunehmend an multinationale Konzerne abgetreten. Colin Crouch (2011) stellt hierzu fest:

In Kapitel 1 „Der Aufstieg des Neoliberalismus“:

> „Nach der Chicagoer Deregulierungslehre wurde der Wettbewerb nicht mehr als *Prozeß* betrachtet, der eine Vielzahl konkurrierender Anbieter, nahezu perfekte Märkte und reichhaltige Wahlfreiheit für die Konsumenten garantiert. Vielmehr sollten Gesetzgeber und Ökonomen ihn *ergebnisorientiert* betrachten: An die Stelle der liberalen Idee der Wahlfreiheit des Konsumenten trat damit die paternalistische Sorge um seinen Wohlstand, derzufolge er vor allem von sinkenden Preisen profitiere, die natürlich eher von Großkonzernen als von kleinen und mittleren Unternehmen gewährleistet werden können.“ (38f.)

In Kapitel 2 „Grenzen der klassischen Marktwirtschaft“:

> „Das neoliberale Projekt beruht auf einem Marktbegriff, der Privatunternehmen pauschal effizientes Wirtschaften und Kundenorientierung, staatlichen Dienstleistern ebenso pauschal Inkompetenz und Arroganz unterstellt.“ (49)

In Kapitel 3 „Marktbeherrschende Konzerne“:

> „Für die Vertreter der Chicagoer Schule ist der ‚Konsumentenwohlfahrt‘ dann am meisten gedient, wenn der Gesamtwohlstand einer Volkswirtschaft wächst.

Schließlich könne die Konsumentenwohlfahrt nur gesteigert werden, wenn die Gesamtmenge der Ressourcen zunehme. Die Einkommensverteilung, also die Frage, wem der wachsende Wohlstand im einzelnen zugute kommt, spielt dabei explizit keine Rolle. Betrachten wir ein extremes Beispiel: Angenommen, die Wirtschaftlichkeit einer Branche steigt infolge mehrerer Fusionen, die zu derartigen Wettbewerbseinschränkungen führen, daß die Endpreise explodieren oder der Service für die Verbraucher minimiert wird. Sofern dies den Aktionären mehr Geld einbringt, als es die Verbraucher kostet, würde man den Vertretern der Chicagoer Schule zufolge von einer Steigerung der Konsumentenwohlfahrt sprechen müssen, da aus volkswirtschaftlicher Sicht insgesamt mehr Reichtum erwirtschaftet werde. Wenn man nachfragt, ob es eine Rolle spiele, ob das Vermögen der Aktionäre oder das der Verbraucher wächst, würden sie entgegnen, daß das Vermögen der Reichen zu großen Teilen ‚nach unten durchsickere', sich also von selbst verteile; vor allem aber würden sie zweifellos behaupten, daß dies eine Frage sei, die die Wirtschaftstheorie nichts angehe. Eventuell räumen sie ein, daß manche Leute Gründe haben könnten, sich mit der Einkommensverteilung zu befassen – doch sei dies kein Problem der Ökonomie, sondern eine Angelegenheit der Politik." (94f.)

In diesem Zusammenhang ergibt sich die Frage, wie die Machtkonstellation in den führenden westlichen Marktwirtschaften aussieht.

Gerade diese Länder rühmen sich des demokratischen Staatswesens ganz besonders, bei dem vom Volk gewählte Regierungen durch politische Entscheidungen das Geschick des Landes bestimmen. Im Auftrag des Volkes haben diese Regierungen u. a. auch die Entscheidung darüber zu treffen, wie die Gesellschaftsform weiterzuentwickeln ist, welche Rolle der Markt spielen soll und wie die Gleichgewichte zwischen Entfaltung des Wettbewerbes und sozialen Belangen zu justieren sind. Dabei ist vorgesehen, dass die Regierung im Sinne des gesamten Volkes handelt, d. h. im Sinne aller Schichten, Ethnien und Regionen. Dabei kann es zu gewissen Mehrheitsverhältnissen kommen mit der Gefahr der Unterdrückung von Minderheiten durch Mehrheiten, was allerdings in fortschrittlichen Ländern durch die Verfassung als illegitimes Verhalten ausgeschlossen wird. Es sei einmal dahingestellt, wie gut das tatsächlich funktioniert – das ist hier im Moment nicht das Thema. Was jedoch in keinem Fall gewollt ist, sind Machtverhältnisse, bei denen eine Minderheit überproportionalen Einfluss hat oder bei denen die Mehrheit die Politik nicht mehr maßgeblich bestimmt oder bei denen sie dies zunehmend nur scheinbar tut. Genau dieser Trend ist jedoch zu beobachten. Die Regierungen fügen sich immer weniger dem Volk als Souverän und immer mehr auch dem durch Lobbyismus und Erpressung geltend gemachten Einfluss von großen Unternehmen.

Es soll hier nicht behauptet werden, dass das im Kapitalismus nicht schon immer ein bekanntes Phänomen war. Mit dem aktuellen neoliberalen Trend und mit dem genannten Ungleichgewicht zwischen Großkonzernen und Regierungen verstärken sich diese Neigung und die entsprechenden Auswirkungen jedoch noch erheblich. Das Besondere dabei ist auch, dass dieser Trend weitestgehend öffentlich diskutiert und akzeptiert wird. Das bedeutet jedoch gleichzeitig, dass die demokratischen Werte mehr oder weniger offen verraten werden.

Crouch (2011) trifft dazu folgende Feststellungen:

Unter der Überschrift „Zusammenfassung“ in Kapitel 4 „Die Wirtschaft und der Staat“:

> „Während die politische Debatte um die Frage ‚Staat oder Markt‘ kreist, wird das Großunternehmen von beiden Seiten meist letzterem zugerechnet. Doch wie wir gesehen haben, stimmt das gar nicht; der Markt braucht nicht unbedingt Konzerne und umgekehrt.
>
> […]
>
> Der Neoliberalismus hat sich in erstaunlicher Weise vom politischen und ökonomischen Erbe des Liberalismus verabschiedet, indem er enge Beziehungen zwischen Staat und Unternehmen für vollkommen unproblematisch hält, sofern nur letztere diese Beziehung dominieren. Der Hauptirrtum dieser Einstellung besteht darin, daß sie übersieht, daß Unternehmen den Staat vor allem deshalb beeinflussen wollen, um sich auf dem Markt Vorteile zu verschaffen.
>
> Wenn Neoliberale auf wettbewerbshemmende Verflechtungen zwischen Staat und Privatunternehmen hinweisen, dann nur, weil sie auf eine bestimmte, scheinbar einfache Lösung hinauswollen: den vollständigen Rückzug des Staats aus dem Markt.“ (138f.)

In Kapitel 7 „Zivilgesellschaft und Moral“:

> „Wie oben gezeigt, ist die klassische Alternative ‚Markt oder Staat‘ aus zwei Gründen fadenscheinig. Erstens weil die neoliberale Rechte, wenn sie ‚Markt‘ sagt, in Wahrheit ‚Großkonzern‘ meint. Und zweitens weil der Staat, in dem die Linke so lange ein Gegengewicht zur Macht des Marktes und der Unternehmen sah, heute zumeist auf Seiten der Großkonzerne steht, ganz gleich, welche Partei gerade die Regierung stellt.“ (203)

Es soll hier nicht behauptet werden, dass die Großkonzerne das Heft vollständig in der Hand haben. Das wäre eine extremistische These, die zu extremistischen Reaktionen führen könnte. Aber laut Crouch (2011, 14) ist festzustellen, dass die Geschicke des Volkes wenigstens von der Viererkonstellation Volk – Staat – Markt – Großunternehmen bestimmt werden und dass die Großunternehmen hierbei heute in einem Maß eine Rolle spielen, die so nicht wirklich gut sein kann und die in diesem Ausmaß eigentlich nicht vorgesehen ist. Insbesondere kann man auch feststellen, dass kleine bzw. national aufgestellte Unternehmen sehr wohl dem Markt und seiner segensreichen Wirkung für Wohlstand und Demokratie zugerechnet werden können. Großunternehmen entfalten hingegen eine Wirkung, die die sogenannte Konsumentenwohlfahrt im Prinzip mehrt, dies aber auf fragwürdige Art und Weise und vorrangig zugunsten jener Mitmenschen, die ohnehin schon außerordentlich reich sind.

Bei aller Kritik an den Großunternehmen und dem neoliberalistischen Trend darf allerdings nicht vergessen werden, dass die Mehrung der Macht und des Einflusses der Großunternehmen letztlich durch die Mehrheit der Bürger erst begünstigt bzw. ermöglicht wird. Der Umstand, dass eine kapitalistische Gesellschaftsordnung vorherrschend ist, basiert in freiheitlich demokratischen Ländern auf dem Wählerwillen. Auch der Trend zum Neoliberalismus wird fortgesetzt durch demokratische Wahlen sanktioniert und die Politik hat sich – nicht zuletzt im Namen des Volkes – selbst erst in die Lage manövriert, in der sie sich heute befindet. Der Ende des vergangenen Jahrhunderts eingetretene Verlust des einzigen bedeutenden Widerparts des westlichen Modells in

Form des Ostblocks mag ebenfalls zur verstärkten Akzeptanz des neoliberalen Trends beigetragen haben.

Des Weiteren muss man berücksichtigen, dass Großunternehmen erst durch die Kaufentscheidungen der Konsumenten zu solchen werden. So gesehen ist ihr Erfolg wohlverdient und er basiert auf einem breiten Votum. Es wird nur häufig vergessen, gewissen Grenzüberschreitungen rechtzeitig entgegenzuwirken.

Bleibt man bei der Feststellung, dass Großunternehmen heute über einen überproportionalen und noch wachsenden Einfluss verfügen, so ist das auch deshalb besonders problematisch, weil von dieser Machtkomponente a priori kein ethisches Verhalten erwartet werden kann. Die Motivation zu ethischem Verhalten geht immer vom Volk aus und sie kann sich auf zwei Wegen mit Macht und Einfluss versehen:

- Die Politik verschafft im Namen des Volkes ethischen Anforderungen Geltung.
- Unternehmen sehen sich durch die Macht des Konsumenten dazu bemüßigt, im Rahmen von Marketingstrategien ethische Verhaltensweisen vorzuspiegeln. Im Extremfall kann das dazu führen, dass sie sich partiell tatsächlich ethisch verhalten.

Zur Beziehung zwischen Ethik und Großunternehmen hält Crouch (2011) fest:

In Kapitel 5 „Neoliberaler Keynesianismus: Privatverschuldung statt Staatsverschuldung“:

> „Hinzu kommt, daß wir es bei den Eigentümern heutiger Konzerne nicht mehr mit Unternehmern oder institutionellen Anlegern zu tun haben, die an einer langfristigen Geschäftsbeziehung interessiert sind. Das Konzept des Shareholder value sieht vor, daß die

Eigentümer allein den Aktienkurs im Blick behalten. Sie machen ihre Entscheidung damit von Aktienhändlern abhängig, die ihrerseits nur am Weiterverkauf der Aktien auf sekundären Märken interessiert sind – und an der extremen Geschwindigkeit, von der ihre eigenen Boni abhängen. Die mächtigen Akteure auf den Finanzmärkten ‚halten' überhaupt keine Aktien, sie handeln lediglich mit ihnen. Der Zusammenhang zwischen dem Eigentum an einem Unternehmen und dem Interesse an seiner Leistungskraft und selbst seinen Gewinnaussichten ist erheblich abgeschwächt worden. Und doch bleibt die Maximierung des Shareholder value in den Augen des anglo-amerikanischen Wirtschaftsrechts das einzige legitime Ziel eines Unternehmens." (154)

Es bleibt festzustellen, dass es neben der ethischen Frage, also insbesondere der Frage des Respekts vor dem Konsumenten, Arbeitnehmer und Bürger, auch um jede andere Form der Rücksichtnahme geht. Ebenso wenig wie Unternehmen a priori Rücksichtnahme gegenüber diesem immerhin bereits privilegierten Personenkreis kennen, zeigen sie a priori irgendeine Form der Rücksicht gegenüber der Umwelt oder gegenüber Menschen und Völkern, die in ihrem wirtschaftlichen Beziehungsgeflecht keine bedeutende Rolle spielen. Zu jeglicher Art der Rücksichtnahme müssen Großunternehmen erst gezwungen werden.

Colin Crouch zieht die Schlussfolgerung, dass die Zivilgesellschaft noch als wichtiger das Gemeinwohl fördernder Faktor in Betracht gezogen werden kann. In der Hinsicht auf die vier oben genannten Pole der Machtkonstellation – Volk, Staat, Markt, Großunternehmen – kann die Zivilgesellschaft dem Volk zugerechnet werden. In Kapitel 7 „Zivilgesellschaft und Moral" schreibt

Crouch (2011, 212ff.) unter der Überschrift „Die Zivilgesellschaft“: „Wenn wir über gesellschaftliche Diversität und politische Machtbalance nachdenken, kommen wir am Begriff der Zivilgesellschaft, wie er zu Anfang dieses Jahrhunderts verstanden wird, nicht vorbei. [...] Die Zivilgesellschaft läßt sich in fünf unterschiedliche Gruppen aufteilen, deren Handeln moralisch motiviert ist.“ Im Folgenden nennt und beschreibt er diese fünf Gruppen:

- Die Parteien.
- Die Kirchen.
- Die Bürgerinitiativen.
- Gruppen, die sich dem freiwilligen ehrenamtlichen Engagement und der Wohltätigkeit widmen.
- Die Berufsverbände.

Über eine Vielzahl von Organisationen (z. B. NGOs), Verbänden, Protest-, Bürger- und Oppositionsbewegungen, aber auch Internet-Blogs, kann die Zivilgesellschaft Einfluss ausüben. Stéphane Hessel spendet der Occupy-Bewegung Beifall und ruft zum zivilen Ungehorsam und zum Engagement im zivilgesellschaftlichen Rahmen auf (siehe Hessel 2011). Auch die in Großunternehmen beschäftigten Menschen verfügen über Entscheidungsspielraum, den sie auf die eine oder andere Art nutzen können, wenn auch die oberste Priorität hier immer bei Shareholder Value, Marketing-Konzepten und Public Relations liegt. Colin Crouch verweist in diesem Zusammenhang auf das Konzept der „Corporate Social Responsibility“, das für die Bereitschaft von Unternehmen steht, „Verantwortung für bestimmte soziale Aspekte ihrer Tätigkeit zu übernehmen“ (Crouch 2011, 189). So ist es möglich, dem a priori unethischen Verhalten der internationalen Großkonzerne ein gewisses politisches

Gewicht entgegenzustellen. Aufseiten der Großunternehmen ist dabei sehr viel Geld verfügbar, für das man letztlich aber auch nicht alles kaufen kann. Die Gruppierungen der Zivilgesellschaft haben hingegen den Vorteil, dass sie häufig ethische Maximen für sich reklamieren können, wobei nicht immer sicher ist, dass sie auch gerechtfertigt sind.

Allen Initiativen und Bewegungen der Zivilgesellschaft kommt große Bedeutung zu, entscheidend ist dabei das Verhalten eines jeden einzelnen Bürgers. Letztlich muss das Ziel aber immer auch darin bestehen, wieder ein besseres Vertrauen in die Politik herzustellen, denn die einzige bekannte Lösung für eine halbwegs saubere Lenkung der Geschicke des Volkes besteht im demokratisch legitimierten politischen Handeln.

Crouch (2011) hält abschließend in Kapitel 8: „What's left of what's right?" fest:

> „Eine solche Zivilgesellschaft ist nicht neu. In den fünfziger Jahren betonte der amerikanische Ökonom John Kenneth Galbraith, daß ‚Angestellte, Konsumenten, Sparer und Aktionäre' die Macht der Konzerne ausbalancieren müßten. Ende der neunziger Jahre schloß Giuliano Amato (1997) seine Untersuchung zum Kartellrecht, indem er explizit an Galbraiths Hinweis erinnerte und seine Befolgung für die Gegenwart anriet. Wenig später empfahl der britische Politologe David Marquand (2004), ‚das Gleichgewicht zwischen dem kommerzialisierten und dem Regeln setzenden Staat mit Hilfe ziviler Muskelkraft', also durch das moralische Engagement einer aktiven Bürgerschaft, wieder herzustellen. Bemerkenswert ist, daß jeder dieser Autoren ein politischer Insider war. Galbraith beriet Anfang der sechziger Jahre den Wahlkämpfer John F. Kennedy; Amato war

in den neunziger und nuller Jahren unter anderem Ministerpräsident Italiens; Marquand gehörte in den siebziger Jahren dem britischen Parlament an und übernahm später eine wichtige Aufgabe in der Europäischen Kommission. Doch keiner von ihnen meint, daß wir das Problem auf formellem politischem Weg angehen sollten. Statt dessen verweisen sie auf die Zivilgesellschaft.

Das ist eine gute und eine schlechte Nachricht zugleich. Schlecht, weil es darauf hinausläuft, daß die ‚Macht der Machtlosen' gegen die Konzerne und die Institutionen des Staates steht. Zudem sind Bürgerinitiativen letztlich zumeist doch auf staatliche Unterstützung angewiesen, wenn sie etwas erreichen wollen. Das ist die ernüchternde Botschaft von Debora Spinis Untersuchung zur Zivilgesellschaft in postnationalen Zeiten (2006). Zwar zeigt sie aufregende Perspektiven grenzüberschreitender Initiativen auf, beharrt aber auch darauf, daß die Kontrollfunktion des demokratischen Nationalstaats unverzichtbar sei. Auch den Parteien, so manipulierbar sie inzwischen seien, komme damit weiterhin eine wichtige Vermittlerfunktion zu.

Gut ist die Nachricht insofern, als sie uns zeigt, daß jeder von uns etwas tun kann. Wie ich im Vorwort sagte, richtet sich dieses Buch an jene, die in dieser Welt klarkommen müssen, nicht an jene, die sie von Grund auf verändern wollen. Doch zum Klarkommen gehört auch, daß man erfolgreich um kleine Fortschritte kämpft. Der Staat versucht gar nicht so selten, die Bürger vor den Unternehmen zu schützen, wie die offiziellen Kampagnen gegen das Rauchen und für gesunde Nahrungsmittel zeigen, die in den letzten Jahren eher noch zugenommen haben. Das macht

Hoffnung. Solche Maßnahmen sind zumeist kleinen und unterfinanzierten, aber leidenschaftlich engagierten Gruppen von Fachleuten und Gutwilligen zu verdanken. Daß immer mehr Unternehmen mit ihren Erfolgen auf dem Gebiet des Umweltschutzes oder des fairen Handels werben, geht nicht auf Geistesblitze in ihren Marketingabteilungen zurück, sondern auf erheblichen Druck seitens der Kunden, die sich wiederum von den Kampagnen engagierter Aktivisten in Ökogruppen und Gewerkschaften anregen ließen. Es gibt keinen Grund zur Mutlosigkeit. Selten zuvor in der menschlichen Geschichte wurde den Mächtigen derart wenig Ehrfurcht entgegengebracht, ertönte die Forderung nach Offenheit und Transparenz derart laut, wurde das Handeln der ‚Großen' von derart vielen Bürgerinitiativen, Journalisten und Wissenschaftlern kritisch begleitet. Die neuen elektronischen Kommunikationsformen tragen ihrerseits dazu bei, in immer mehr Bereichen eine kritische Öffentlichkeit zu etablieren." (242ff.)

Colin Crouch richtet sich mit seinen Schlussfolgerungen wie gesagt an die Adresse derjenigen Mitmenschen, „die in dieser Welt klarkommen müssen, nicht an jene, die sie von Grund auf verändern wollen". Dieser versöhnliche Umgang mit den doch recht beklagenswerten Schieflagen und Zuständen in den Marktwirtschaften der Gegenwart ist nicht unklug und die moderate Haltung von Colin Crouch ist achtenswert. Der Autor des vorliegenden Buches kann diese Zurückhaltung jedoch nicht teilen. Bei der Lage der Dinge ist es nicht ausreichend, die Welt nicht von Grund auf verändern zu wollen!

Betrachtet man die Realitäten, für die in diesem und den anderen Abschnitten des Kapitels „Kultur oder Desaster?" ansatzweise der Versuch unternommen wird, sie zu benennen, so ergibt sich das Gebot, doch auch etwas an dieser Welt grundlegend zu verändern. Ein großes Problem unserer Zeit ist der im Westen weitgehend vorherrschende Glaube daran, dass die kapitalistische Marktwirtschaft und die Konsumgesellschaft die höchste Form der Gesellschaft ist, die man anstreben kann, dass sie die einzige verfügbare Lösung anbietet, die es für den Aufbau einer gerechten Gesellschaft heute gibt, dass nur gewisse Korrekturen und Reformen nötig sind, um zu einem besseren Ergebnis zu gelangen. Sicher, es ist nicht ganz falsch, so vorgehen zu wollen.

Aber dies genügt nicht.

Erstens ist es ineffizient, wenn sich viele kleine Gruppen und Einzelkämpfer isoliert voneinander immer wieder im Rahmen individueller Aktivitäten aufreiben, um gegen die Giganten der Ökonomie und ihre Helfer in den Regierungen anzutreten. Es wäre besser, wenn man dem System des globalen Marktes und des daraus systematisch profitierenden Großkapitals ebenfalls einen längeren Hebel in Form einer Systematik, eines Paradigmas, einer gemeinsamen Strategie entgegensetzen könnte.

Zweitens ist das Ungleichgewicht zwischen Zivilgesellschaft und Konzernen nur ein Teilaspekt bei der drastischen Fehlentwicklung, der die menschliche Gesellschaft zurzeit folgt. Bei nüchterner Betrachtung ist ein globaler Kulturwandel erforderlich, um eine größere hausgemachte Menschheitskatastrophe abzuwenden. Der Irrwitz des entfesselten Kapitalismus ist der entscheidende Grund für einen großen Teil der extremen globalen Gegensätze zwischen Armut und Reichtum, der globalen Umweltzerstörung und der vielen Kriege und Terroranschläge. Die Dominanz der Großunternehmen, deren oberstes Prinzip einen menschlichen bzw. rücksichtsvollen Führungsstil nicht vorsieht, prägt das Agieren des Menschen auf dem Globus in einer Art und Weise, die in Fragen der Mitmenschlichkeit, des Umweltschutzes und der Ressourcenschonung von weitgehender Ignoranz gekennzeichnet ist.

Nicht nur die Kapitalismus- und Neoliberalismusbefürworter sind hochgradig auf das Thema monetäre Ökonomie fixiert. Auch alle anderen politischen und zivilgesellschaftlichen Kräfte befinden sich in dem entsprechenden Sog. Bei allem Engagement für soziale, kulturelle und umweltpolitische Aspekte polarisiert sich der Diskurs vordergründig stets an der Frage der Beschaffung und des Einsatzes der entsprechenden finanziellen Mittel – das ist sehr schnell der Dreh- und Angelpunkt der Auseinandersetzung. Dass es auch noch immaterielle Aspekte gibt, ist auch bekannt, gerät jedoch häufig zur Nebensächlichkeit.

Die marktwirtschaftliche Gesellschaft macht sich in hohem Grade vom Konsum von Gütern abhängig, die im Zusammenhang mit dem gleichzeitigen beschleunigten Anwachsen der Produktvielfalt und der Zahl der Verbraucher zu einem extremen, sich ständig beschleunigenden Raubbau an den globalen Ressourcen führt. Dabei fungiert der Konsumentenwohlstand nur als wichtigste Projektionsfläche für das Streben nach Glück. Dass es hierzu auch andere Möglichkeiten gibt, beweisen z. B. die Buddhisten wie auch viele andere Mitmenschen, die in Hinsicht auf den Besitz von Gütern traditionell etwas bescheidenere Maßstäbe anlegen. So gesehen ist die Konsumgesellschaft eine Glaubensfrage. Und im Zusammenhang mit den derzeitigen Trends kann man nur konstatieren, dass das ein äußerst verhängnisvoller Glaube ist.

Selbst auf seinem ureigenen Gebiet, der Ökonomie, stellt sich der Kapitalismus selbst immer wieder stark auf die

Probe. Der spekulative Umgang mit den Währungs- und Finanzsystemen wird so lange mit steigender Kühnheit auf die Spitze getrieben, bis sie die wichtige Funktion, die sie für das gesellschaftliche Leben haben, nicht mehr adäquat erfüllen können oder gar vollständig zusammenbrechen. Eine Spielart des Niedergangs ist auch die Verpfändung von Milliardenbeträgen, die gar nicht in der Kasse vorhanden sind, sondern nur als Wechsel auf die erhofften Steuereinnahmen der Zukunft. Unter den Folgen haben dann natürlich insbesondere die abonnierten Verlierer, aber auch viele Gewinnertypen zu leiden. Die Wachstumsmanie und Gier ist teilweise so stark ausgeprägt, dass ein Kollaps der Gesellschaft mit allen schlimmen Folgen wie Radikalisierung und Krieg in Kauf genommen wird, vom Kollaps der Umwelt und den Zuständen in den armen Ländern der Welt ganz abgesehen.

1.7 Globalisierung, Armut und Hunger

Die Worte „Kapitalismus“ und „Marktwirtschaft“ benennen eine Gesellschaftsform, die sich insbesondere in Europa und in der sogenannten westlichen Welt als Nachfolger des Feudalismus und Merkantilismus entwickelt hat. Weltweit gibt es eine Vielzahl von Kulturen, für die der Übergang zur Marktwirtschaft historisch bedingt weit weniger folgerichtig und nahe liegend ist. Natürlich ist aber das Leben auch in diesen Kulturen ständig von der Auseinandersetzung mit materiellen Bedürfnissen und entsprechenden Mangelzuständen geprägt.

Der Besitz von Produkten und Gütern und der Individualismus mögen dabei nicht überall die Bedeutung haben wie in der abendländischen Kultur, daneben gibt es jedoch auch Grundbedürfnisse, deren Erfüllung ebenfalls durch die Marktwirtschaft auf eine neue Stufe gestellt wird. Marktwirtschaftliche Wohlstandsgesellschaften erzeugen im Idealfall ein Umfeld, in welchem die Erfüllung von Grundbedürfnissen für alle Menschen kein Problem mehr darstellt. Viele westliche Länder haben sich diesem Idealzustand zumindest vorübergehend deutlich angenähert. In anderen Kulturen ist das oft weit weniger selbstverständlich. Außerdem haben moderne Produktvielfalt und Luxus auch etwas Verführerisches, dem die Menschen in den meisten Kulturen auf Dauer nicht ohne Weiteres widerstehen können.

So kommt es, dass die Marktwirtschaft ein Exportschlager ist und sie von vielen Menschen prinzipiell willkommen geheißen wird.

Gleichzeitig erwächst aus den Prinzipien und Gesetzen des marktwirtschaftlichen Systems ein ständiger Wachstumsansporn und damit ein Expansionsanspruch sowie ein regelrechter Zwang zur gesteigerten Ausbeutung der weltweit verfügbaren Ressourcen.

Insbesondere auch im Zusammenhang mit den beträchtlichen Erfolgen des wissenschaftlich-technischen Fortschritts ist es deshalb folgerichtig, dass das kapitalistisch-marktwirtschaftliche System das Geschehen in der Welt in zunehmendem Maße prägt und dass jene Entwicklung in Gang gekommen ist, die mit dem Begriff der Globalisierung zusammengefasst werden kann.

Leider ist es aber so, dass viele Kulturen traditionell weit weniger kompatibel mit der Marktwirtschaft sind als z. B. diejenigen, in denen die protestantische bzw. calvinistische Ethik sowie die Aufklärung eine gewisse Rolle gespielt haben. Ein völlig anderes, jedoch noch schwerwiegenderes Problem ist die Tatsache, dass dem kapitalistischen Expansionszwang das Moment der Rücksichtslosigkeit innewohnt. Die Expansionsprojekte werden zwar von Menschen durchgeführt, die in den entsprechenden Unternehmen, Administrationen und Gesellschaften beschäftigt sind oder in ihrem Namen handeln. Die Logik der Expansion folgt jedoch dem Prinzip der Maximierung des Gewinns – und dies häufig mit kurzfristigem Horizont, dem alle Beteiligten zu folgen haben. Ethisches Verhalten mag eine wichtige Bedeutung für viele der Akteure haben, am Scheideweg sticht jedoch häufig der Shareholder Value oder der zu erwartende Gewinn alle anderen Überlegungen aus.

Die Folge sind extreme Verwerfungen in der Welt der fortschreitenden Globalisierung.

Ideal wäre es gewesen, wenn das Prinzip der Synergie zwischen Eigennutz und Dienst am Mitmenschen, das ja in Form der „unsichtbaren Hand" mit zum Erfolg des Kapitalismus geführt hat, auch bei seiner Verbreitung in der Welt mehr Geltung gehabt hätte. Die Realität sieht jedoch so aus, dass sich die Globalisierung von einem entsprechenden Vorgehen nicht abhängig macht. Neben guten Beispielen von prosperierenden Volkswirtschaften, die in ehemals armen Ländern entstanden sind, gibt es auch viele Negativbeispiele.[1] Die Globalisierung geriert sich teilweise eher als zeitgemäße Fortsetzung des Kolonialismus denn als Hort einer fortschrittlichen und humanistischen Wohlstandsgesellschaft.

[1] Auch in den Kernländern des Kapitalismus hat die unsichtbare Hand nicht automatisch eine positive Wirkung. Um die Bewertung und Regulierung der Auswirkungen, zu denen typischerweise auch Ausbeutung und Armut gehören, wird vielmehr auch hier ständig gerungen.

Hier schließt sich der Kreis zum Thema „Machtstreben, Gewalt und Kriege“. Einer endlosen Geschichte der politischen Konflikte, des Machtstrebens, der gewaltsamen Auseinandersetzungen, des Kolonialismus etc. folgt nun eine Geschichte der Dominanz des Großkapitals, dem jedes Mittel recht ist, um seinen hegemonialen Bestrebungen und seinen Ansprüchen Geltung zu verschaffen.

Hierfür werden im Folgenden einige Beispiele und Belege aus der jüngeren Geschichte zusammengetragen:

Indien:

> In Indien haben mittlerweile viele Weltkonzerne ihre Filialen und es gibt zahlreiche indische Unternehmen, die dem weltweiten Großkapital zugerechnet werden können. Indische Softwareentwickler und Technologieunternehmen sind sehr gefragt und auch andere Industrien entwickeln sich hervorragend. Gleichzeitig lebt ein großer Teil der Bevölkerung in extremer Armut. „Fast die Hälfte der schwerst (und dauerhaft) unterernährten Menschen der Erde leben in Elendsvierteln von Mumbay (Bombay), Kalkutta, Neu-Delhi, in den Tribal Areas oder den isolierten ländlichen Gebieten von Orissa, Uttar Pradesh und Bengalen. Von insgesamt einer Milliarde Menschen, die weltweit unter einem schweren permanenten Mangel an ausreichender Nahrung leiden, entfallen auf Indien 382 Millionen.“ (Ziegler 2011a, 97)

Nigeria (bezogen auf 2009, siehe auch Mättig 2012):

> Nigeria ist reich an Bodenschätzen wie Erdgas, Steinkohle, vor allem aber Öl. Nigeria ist „achtgrößter Erdölerzeuger der Welt und größter Afrikas“ (Ziegler 2011a, 128) und bedeutendste Regionalmacht. Alle großen Ölfirmen sind hier präsent und betreiben Ölplattformen. Gleichzeitig herrschen im Land extreme

Armut und Ressourcenknappheit vor. Selbst der Kraftstoff ist knapp. Eine militärische Machtelite beherrscht das Land. Das gesamte Leben ist durch Korruption, Erpressung und gewaltsame Übergriffe gekennzeichnet. Straßensperren, bei denen Polizisten ihre Einkünfte aufbessern, treiben die Schere zwischen den Einkünften der Bauern und den Lebensmittelpreisen in den Städten in die Höhe (vgl. Ziegler 2011a, 128ff.). Der Gefahr von Öl-Lecks und Umweltschäden wird hier durch die Ölfirmen mit wesentlich geringerer Sorgfalt begegnet als z. B. in vergleichbaren Fällen in den USA. Fischgründe und Trinkwasservorkommen im Nigerdelta sind so gewissenlos vernichtet worden. Die Machteliten wissen ihren unermesslichen Reichtum im Ausland in Sicherheit zu bringen, während es nicht gelingt, bei Bildung, Säuglingssterblichkeit, Lebenserwartung, Trinkwasserversorgung, sanitären Verhältnissen und beim Einkommen auch nur geringste Mindeststandards zu erreichen. So ist Nigeria zu einer „Fabrik des Hasses" (Ziegler 2011a, 125) gegen den Westen geworden.

Länder des Südens:

„Seit 1975 sind achtundfünfzig Länder des Südens verelendet. Sie beherbergen die *Bottom Billion*, die eine Milliarde Menschen, die weltweit die unterste Armutsschicht bilden. Die meisten dieser Länder gehören zu den AKP-Staaten." Bei den AKP-Staaten handelt es sich um eine große Zahl von Entwicklungsländern in Afrika, der Karibik und im pazifischen Raum. Dazu gehört auch Nigeria. Diese Länder werden von der Europäischen Union gefördert, indem mit ihnen Abkommen abgeschlossen werden, „die den bedürftigsten Ländern gewisse Privilegien einräumen". Dabei geht es um die Überwindung der Auswirkungen der Kolonialzeit. Doch werden ihnen teilweise Bedingungen aufgezwungen, die zur Folge haben, „dass sie keine wie auch immer geartete nationale Industrialisierungspolitik entwickeln können". Aber der Westen will „Investitionsabkommen durchsetzen, um die Länder des Südens für die transkontinentalen Privatunternehmen des Westens zu öffnen". (Zitate: Ziegler 2011a, 88–91).

Außenpolitik der USA:

„Die Außenpolitik der USA wird auch unter Obama im Wesentlichen von geostrategischen Interessen, also vom Pentagon, der CIA und deren Methoden beherrscht. Der Hauptgrund: Die USA sind trotz ihrer vergleichsweise geringen Einwohnerzahl von 300 Millionen die weitaus größte Industriemacht der Welt. Fünfundzwanzig Prozent aller in einem Jahr produzierten Industriegüter werden von Amerikanern produziert. Der dominierende Rohstoff ist das Erdöl: Die USA verbrauchen pro Tag 20 Millionen Barrel. Davon sind nur acht Millionen im Inland produziert, zwölf Millionen, also über sechzig Prozent, müssen aus dem Ausland beschafft werden, zumeist aus instabilen, krisengeschüttelten Regionen (Mittlerer Osten, Persischer Golf, Nigeria u. a.). Laut Amnesty International (Report 2009) zählen zahlreiche strategische Alliierte der USA (Usbekistan, Saudi-Arabien, Israel, Kuwait, Nigeria, Kolumbien) zu den Ländern, die sich permanente gravierende Menschenrechtsverletzungen zuschulden kommen lassen" (Ziegler 2011a, 110).

Haiti:

„Haiti ist heute das notleidendste Land Lateinamerikas und das drittärmste der Welt. Grundnahrungsmittel ist dort der Reis.

Anfang der Achtzigerjahre konnte Haiti sich mit Reis selbst versorgen.

Die indigenen Bauern, die den Reis auf Terrassen und auf feuchten Ebenen anbauten, waren vor ausländischen Dumpingpreisen durch eine unsichtbare Mauer geschützt: einen Einfuhrzoll von 30 Prozent auf Reis.

Doch im Laufe der Achtzigerjahre musste sich Haiti zwei Strukturanpassungsprogrammen unterwerfen.

Unter dem Diktat des IWF wurde der Schutzzoll für Reis von 30 auf 3 Prozent reduziert. Daraufhin überschwemmte der von Washington hochsubventionierte nordamerikanische Reis die haitianischen Städte und Dörfer, ruinierte den nationalen Anbau und infolgedessen die soziale Existenz von Hunderttausenden Reisbauern.

Zwischen 1985 und 2004 stiegen in Haiti die Reisimporte – vor allem aus Nordamerika, wo der Reisanbau, wie gesagt, stark subventioniert wurde – von 15 000 auf 350 000 Tonnen pro Jahr an. Gleichzeitig brach der lokale Reisanbau ein – von 124 000 auf 43 000 Tonnen pro Jahr. […]

Seit Anfang des 21. Jahrhunderts musste der haitianische Staat mehr als 80 Prozent seiner mageren Einnahmen aufwenden, um die Lebensmittelimporte zu bezahlen. Außerdem hat die Vernichtung des Reisanbaus zu einer massiven Landflucht geführt. Die Überbevölkerung von Port-au-Prince und anderen Großstädten des Landes führte zur Auflösung der Öffentlichen Dienste.

Mit einem Wort, die ganze haitianische Gesellschaft hat Umwälzungen größten Ausmaßes erlebt und ist heute infolge dieser neoliberalen Politik noch schwächer und anfälliger als vorher. Haiti ist ein Bettelstaat geworden, der dem Gesetz des Auslands ausgeliefert ist.

Daher waren dort die letzten zwanzig Jahre eine einzige Folge von Staatstreichen und sozialen Krisen.

In normalen Zeiten verbrauchen die 9 Millionen Haitianer 320 000 Tonnen Reis pro Jahr. Als sich 2008 der Weltmarktpreis von Reis verdreifachte, konnte der Staat nicht genügend Lebensmittel einführen. Daraufhin ging der Hunger um in der *Cité Soleil*, der ‚Sonnenstadt', dem größten Slum Lateinamerikas, der zu Füßen des Hügels von Port-au-Prince am Ufer des Karibischen Meers liegt." (Ziegler 2011b, 162f.)

Mit der Globalisierung ist ein Prozess in Gang gekommen, der vom humanistischen Standpunkt aus betrachtet nur als absolute Fehlentwicklung bezeichnet werden kann. Besonders krass ist die Tatsache, dass dabei demokratische Wohlstandsländer, die angeblich für solche schönen Dinge stehen wie Menschenrechte, Persönlichkeitsrechte, Humanismus, Aufklärung, Frieden etc., systematisch so agieren, dass diese Werte umso konsequenter verraten werden, je weiter eine Region oder Kultur scheinbar von der eigenen entfernt ist.

Zwei Mechanismen wird dabei das Feld in dem Sinne überlassen, dass menschliche, humanistische Motivationen regelmäßig unterzuordnen sind:

- Das Gesetz von Angebot und Nachfrage bzw. die unsichtbare Hand bzw. das marktwirtschaftliche Prinzip. Der Glaube an die Marktmechanismen, der teilweise berechtigt ist, da er eine wichtige Grundlage für eine Entwicklung ist, die partiell zu Wohlstand und Demokratie geführt hat, ist so groß, dass auch negative Auswirkungen gern als notwendiges Übel hingenommen werden.

- Das Prinzip des Shareholder Value. Der Anwendung dieses Prinzips insbesondere im Zusammenhang mit dem internationalen Großkapital wird die Kraft zum fortgesetzten Ausbau des Wohlstands zugemessen und es wird als sinnvoll oder sogar als zwingend angesehen, den Wohlstand auf Basis dieses Prinzips zu maximieren.

Der Glaube an diese Mechanismen ist in der westlichen Welt der Gegenwart so tief verwurzelt, dass ihnen regelmäßig Vorfahrt gegenüber normalen menschlichen Erwägungen gewährt wird. In dem riesigen weltumspannenden System, das in Form der Großkonzerne, Staatsapparate und Regierungen das Leben der Menschen besonders stark, ja vorrangig bestimmt, sind zwar Menschen tätig, aber sie richten ihre Entscheidungen systematisch darauf aus, den genannten obersten Prinzipien zu huldigen. Sicher, jeder der im Rahmen dieser Systeme handelnden Menschen folgt primär menschlichen Bewertungsmaßstäben. Gleichzeitig wird es jedoch auch zugelassen, dass gesetzmäßig Zwänge entstehen, die es erforderlich machen, diese Bewertungsmaßstäbe zugunsten des Profitstrebens und des expansiven Wettbewerbs fallen zu lassen. Es wird zugelassen, dass dies die oberste Räson ist, die im Ernstfall letztlich gewinnt.

Das kapitalistische System strebt nach wachsenden Märkten. Davon könnte man sich die Tendenz erhoffen, dass weltweit immer mehr Menschen in den Markt einbezogen werden und sie zunehmend als partizipierende Mitglieder willkommen geheißen werden. Eine solche

Entwicklung ist wohl möglich, aber die Realität zeigt, dass sie aus dem kapitalistischen Prinzip nicht zwingend folgen muss. Es ist vielmehr so, dass es dem Kapitalismus gleichgültig ist, wie es zum Marktwachstum kommt. Wenn eine begrenzte Teilnehmerzahl immer mehr Luxusgüter kauft, so ist das offenbar gleichwertig mit einem Wachstum durch zunehmende Teilnehmerzahl.

Was jedoch ganz offensichtlich zwingend erforderlich ist, ist der Kampf um die weltweiten Ressourcen. Diesbezüglich kennt das kapitalistische System kein Halten. Es fragt nicht danach, ob in den Gebieten mit Rohstoffreichtum zuträgliche politische Bedingungen für ein marktwirtschaftlich-demokratisches Staatswesen geschaffen werden können. Große Investitionen und Ausbeutung der Ressourcen haben Vorfahrt. Mit welchen mitmenschlichen Maßstäben das geschieht ist zweitrangig.

In vielen Regionen der Welt ist das gesellschaftliche System jedoch traditionell von Familien- und Sippenverbänden, Kastensystemen, bestimmten gesellschaftlichen Schichten, ethnischen Gruppen geprägt. Länder, die kolonial ausgebeutet wurden, haben noch dazu häufig die Schwierigkeit, dass es gar keine traditionellen Wurzeln mehr gibt, auf denen ein gewisser Zusammenhalt der Gesellschaft gegründet werden könnte, oder dass künstlich Grenzen gezogen wurden, die zu den ethnischen Gegebenheiten im Widerspruch stehen. Viele arme Regionen haben daher große Schwierigkeiten, einen Weg zu gehen, der zu ausreichenden Lebensgrundlagen für den größten Teil der Bürger führt.

Eine ganz besondere Dimension des Unglücks bricht regelmäßig über Regionen herein, die das Pech haben, im Zusammenhang mit einem politisch-humanistischen

Vakuum über Rohstoffe oder Potenziale zu verfügen, die in den Fokus internationaler Investoren geraten. Hier entstehen Verbindungen, die inhumanen Mächten beachtliche Mittel zum Machterhalt und zur Unterdrückung der Bevölkerung in die Hand geben. In der Regel gibt es dabei die Alternative zwischen einem Regime, das mit starker bzw. harter Hand regiert oder einem Zustand, der von einer verhängnisvollen Mischung aus Korruption und Kriminalität geprägt ist. Durch die erheblichen finanziellen Mittel, die ins Spiel geworfen werden, wachsen sich dabei die gewöhnlichen gesellschaftlichen Gegensätze zu menschenfeindlichen Lebensbedingungen aus.

Die Investorengemeinde und die westliche Welt kommt dabei als reicher Wolf im Schafspelz daher. Angetreten wird mit der Attitüde des Aufbaus, der Wirtschaftsförderung, der Menschenrechte, der Demokratie, des Wohlstands, des Reichtums, der Win-Win-Situation, der Hilfsorganisationen, der UNO, des IWF etc. Aber gleichzeitig werden im Rucksack solche Optionen mitgeführt wie die Unterstützung repressiver, militaristischer, korrupter, krimineller Regime und Organisationen, Verseuchung der Umwelt, Vernichtung der Grundlagen für Eigenständigkeit, Krieg. Es ist nicht so, dass negative Entwicklungen angestrebt werden, aber sie werden als möglicherweise notwendig angesehen und im Zweifelsfall gebietet es die Räson der Gewinnmaximierung, sie in Kauf zu nehmen.

Die Menschen in der westlichen Welt möchten gern in Wohlstand und Frieden leben, huldigen aber gleichzeitig einem Prinzip, das keine Menschlichkeit kennt. Durch den wissenschaftlich-technischen Fortschritt sind außerdem die Auswirkungen dieser Schwäche so enorm, dass ständig der Weltfrieden auf dem Spiel steht und neuerdings auch der globale Umweltkollaps riskiert wird. Das ist natürlich nicht beabsichtigt und die meisten im Rahmen dieses Systems agierenden Menschen bemühen sich redlich um menschliche Verhaltensweisen, und partiell sind auch Erfolge in Richtung Humanismus und Umweltschutz zu verzeichnen. Das Problem ist jedoch, dass der Glaube an die Heilswirkung der obersten Prinzipien des Kapitalismus zumindest so stark ist, dass es im Namen dieser Prinzipen gestattet wird, den mit all diesen negativen Begleiterscheinungen behafteten Weg weiterhin ohne ernsthafte Korrektur zu beschreiten.

1.8 Bürokratie, Regulierungswut und Kreativität

Zum Schluss werden hier am Rande noch ein paar eher kleine Wohlstandsprobleme erwähnt.

Die moderne marktwirtschaftliche Gesellschaft wirft viele neue Schwierigkeiten auf, die zuvor kaum eine herausragende Rolle gespielt haben. Viele Menschen sind in Produktionsabläufe eingebunden und müssen mehr funktionieren als agieren. Für viele werden die Anforderungen immer komplexer und unüberschaubarer. Ein weiteres Problem ist die Bewegungsarmut, die durch moderne Arbeitsabläufe oft erzwungen wird. Das hat vielerlei Auswirkungen und Konsequenzen, insbesondere auch auf die Art, wie die Menschen krank werden. Ein Teil des Problems manifestiert sich in bestimmten verstärkt oder gar epidemisch auftretenden Krankheitsbildern wie Zuckerkrankheit (Diabetes), Depressionen, Burn-out, Aufmerksamkeitsdefizitsyndrom (ADS), Herz-Kreislauf-Erkrankungen, Neigungen zu Süchten und Suchtkrankheiten etc.

Ferner ist als Problem, das als teilweise damit im Zusammenhang stehend gesehen werden kann, die Bürokratisierung der gesellschaftlichen Prozesse zu nennen. Aus der rasanten Wissensentwicklung und fortschreitenden Beherrschung immer komplexerer technologischer Abläufe folgt die ständige Verkomplizierung der Gesetze, Allgemeinen Geschäftsbedingungen (AGB), Regeln und Vorschriften. Ein spezieller Aspekt steht dabei im Zusammenhang mit Geld und erwünschtem oder vorhandenem Reichtum – das Ringen um die Teilnahme an den Segnungen der Finanzwelt wird als so wichtig erachtet, dass dafür zunehmend undurchschaubare und aufwendig zu betreuende Finanzprodukte und Rechtskonstrukte allgemein als angemessen angesehen werden.

Insgesamt ergibt sich daraus ein mächtiges Korsett und eine tretmühlenartige Alltagsgestaltung. Die Lebenswirklichkeit spielt sich zwischen den folgenden zwei Polen ab:

- Der Coolness-Pol

  Er läuft darauf hinaus, dass man einen großen Teil der Anforderungen nicht ernst nimmt und sie entweder cool ignoriert, ungelesen signiert (z. B. AGB) oder ohne seelische Beteiligung minimalistisch abarbeitet (z. B. Zertifizierungs-Dogmen).

- Der Psycho-Pol

  Er läuft auf mindestens eines der Überforderungssymptome hinaus. Beispiele sind Kummerspeck und Diabetes, Depressionen, Burn-out, ADS, psychosomatische Symptome bzw. Somatisierungsstörungen.

Für die nachwachsenden Generationen besteht auch ein großer Widerspruch zwischen ihrer natürlichen Phantasiewelt und der Wirklichkeit des Schulalltages sowie der Anforderung, sich im Rahmen der Sozialisation in die korsettartigen Alltagsprozesse einzugliedern.

So gerieren sich die gesellschaftlichen Prozesse als Käfig, der Menschen mit schöpferischem Potenzial in ein nüchternes Alltagsgetriebe einbindet, sie zum Funktionieren zwingt und viele Menschen krank und unglücklich werden lässt.

Ein weiteres Problem ist die in Wohlstandsgesellschaften zu beobachtende zunehmende Verbreitung von Demenzerkrankungen. Es ist klar, dass diese Tendenz insbesondere aus dem demografischen Wandel resultiert, der sich in diesen Gesellschaften vollzieht. Dennoch wäre die Frage zu klären, inwiefern seelische Beeinträchtigungen dabei eine Rolle spielen und ob man diesem Phänomen hilflos gegenüberstehen muss.

1.9 Kurzsichtigkeit der Demokratie

Die kurzen Legislaturperioden der Demokratie führen zwangsläufig und offensichtlich zu einer viel zu kurzsichtigen Politik.

Politische Entscheidungen zu treffen bedeutet in der Regel zwischen verschiedenen Interessen und Risiken abzuwägen. Da das gesellschaftliche Leben in der Realität stattfindet und nicht in einer utopischen Überflussgesellschaft oder in einer Gesellschaft, in der es genügend sogenannte Win-Win-Situationen gibt, die stets rechtzeitig erkannt werden, ist es unvermeidbar, dass politische Entscheidungen niemals allen Interessen gerecht werden können. Für die Umsetzung dieser ernsthaften Aufgabe steht in der Regel nur ein kleiner Teil der Legislaturperiode zur Verfügung. In den letzten Monaten vor einer Wahl schmilzt der Handlungsspielraum bereits wieder in den populistischen Zwängen des Wahlkampfes dahin.

Wenn über die Konsequenzen vorausschauender Analysen oder über systematisch angelegte Programme und Projekte verhandelt und entschieden wird, so gehen die Grundlagen dafür zum Teil auf Zuarbeiten aus den Ministerien zurück. Zum anderen, wohl größeren Teil basieren sie jedoch auf Beiträgen, welche durch Experten geleistet werden, die mehr oder weniger stark in die Vertretung von Lobbyinteressen verwickelt sind. Auf diesem Weg fließen zwar auch vielfältige Kompetenzen aus dem menschheitlichen Portfolio in politische Entscheidungen ein, dies funktioniert jedoch nur um den Preis des lenkenden Einflusses besonders mächtiger Interessengruppen. Daneben ist zu beachten, dass jede Klientel zugleich auch einen Teil der Wählerschaft ausmacht und durch die Missachtung gewisser Imperative jederzeit Stimmungen ausgelöst werden können, die verhängnisvoll für einen Politiker oder dessen Partei sind. Die Politiker stehen grundsätzlich vor der Aufgabe, die Expertise zu nutzen und auf Stimmungen zu achten, ohne dabei den enthaltenen manipulativen Komponenten[2] allzu sehr zu folgen. Das kommt einem Tanz auf Messers Schneide oder der Quadratur des Kreises gleich.

Man kann davon ausgehen, dass die Politik auch in der besten Demokratie gesetzmäßig von einer gewissen Kurzsichtigkeit geplagt ist. Diese besteht einerseits bezüglich der Zukunftsperspektiven und andererseits bezüglich der Ausgewogenheit der zu vertretenden Interes-

[2] Versteckte Manipulationen sind dabei sicher in den wenigsten Fällen auf regelrecht unlautere Absichten zurückzuführen, es ist vielmehr die legitime Aufgabe von Lobbyisten, die Sichtweisen der zu vertretenden Interessengruppe hervorzuheben und dabei professionell vorzugehen.

sen. Bei beiden Perspektiven ist es gesetzmäßig, dass die Politik das mögliche Optimum bei Weitem verfehlt.

In der Frage, wie diese Defizite behoben werden können, ist guter Rat allerdings teuer. Auf jeden Fall kann man sich dennoch glücklich schätzen, wenn man in einem Land leben darf, in dem eine ausgeprägte demokratische Gestaltung der Verfassung und der politischen Prozesse bereits in der Vergangenheit erkämpft worden ist.

So gesehen ist die Kurzsichtigkeit der Demokratie selbst kein regelrechtes Desaster. Sie ist jedoch einer der Gründe dafür, warum es so schwierig, ja geradezu unmöglich zu sein scheint, bezüglich der ausgeprägten, sich mit jedem Jahr noch verschärfenden Defizite der menschlichen Gesellschaft, adäquate Lösungen zu finden.

Neben dieser, sehr wohlwollenden Darstellung des Kurzsichtigkeitsproblems, gibt es bekanntermaßen erhebliche Risiken, die zu einer Verschärfung dieses Problems führen können. So stehen den redlichen Bemühungen einiger der am demokratischen Prozess beteiligten Bürger in vielen Fällen Erscheinungen wie Korruption, Betrug, Erpressung, Kriminalität, physische Bedrohung oder offene Gewalt gegenüber. Demokratien, die in erheblichem Umfang mit solchen Erscheinungen zu kämpfen haben, weisen folgerichtig noch wesentlich mehr blinde Flecken am Horizont der systematischen und gerechten Gestaltung der Gesellschaft auf.

1.10 Gibt es einen Ausweg?

Letztendlich wird es einen Ausweg aus dem Desaster geben. Die Menschen haben eine große Fähigkeit bewiesen, immer wieder innovative Mittel zur Bewältigung von Schieflagen und Krisen zu finden. So wird sich die menschliche Kultur in irgendeiner Form weiterentwickeln und es wird für alle Probleme auch Lösungen geben. Dazu ist es jedoch von eminenter Wichtigkeit, die sich wandelnde gesellschaftliche Konstellation fortgesetzt zu reflektieren und zu analysieren sowie Ideen und Strategien zu entwickeln, die adäquate Antworten auf die sich jeweils stellenden gesellschaftlichen Probleme geben können.

In den folgenden Kapiteln wird versucht, zum entsprechenden gesellschaftlichen Diskurs einen Beitrag zu leisten. Dabei werden zunächst einige spezielle Aspekte der menschlichen Natur betrachtet, bevor daraus Schlussfolgerungen für die Gesellschaft und für mögliche Ansätze zur Lösung des hier aufgeworfenen Problemspektrums abgeleitet werden.

2 Das neuronale System

2.1 Der Mensch als Maschine

Zunächst ist zu betonen, dass es hier keinesfalls darum geht, den Menschen ernsthaft als Maschine zu sehen oder ihn mit ihr auf eine Stufe zu stellen. Das Gegenteil ist der Fall. Am Beginn soll aber der Vergleich mit der Maschine gezogen werden, um weiter unten genauer begründen zu können, worin der entscheidende Unterschied zwischen Mensch und Maschine besteht.

Bei einer Maschine oder einer automatisierten Produktionseinrichtung lassen sich abstrakt vier Klassen von Elementen unterscheiden:

1. Sensoren, Messeinrichtungen etc., also Einrichtungen, die Informationen besorgen.
2. Aktoren, Stellglieder, Prozesseinrichtungen, also Komponenten, die etwas verändern / bearbeiten / bewegen.
3. Steuerungskomponenten und Datenverarbeitungseinrichtungen, also Elemente, die Informationen verarbeiten und das Zusammenspiel von Komponenten steuern.
4. Die konstruktiven Aufbauten und Versorgungseinrichtungen, also alles, was dazu nötig ist, den anderen drei Klassen von Elementen die passende Umgebung und Versorgungsinfrastruktur zu bieten. Gleichzeitig können Komponenten der Kategorien 1, 2 und 3 auch dem Aufbau und Erhalt der Struktur und Infrastruktur dienen.

Das System des menschlichen Körpers bietet dazu gewisse Analogien:

1. Es gibt die fünf Sinne – Tasten, Hören, Sehen, Schmecken, Riechen[3] –, bei denen Umweltinformationen über periphere Rezeptoren, afferente Nervenbahnen und entsprechende Projektionsfelder im Großhirn zur Verarbeitung gelangen. Außerdem müssen hier körperinterne physiologische Prozesse genannt werden, die Signale im Nervensystem auslösen.
2. Es gibt eine Signalverarbeitung, die von der motorischen Großhirnrinde über efferente Nervenbahnen zu den reichhaltig verfügbaren Muskeln führt und die so für jegliche Art der Tätigkeit zuständig ist. Eine weitere wichtige Kategorie von Elementen sind Drüsen bzw. vegetative Steuerelemente, deren Tätigkeit von neuronalen Vorgängen beeinflusst werden kann.
3. Die entscheidenden Anteile an der Signalverarbeitung werden vom menschlichen Gehirn geleistet. Bei den speziell menschlichen Fähigkeiten spielt dabei die Großhirnrinde eine herausragende Rolle, aber auch tiefer liegenden Systemen wird ein maßgeblicher Anteil bescheinigt. Signalverarbeitung gibt es immer auch auf niedrigeren Ebenen – z. B. in Form von Reflexbögen im Rückenmark.
4. Letztlich gibt es den menschlichen Körper an sich, mit all seinen Organen, Gefäßen und dem Knochenskelett.

[3] Tatsächlich gibt es weitere Sinne bzw. differenziertere Unterteilungen. Für die Diskussion bestimmter Prinzipien ist es jedoch ausreichend, zunächst die fünf Sinne zu nennen.

Trotz dieser Analogien hat der Vergleich des Menschen mit einer Maschine etwas Absurdes. Eigentlich ist klar, dass die Menschen, oder eigentlich auch bereits alle Pflanzen und Tiere, etwas Unvergleichliches sind, dass sie einen Zauber haben, der der Maschine oder der automatisierten Produktionseinrichtung völlig abgeht. Es ist regelrecht unzulässig, einen Vergleich anstellen zu wollen.

Dennoch soll hier die Frage gestellt und diskutiert werden, worin der entscheidende Unterschied eigentlich besteht.

In der vielfältigen biologischen Raffinesse der tierischen und pflanzlichen Organismen? Ja, aber das ist eher ein gradueller Unterschied, der durch die fortschreitende wissenschaftlich-technische Entwicklung verkleinerbar erscheint.

In der Signalverarbeitung, in den Prozessen, die im Nervensystem stattfinden? Ja, gewiss! Doch was ist es genau?

Wenn es einen entscheidenden Unterschied gibt, dann sind es die Gefühle und Emotionen, mit denen Lebewesen ausgestattet sind und Maschinen eben grundsätzlich nicht. Doch wie kommen Emotionen zustande, wie spielen sie mit Steuerungsvorgängen zusammen und wie kann man die diesbezüglich bestehenden besonderen Qualitäten des biologischen und insbesondere des menschlichen Lebens beschreiben?

2.2 Der Gehirn-Prozessor

Bevor es möglich ist, Emotionen zu beschreiben, muss zunächst näher auf das neuronale System eingegangen werden. Wie arbeitet der menschliche neuronale Prozessor? Auf welchen Prinzipien basieren seine Strukturen und Aktivitäten?

Grundsätzlich funktionieren neuronale Prozesse auf der Basis von Impulsen, die teils elektrisch, teils chemisch über Neuronen und Synapsen weitergeleitet werden und als Potenziale messbar sind. Dabei spielen netzartige Verschaltungen zwischen Neuronen, die Synapsen, eine maßgebliche Rolle; ferner gibt es Hemmungs-, Verstärkungs- und Rückkopplungsmechanismen. Die Signalverarbeitung erfolgt in der Regel über komplexe, mehrstufig verschaltete Modulsysteme. An allen Vorgängen, seien es Wahrnehmungs-, Steuerungs- oder Bewusstseinsprozesse, sind in der Regel viele Regionen des Gehirns beteiligt. Im Einzelnen sind diese Vorgänge extrem komplex und ihre Erforschung ist ein großes Gebiet, auf dem mit aufwendigen Verfahren immer wieder nur kleine Fortschritte erzielt werden.

So gesehen ist es sehr schwierig, endgültige Aussagen darüber zu treffen, wie der Gehirn-Prozessor funktioniert. Es ist aber durchaus legitim, auf Basis des aktuellen Wissensstandes einige wichtige Prinzipien abstrakt zu beschreiben.

In hohem Maß folgen die Prozesse den oben bereits beschriebenen Prinzipien der Steuerungstechnik mit Sensoren, Aktoren und Steuerungskomponenten. Vereinfacht gesagt lösen an Rezeptoren entstehende und über afferente Nervenbahnen transportierte Eingangssignale Steuerungsprozesse aus, die wiederum über efferente Nervenbahnen und Muskeln zu Antworten führen. Dabei spielen ebenfalls die über somästhetische und vegetative (Körperwahrnehmungs-) Schnittstellen ausgelösten Eingangssignale wie auch die über Drüsen bzw. vegetative Steuerelemente gegebenen Einflussmöglichkeiten auf Körperfunktionen eine bedeutende Rolle. Ein interessanter Faktor ist dabei, dass es für die Rezeptoren aller Sinne und Körperregionen regelrechte Projektionsfelder in der Großhirnrinde gibt und auch die afferenten Nervenbahnen aller Muskelgruppen bestimmten Bereichen in der sogenannten motorischen Rinde zugeordnet werden können (vgl. dazu Kapitel E1–E3 in Popper/Eccles 2008, 283ff.).

Ein großer Teil der Steuerungstechnik von Maschinen oder ganzen Fabriken folgt dem Prinzip, dass Signale Reaktionen auslösen und dabei logische bzw. steuerungstechnische Komponenten eine Rolle spielen, die aus komplexen Kombinationen von Signalmustern und Messergebnissen komplexe Antworten generieren. Dieses Prinzip findet im menschlichen Organismus in Form der Rezeptoren, afferenten Nervenbahnen und sensorischen Rindenfelder auf der einen Seite, den Muskeln, efferenten Nervenbahnen und motorischen Rindenbereichen auf der anderen Seite sowie der Signalverarbeitung in der Großhirnrinde eine Analogie.

Charakteristisch sowohl für Maschinen als auch für Tiere und Menschen ist dabei, dass die Verschaltungslogik, die die Signalverarbeitung und damit die Antworten steuert, programmiert werden kann. Bei der Maschine werden zu diesem Zweck Softwarebausteine installiert, die aus explizit für diesen Zweck programmierten Prozeduren bestehen. Bei Tier und Mensch gibt es als Analogie so etwas wie bedingte Reflexe bzw. konditionierte Verhaltensweisen. Damit ist jedoch zunächst nur eine mögliche Erklärung für einen vergleichsweise primitiven Teil der menschlichen Natur gegeben und auch die maschinelle Steuerungstechnik weist in der Regel Qualitäten auf, die über dieses Prinzip hinausgehen.

Bei der Anlagentechnik sind insbesondere noch folgende Dinge zu beachten: Erstens gibt es eigenaktive Prozesse.

In diesem Zusammenhang sind z. B. Begriffe zu nennen wie Timer-Steuerung, Agenten, Dienste etc. Charakteristisch ist dabei, dass Prozeduren und Informationsverarbeitungsvorgänge zustande kommen, die keines Anstoßes bzw. Signals von außen bedürfen. Zweitens wären Datenbanken und Datenverarbeitungsprozesse zu erwähnen. Sie ermöglichen es, einen Teil der bei der Fertigungs- oder Anlagensteuerung anfallenden Informationen dauerhaft zu speichern und bei späteren Vorgängen zielgerichtet selektiv wieder zu nutzen. Auf diese Weise erhält man Steuerungstechnik, die eigenaktiv tätig wird und ihre Reaktionen nicht nur reflexartig gestaltet, sondern auch qualifizierte Entscheidungen treffen kann, die auf Informationen von ganz unterschiedlichen Zeitpunkten und Aktivitätsphasen basieren. Damit können Maschinen prinzipiell auch „agieren" und sie können ein Gedächtnis benutzen.

Bei Tier und Mensch ist weitestgehend klar, dass sie ständig eigenaktiv handeln und dass sie sowohl ein Kurzzeit- als auch ein Langzeitgedächtnis haben. Die natürlichen Lösungen für die Signalverarbeitung und Speicherung sehen dabei ganz anders aus als vergleichbare technische Lösungen bei Computer- und Steuerungstechnik. Signale werden als elektrochemische Impulse über Nervenbahnen fortgeleitet. An Verschaltungen zwischen unterschiedlichen Nervenzellen, den Synapsen, erfolgt die Reizweiterleitung über Botenstoffe, den Neurotransmittern. Die Synapsen sind im Großhirn weitestgehend plastisch wandelbar und bieten so die Grundlage für flexible Handlungsprogramme wie die bedingten Reflexe sowie für das Langzeitgedächtnis. Die Signalverarbeitung geschieht dabei, anders als bei der Computertechnik, eher in analoger Form, jedes Signal kann mit unterschiedlicher Stärke auftreten und weitergeleitet werden.

Diese Aussage wurde bewusst mit dem Wort „eher“ relativiert, denn so wenig Computertechnik nur digital ist, so wenig ist das Nervensystem nur analog. Bei der Computertechnik spielen, obwohl alle Prozesse auf binärer Codierung basieren, auch skalare Größen eine maßgebliche Rolle wie beispielsweise Messwerte oder Lautstärke- und Helligkeitswerte etc. Beim Nervensystem, d. h. in Nervenzellen, findet wiederum die Signalverarbeitung in Form von Impulsen bzw. elektrischen Wellen statt (auch Aktionspotenziale genannt). An den Synapsen erfolgt – je nach Typ – die Förderung oder Hemmung von Impulsabgaben im Nachbarneutron.

Hier soll es aber nicht im Detail um die technischen und natürlichen Prinzipien gehen, auf denen die jeweilige Signalverarbeitung und Speicherung basiert. Vielmehr soll der Versuch unternommen werden, einige maßgebliche Analogien zwischen Tier und Computer, zwischen Mensch und Anlagentechnik zu ziehen, um dann zu den wesentlichen Unterschieden zu kommen.

2.3 Der Zuwendungsbegutachter (ZB) als zentrale Steuereinheit

Eine gewisse Ähnlichkeit zwischen Technik und Natur gibt es auch beim Herzstück des Systems, dem zentralen Verarbeitungsmechanismus, der die Informationsverarbeitung lenkt. Beim Computer ist dies der Prozessor. Ein Befehlszeiger führt Aktionen aus, die als Programmcode im Speicher abgelegt sind. Die möglichen Aktionen bieten Zugriff auf den Arbeitsspeicher, Festplattenspeicher, Geräte und Interfaces und es erfolgt die Verarbeitung von binär codierten Informationen einschließlich des

Sendens und Empfangens von Signalketten (Streams). Moderne Architekturen kennen dabei auch verschiedene Formen der simultanen oder parallelen Abarbeitung mehrerer Programme (Multithreading, Multiprozessor-Architektur, Parallelrechner).

Beim Gehirn-Prozessor gibt es eine – freilich auf ganz abstraktem Level – mit dem Computer-Prozessor vergleichbare zentrale Steuereinheit, welche allerdings weniger deterministisch erforscht worden ist als der Computer-Prozessor deterministisch synthetisiert wurde. Das heißt, man kann sich über die Interpretation der entsprechenden Forschungsergebnisse streiten. Eine verlässliche Aussage zu diesem Thema gibt es nicht und man ist auf die Bildung von Hypothesen angewiesen.

Hinweise auf diesen zentralen Verarbeitungsmechanismus, auf seine Wirkungsweise und seine Lokalisierung sind z. B. bei Popper/Eccles 2008 im Abschnitt 62: „Hypothesen über neuronale Geschehnisse bei der Gedächtnisspeicherung" (472ff.) zu finden. Dort wird ein Teil-System des Großhirns beschrieben, dessen wesentliche Komponenten vor allem im sogenannten limbischen System, im Hippocampus und in weiteren zentral gelegenen Feldern sowie im Präfrontalkortex vermutet werden. In diesem System laufen – zumindest im Wachzustand – ständig Signalkreisläufe ab, die über weitreichende Verknüpfungen zu allen anderen Bereichen der Großhirnrinde die Erregungszustände im Gehirn in wesentlichem Maße steuern und bewerten. Durch dieses System können die Muster einmal empfangener Signale und einmal ausgeführte Handlungsprogramme zyklisch wiederholt werden. Das zentrale System hat dabei nur die Rolle eines die Erregungen steuernden Dirigenten inne, während die eigentlichen Signalmuster dort ablaufen, wo sie ursprünglich entstanden sind – in den Rindenfeldern, die der Wahrnehmung, der Sensomotorik, der Sprache oder weiteren Funktionen dienen.

Dieses System hat eine zentrale Bedeutung für mehrere Leistungsmerkmale, die insbesondere dem menschlichen Gehirn zugeschrieben werden. Es steht im Zusammenhang mit dem Kurz- und Langzeitgedächtnis, mit Denken und Bewusstsein und nicht zuletzt mit der Aufmerksamkeits- und Handlungssteuerung.

Dieses System sei einmal Zuwendungsbegutachter (ZB) genannt (Englisch: AA für „Attention Assessor"). Zuwendung, weil es die Zuwendung der neuronalen Prozesse jeweils zu einem von mehreren konkurrierenden Erregungsmustern steuert. Begutachter, weil die in diesem System stattfindenden Signalprozesse immer auch untrennbar mit fortgesetzt stattfindender Bewertung verbunden sind bzw. weil Bewertung ein entscheidender Teil jeglichen von diesem System ausgehenden Steuerungsvorgangs ist. Begutachtet wird dabei immer zweierlei:

- die aktuell ablaufenden neuronalen Prozeduren selbst und
- die Zuwendung zu diesen Prozeduren.

Eine besondere Eigenschaft des ZB besteht darin, dass er in der Lage ist, simultan zwischen verschiedenen Signal- bzw. Erregungsmustern zu wechseln. Wenn ein bestimmtes Erregungsmuster eine Zeit lang in Variationen (nach-) geschwungen hat, kann der ZB wieder zu Erregungsmustern zurückkehren, die davor aktiv waren. Frühere Muster bleiben in Form von schwachen, unterschwelligen Nachschwingungen eine Zeit lang erhalten und können später wieder reaktiviert werden. Auf diese Weise ist das Gehirn zum simultanen Wechsel zwischen verschiedenen Informationsverarbeitungsvorgängen befähigt. Diese Eigenschaft kann mit dem Leistungsmerkmal „Kurzzeitgedächtnis“ gleichgesetzt werden. Die Speicherdauer dieses Gedächtnisses wird in der Regel mit Zeiten unter einer Minute angegeben. Diese Art der Erinnerung hängt jedoch auch von der Menge und Komplexität der zu verarbeitenden Informationen ab, sodass in diesem Zusammenhang auch von Speicherkapazität gesprochen wird. Die Analogie zum Computer ist der Arbeitsspeicher bzw. Hauptspeicher.

Bei der Beurteilung der scheinbar engen Begrenztheit dieser Art des Speichers muss berücksichtigt werden, dass die Prozesse, die der ZB hierbei zu bewahren und zu dirigieren hat, teilweise äußerst komplexe Signalmuster in weiten Teilen der Großhirnrinde umfassen können. Extreme Leistungen werden insbesondere erbracht, wenn es um Muster geht, die bildliche oder sprachliche Informationen repräsentieren.

Das Langzeitgedächtnis basiert auf Synapsenwachstum. Ein simples Signal- bzw. Erregungsmuster führt normalerweise noch nicht dazu, dass Informationen in Form von synaptischen Verknüpfungen gespeichert werden. Diese Art der Informationsspeicherung basiert vielmehr auf Wiederholung und Bewertung. Wenn bestimmte neuronale Module von bestimmten Erregungsmustern immer wieder durchlaufen werden und wenn dabei bestimmte chemische Konstellationen gegeben sind, kommt es zum Wachstum bzw. zur Veränderung der synaptischen Verbindungen. Diese Verbindungen haben dann längeren, im Extremfall lebenslangen Bestand. Die Analogie zum Computer ist der persistente Speicher bzw. der Festplattenspeicher.

Der Zuwendungsbegutachter (ZB) ist weitestgehend für die Schreibvorgänge in diesem Speicher zuständig. Muster, die in der Großhirnrinde, angeregt durch den ZB, eine Zeit lang dominant sind, schreiben sich ins synaptische Gedächtnis ein. Dazu reicht die Speicherdauer des Kurzzeitgedächtnisses (unter einer Minute) in der Regel nicht aus. Nur Muster, die längerfristig nachschwingen, d. h. die immer und immer wieder durch den ZB aktiviert werden, haben die Chance, in den synaptischen Speicher zu gelangen. Stärke, Dauer und Wiederholungszahl der Signalmuster bestimmen dabei maßgeblich, wie ausgeprägt die Speicherung erfolgt.

Der Begriff des Zuwendungsbegutachters wurde gewählt, um zu betonen, dass es zuallererst um Hinwendung der neuronalen Prozesse zu einem Gegenstand geht. Den englischen Begriff Attention Assessor könnte man auch mit Aufmerksamkeitsbegutachter ins Deutsche übersetzen. Doch damit käme automatisch auch das Gegenwort Unaufmerksamkeit ins Spiel, was über die Thematik hinausgeht, die hier im Vordergrund stehen soll. Zuwendung trifft es besser – man wendet sich einem bestimmten Gegenstand zu oder man tut es nicht. Wenn man es nicht tut, wendet man sich vielleicht einem anderen Gegenstand zu – oder auch nicht, ob man dies tut, ist nicht relevant in Hinsicht auf den ersteren Gegenstand.

Dem „Zuwendungsbegutachter“ genannten System kommt bei der Beschreibung der Prinzipien des neuronalen Systems eine ganz entscheidende Bedeutung zu, auf die in den folgenden Abschnitten und Kapiteln weiter eingegangen wird.

2.4 Der Mensch als biologisches Wesen

Oben wurde bereits darauf hingewiesen, dass ein besonders wichtiger Unterschied zwischen biologischen Wesen und Maschinen in den Emotionen besteht. Ur-Modell und grundlegender Prototyp der Emotion ist die Homöostase, d. h. die für alle Lebewesen grundlegende Selbstregulation von biochemischen Zuständen. Abraham H. Maslow schreibt dazu in „Motivation und Persönlichkeit“, Kapitel 4: „Eine Theorie der menschlichen Motivation“, Abschnitt „Die grundlegenden Bedürfnisse / Die physiologischen Bedürfnisse“:

> „Homöostase bezieht sich auf die automatischen Anstrengungen des Körpers, eine stetige, normale Blutzirkulation aufrechtzuerhalten. Canon (78) beschrieb diesen Prozeß hinsichtlich 1. des Wassergehaltes im Blut, 2. des Salzgehaltes, 3. des Zuckergehaltes, 4. des Protein-, 5. des Fett-, 6. des Calcium-, 7. des Sauerstoffgehaltes, 8. des stetigen Pegels der Wasserstoff-Ionen (Säure-Lauge-Gleichgewicht) und 9. der konstanten Bluttemperatur. Diese Aufzählung könnte offensichtlich andere Minerale, Hormone, Vitamine und so weiter einschließen.“ (Maslow 2010, 62)

Die entsprechenden Funktionen sind im menschlichen Gehirn vor allem im sogenannten Hypothalamus angesiedelt. Dieses Hirnareal ist, als vegetatives Zentrum, zusammen mit anderen, eng mit ihm verknüpften Arealen (wie dem sog. Hirnstamm) und mit Drüsen (wie der sog. Hypophyse) dafür zuständig, im Körper stattfindende biochemische Vorgänge mit neuronalen Prozessen zu verknüpfen. Grundlegend ist dabei, dass sich die Prozesse in beiden Richtungen beeinflussen und dass sie generell regulatorischen Charakter haben. Biochemische Zustände und deren Veränderung werden in neuronale Signalmuster umgesetzt und weitergemeldet. Umgekehrt ist das Gehirn in der Lage, Körperzustände durch die Ausschüttung von Botenstoffen zu beeinflussen (wie z. B. durch Hormone).

Der Hypothalamus ist eng verknüpft mit dem Limbischen System, welches wiederum der grundlegendste Teil der zentralen Steuereinheit ist, für die oben der Begriff des Zuwendungsbegutachters (ZB) eingeführt wurde. Diese Verflechtung ist maßgeblich dafür verantwortlich, dass die vegetativen regulatorischen Vorgänge eng mit Funktionen wie Gedächtnis, Bewertung/Belohnung, Zuwendungssteuerung und letztlich mit der gesamten Signalverarbeitung in der Großhirnrinde verknüpft sind.

Durch dieses enge, grundlegende Zusammenspiel von vegetativen Regulationsvorgängen mit neuronalen Prozessen im (phylogenetisch bzw. stammesgeschichtlich) ältesten Teil des Gehirns kommt es, dass die Einhaltung von Versorgungsparametern nicht nur, wie bei der Anlagentechnik, ein wichtiges Ziel ist, sondern dass sie ein unmittelbarer Kernbestandteil der grundlegenden Wirkmechanismen ist. Von Sollwerten abdriftende physiologische Parameter und entsprechende Mechanismen zu ihrer Regulierung sind unmittelbar in der zentralen Steuereinheit installiert. Von ihnen geht ein entscheidender Einfluss auf Steuerungsvorgänge aus, die über den ZB auf sämtliche Großhirnregionen wirken.

Zusammenfassend kann man feststellen, dass die Bewertung aller Informationsverarbeitungs-, Informationsspeicherungs- und Aktivitätssteuerungsvorgänge durch vegetative Parameter ein Grundprinzip des Gehirnprozessors ist.

Für die nähere Charakterisierung dieses Prinzips bieten sich Begriffe wie Gefühl, Empfindung oder Emotion an. Allerdings ergibt sich dabei zwangsläufig die Erkenntnis, dass diese Begriffe viel mehr umfassen als nur die Möglichkeit der Wahrnehmung von Zuständen wie Hunger, Durst, Atemnot, Fieber etc. Dennoch kann man davon ausgehen, dass die physiologischen Grundbedürfnisse den grundlegendsten und zwingendsten Teil der Gefühle ausmachen.

Ein weiterer wichtiger, zentraler Teil der Empfindungswelt sind die Schmerzempfindungen. Sie bilden einerseits eine wichtige Ergänzungskomponente zur vegetativ-physiologischen Schnittstelle des Gehirns – indem von dort Signale gemeldet werden, die besonders drastische körpereigene Fehlzustände mitteilen. Andererseits gibt es auch Schmerzempfindungen, die über die fünf Sinne ausgelöst werden können. In beiden Fällen werden durch die entsprechenden Rezeptoren auch dann Signale empfangen und verarbeitet, wenn kein Schmerz vorliegt. Von Schmerz kann erst die Rede sein, wenn eine Art Übersteuerung eintritt, d. h. wenn die Signal-Stärke eine gewisse Schwelle überschreitet.

Es ergibt sich, dass die Projektionsfelder, die in der Großhirnrinde den fünf Sinnen zugeordnet werden können, eine Doppelfunktion haben – sie sind einerseits für die ganz normale Wahrnehmung zuständig und andererseits auch für die Vermittlung von Alarmsignalen in Ausnahmesituationen. Im letzteren Fall fungieren die Signale letztlich eher, ähnlich wie die vegetativen Signale, als bewertende Steuerparameter denn als zu verarbeitende Inhalte, wobei von gleitenden Übergängen zwischen beiden Funktionen ausgegangen werden kann. Darüber hinaus gibt es auch Rezeptoren und Nervenbahnen, die auf die Erzeugung und schnelle Weiterleitung von Schmerzempfindungen spezialisiert sind.

Im Weiteren sollen beide Funktionsprinzipien – das informationelle und das bewertende – voneinander getrennt betrachtet werden. Insbesondere bei allen Signalen, die im ZB eine bewertende Wirkung erzielen, ist es wichtig festzustellen, dass deren Wirkung immer sowohl graduell als auch differenziell erfolgt.

„Graduell“ heißt, dass sie eine bestimmte Stärke haben und davon maßgeblich ihre Wirkung abhängig ist.

Der Begriff „differenziell“ hat in diesem Zusammenhang zwei Bedeutungen:

- Entscheidend ist nicht der absolute Wert des Signals, sondern die graduelle Veränderung, die gerade stattfindet, während die zu bewertenden Informationsverarbeitungsprozesse laufen.
- Entscheidend ist nicht der absolute Wert des Signals, sondern die relative Stärke verglichen mit allen anderen zur gleichen Zeit einwirkenden Signalen. Dabei muss beachtet werden, dass einzelne Signale oder Signalströme bereits auf dem Weg zum ZB verstärkenden bzw. hemmenden Einflüssen unterliegen, sodass nicht die Signalstärke an den auslösenden Rezeptoren allein entscheidend ist.

2.5 *Der Mensch als Wesen mit Bedürfnissen und Emotionen*

Neben vegetativ induzierten Gefühlen und Empfindungen sowie Schmerzempfindungen, die als pure, eindeutige und zwingende Signale verarbeitet werden, ist der Kopf des Menschen jedoch in der Regel voll von vielfältigen Empfindungen mit weniger eindeutiger Dominanz und Wirkungsrichtung. Normalerweise ist es eher so, dass die grundlegenden Empfindungen nicht aktiv sind und Raum für eine komplexere und zugleich subtilere Gefühlswelt lassen. Wenn es aber so weit kommt, dass eines der Grundbedürfnisse nicht befriedigt ist (wie z. B. das nach Nahrung), dann dominiert das entsprechende Gefühl das gesamte Streben. In diesem Fall arbeitet der ZB nur noch im Dienste des Hungergefühls und positive

Bewertungen werden nur noch für Vorgänge erteilt, die sich absolut in den Dienst der Beseitigung dieses Mangels stellen. Sobald jedoch dieses spezielle Grundbedürfnis befriedigt ist und sich inzwischen auch kein anderes Bedürfnis mit zwingendem Charakter in den Vordergrund gedrängt hat, ist wieder Raum für höhere, subtilere Bedürfnisse.

Eine interessante Quelle zu diesem Thema ist der bereits erwähnte Klassiker des humanistischen Psychologen Abraham H. Maslow mit dem Titel „Motivation und Persönlichkeit“, in dem eine sogenannte Bedürfnishierarchie postuliert wird. Maslow geht davon aus, dass die menschliche Psyche von einer relativen Dominanz der Bedürfnisse geprägt ist. Dabei können sich höhere Bedürfnisse erst entfalten, wenn niedrigere Bedürfnisse befriedigt sind. Danach gibt es neben den typischen Mangelbedürfnissen (wie z. B. Hunger, die Bedürfnisse nach Schlaf und Sicherheit etc.) auf höheren Ebenen auch Wachstumsbedürfnisse wie das Bedürfnis nach Bildung und Selbstverwirklichung. Auf dieses Konzept wird weiter unten noch näher eingegangen.

Hier soll es zunächst um die Frage gehen, wie es neben der Homöostase, vegetativen Trieben und Schmerzsignalen, die offenbar als grundlegender Wirkmechanismus in die Steuerung des neuronalen Systems eingebunden sind, zu komplexeren und subtileren Empfindungen kommt. Es geht um die Frage, wie neben oder aus Trieben Emotionen entstehen und wie beide Formen der Empfindung zusammenwirken können.

Im Grunde lässt sich das ganz einfach erklären. Prinzipiell soll dabei davon ausgegangen werden, dass jegliche Gefühle und Emotionen auf Grundtriebe und Schmerzempfindungen zurückgeführt werden können.

Wie kann es aber sein, dass Genüsse wie das Hören einer Sinfonie oder eines Metal-Riffs, kulinarische Genüsse, Empfindungen, die durch Kunstwerke oder bei der Besteigung eines Berges ausgelöst werden etc. auf Grundtriebe zurückgeführt werden können, wo sie sich doch nur sehr weit entfernt von jeglichem Mangelzustand entfalten können?

Die Antwort ist folgende:

Die Gefühlsskala kann normalerweise für Triebe und Schmerzempfindungen nur vom extremen Mangel (nahe minus unendlich) bis zur vollständigen Ruhe reichen (nahe Null). Die Erfahrung des Mangels provoziert jedoch nach der Beseitigung der größten Not automatisch ein Streben ins Gegenteil (in Richtung plus unendlich). Das neuronale System und allen voran der ZB stellen sich automatisch der Aufgabe vorzusorgen und der Indikator dazu sind Gefühle, die das Gegenteil der Mangelempfindungen darstellen können. Aus diesem Prinzip entspringt ein innerneuraler Wettbewerb um Signal-Sequenzen, die einen möglichst großen Abstand zu Mangelempfindungen repräsentieren können.

Gleichzeitig gibt es einen komplexen Informationsverarbeitungs- und Steuerungs-Apparat, der, insbesondere über den ZB, mit den bewertend wirkenden Signalen verschaltet ist, die Gradienten bezüglich der Grundbedürfnisbefriedigung repräsentieren. Was auch immer mit diesem Apparat geschieht, während oder kurz bevor ein positiver Gradient bezüglich eines Grundbedürfnisses eintritt, sei es eine Wahrnehmung, sei es eine sensomotorisch gesteuerte Aktion, sei es ein Signal, das nur intern zirkuliert, es wird als positive Erfahrung ins Gedächtnis eingeschrieben werden. Damit sind wir zunächst beim Pawlow'schen Reflex angelangt und es kann das Grundprinzip festgehalten werden, dass die Konservierung von Signalsequenzen im Großhirn eng im Zusammenhang mit entsprechenden Bewertungen steht. Die Empfindung ist dabei die Gesamtheit aus allem – dem positiven Bewertungsgradienten und der informationsverarbeitenden Signalmuster in den entsprechenden Arealen der Großhirnrinde. Daraus kann man zumindest im Zusammenhang mit der Grundbedürfnisbefriedigung schlussfolgern, dass es keine neuronalen Prozesse ohne Bewertung und Empfindungen gibt. Des Weiteren ergibt sich, dass das Großhirn bereits nach kurzer Wirkungszeit voll ist mit gespeicherten Mustern, die grundsätzlich mit Empfindungen gekoppelt sind. Diese Erinnerungen kann man auch als Basiserfahrungen bezeichnen.

Wenn es ggf. dazu kommt, dass die größte Not beseitigt ist, entsteht, wie oben bereits angedeutet, einerseits automatisch ein gewisser, auch länger anhaltender Druck, der gerade erlebten Zäsur positive Erfahrungen entgegenzusetzen. Andererseits geht auch das Leben weiter, d. h. der Mensch bewegt sich, er erlebt etwas und es arbeitet in ihm – und all das wird mit den bisherigen Erinnerungen und Erfahrungen in Zusammenhang gebracht, soweit es der neuronale Informationsverarbeitungsapparat zulässt. Prinzipiell kann man davon ausgehen, dass so eine ständige intensive Rekombination bisheriger Erinnerungen und Erfahrungen zusammen mit dem gerade Erlebten und Wahrgenommenen stattfindet. Rekombination bedeutet dabei auch immer, dass die zugehörigen Mischungen von Empfindungen rekombiniert werden. Dadurch sind auch komplexere Informationsverarbeitungsprozesse in der Großhirnrinde immer mit entsprechend komplexen Bewertungskomponenten und Empfindungen untrennbar verknüpft.

Eigentlich gehen alle Empfindungen auf grundlegende Triebe zurück und auch der Antrieb resultiert aus den entsprechenden Mangelerfahrungen. Was daraus aber durch endlose Rekombination miteinander – und mit neuen Erfahrungen – werden kann, sind die komplexesten Inhalte, mit sehr weit von fundamentalen Empfindungen entfernten Emotionen, die als positive Mangel-Distanz-Empfindungen angestrebt werden, aber auch jederzeit als negative Versagens-Empfindungen erlebt werden können.

So kommt es, dass aus fundamentalen Mangelerfahrungen eine Entwicklung resultiert, die letztlich zu solchen Erscheinungen führt wie ästhetisches Erleben, Sentimentalität, Gemütlichkeit, Spiritualität, Sport, immaterieller und materieller Reichtum. All diese, gemessen am ursprünglichen Mechanismus, der Homöostase, doch recht extremen Erscheinungen resultieren aus der Motivation, eine möglichst große Distanz zum Mangel manifestieren zu wollen. Dabei werden Hochgefühle angestrebt, die den Mensch durch ihren flüchtigen (differenziellen) Charakter letztlich fortgesetzt antreiben können.

Angemerkt sei noch, dass, wenn man es noch einmal technisch-mechanistisch betrachten mag, der Begriff „Steuereinheit“ für den ZB nicht ganz exakt ist. Präziser gesagt handelt es sich eher um ein Regelungssystem, bei dem homöostatische Parameter bzw. Emotionen jeweils die Führungsgröße darstellen. So sind Formulierungen wie „der Mensch regelt seine Angelegenheiten“, „der Mensch ist von Gefühlen gesteuert“ mit dem Postulat des ZB gut vereinbar.

2.6 Wahrnehmung, Handeln und Denken

Die Leistungen des Großhirns und des Nervensystems lassen sich in drei Kategorien einteilen:

- Wahrnehmen,
- Handeln,
- Rekombination.

Wahrnehmen

Die Einwirkung physikalischer und chemischer Parameter aus der Umwelt oder physiologischer Parameter aus dem eigenen Körper wird durch Rezeptoren in neuronale Signale umgewandelt und über afferente Nervenbahnen in Richtung Großhirn auf die Reise geschickt. In der Großhirnrinde gelangt sie zu Modulen bzw. Projektionsfeldern, die auf die direkte Verarbeitung der Signale genau der Rezeptoren spezialisiert sind, die an sie angeschlossen sind. Im Weiteren verläuft die Signalverarbeitung über weitere Kaskaden von Rindenfeldern und Modulen, wobei die Informationen genau so verdichtet und bestimmte Merkmale so herausgefiltert werden, wie sich das im Sinne der Evolution als sinnvoll herausgestellt hat.

Auf dem Weg zur Großhirnrinde passieren die Signale in der Regel bereits mehrere Umschaltstellen (Synapsen), an denen einerseits hemmende oder erregende Einwirkungen stattfinden können und an denen die Signale andererseits auch bereits auf mehrere Nervenstränge verteilt werden können, welche die Signale zu unterschiedlichen Zentren weiterleiten. In der Großhirnrinde gelangen die Signale zunächst zu primär sensorischen Rindenfeldern, die dem konkreten Sinn und Körperareal eindeutig zugeordnet werden können. So gibt es somatosensorische Felder (Körperfühlfelder), visuelle Felder (Sehen), auditorische Felder (Hören) etc.

In der Sehrinde werden z. B. im Rahmen des Verarbeitungsprozesses der von der Netzhaut des Auges ausgestrahlten Signale spezielle Merkmale herausgefiltert. Diese sind etwa Helligkeits- und Farbkontraste, Länge, Breite und Richtung von hellen Linien, Formen wie Quadrate, Rechtecke, Dreiecke und Sterne (siehe Popper/Eccles 2008, 325ff., Kapitel E2: „Bewußte Wahrnehmung", Abschnitt 10.: „Visuelle Wahrnehmung", Unterabschnitt 10.2.: „Stadien der Rekonstruktion des visuellen Bildes"). Im Weiteren gelingt es, „Gegenstände unabhängig von ihrer augenscheinlichen Größe" zu erkennen (siehe ebd., 331ff., Unterabschnitt 10.3.: „Das wahrgenommene visuelle Bild").

Bei der informationsverdichtenden Verarbeitung kommt es zunehmend auch zur Verknüpfung der Signale verschiedener Sinne. Einerseits führt das zur Zusammenarbeit der unterschiedlichen Sinne, andererseits auch zu redundanten Wegen, die zu vergleichbaren Ergebnissen führen: „Bei der Palpation kommt es als erstes zur Formung der Hand, um einen Gegenstand zu erfassen, und als zweites zur Bewegung der Hand über die Oberfläche des Gegenstandes in einer aktiven Exploration. Auf diese Weise führt die Hautempfindung zum Merkmalerkennen, das der visuellen Merkmalerkennung im Lobus inferotemporalis, wie unten beschrieben, entspricht" (ebd., 320, Kapitel E2: „Bewußte Wahrnehmung", Abschnitt 9.: „Hautempfindung (Somaesthesie)", Unterabschnitt 9.3.: „Sekundäre und tertiäre sensorische Felder").

Letztendlich gelangen die Wahrnehmungsergebnisse in vielfältiger, unterschiedlich verdichteter und abstrahierter Form in Bereiche der Großhirnrinde, in denen sie im Rahmen der Steuerungsaufgaben und im Rahmen der

Rekombination, insbesondere auch durch den ZB, genutzt werden können. Dabei nehmen sie auch grundsätzlich an den Prozessen teil, die im Zusammenhang mit der Bewertung und Gedächtnisspeicherung stehen.

Handeln

Das aktive Handeln steht eng im Zusammenhang mit motorischen Feldern der Großhirnrinde. So gibt es motorische Felder, die ganz konkret einzelnen Fingern, Zehen, der Schulter, dem Gesicht usw. zugeordnet werden können. Die dort wirkenden Impulse werden über efferente Nervenbahnen und Schaltstellen zu den jeweiligen Muskeln geleitet und bewirken dort gezielte Kontraktionen. Ein wichtiger Punkt ist dabei, dass jede Bewegung bereits einen komplexen Steuerungs- und Koordinationsmechanismus voraussetzt.

Eine einfache Form der Handlungssteuerung erfolgt z. B. dadurch, dass bei der Kontraktion eines Muskels (Beuger) der zugehörige antagonistische Muskel (Strecker) automatisch über einen Reflexbogen im Rückenmark gehemmt wird. So ist klar, dass jegliche Bewegungssteuerung nur gelingen kann, wenn Rückmeldungen zur Verfügung stehen. Dazu gibt es kinästhetische Rezeptoren und entsprechende Nervenbahnen.

Komplexere Koordinationsaufgaben werden durch das Kleinhirn erledigt. So werden die motorischen Module der Großhirnrinde bei präprogrammierten Bewegungen von der Aufgabe entlastet, die Bewegung detailliert steuern zu müssen. Gleichzeitig erhalten sie jedoch ständig Informationen über den aktuellen Stand der Bewegung und können letztlich andere Varianten präprogrammierter Bewegungen abrufen oder – im Sinne explorativer Bewegungen – jederzeit manipulativ eingreifen.

Die Bewegungssteuerung ist immer auch untrennbar mit der Wahrnehmung der Bewegungen verbunden. In diesem Sinne gelten alle Prinzipien, die oben für den Wahrnehmungsapparat beschrieben wurden, auch implizit für den Steuerungsapparat. Ebenso wenig ist Wahrnehmung jemals ein vollständig passiver Prozess, sodass Wahrnehmung und Steuerung der Bewegungen immer einander bedingen.

Eine besondere Rolle spielen das Sprachzentrum bzw. die Sprachzentren. Aus einer Kombination der Verarbeitung auditiver Signale und der motorischen Steuerung der Stimmbänder ist hier eines der komplexesten Systeme des Großhirns entstanden, welches die entscheidende Grundlage für die menschliche Kommunikation und Wissensakquisition bildet. Dieses System ist selbstverständlich ebenfalls mit vielen anderen Teilen des Nervensystems eng vernetzt. So wird die Sprache vorrangig dazu benutzt, um aktuellen Empfindungen und aktuell als wichtig erachteten Sachverhalten Ausdruck zu verleihen. Der Vorgang des Sprechens ist eng mit den Bewertungs- und Zuwendungssteuerungsvorgängen verbunden, die vermittels des ZB im Großhirn stattfinden, und er geht mit anderen motorischen Vorgängen im Sinne der Körpersprache einher.

Rekombination

Hier sollen alle Sachverhalte diskutiert werden, deren Teilaspekte u. a. mit den folgenden Ausdrücken beschrieben werden:

- Zuwendungssteuerung (was), Aufmerksamkeitssteuerung (wie stark, wie wichtig), Handlungssteuerung,
- Kurzzeitgedächtnis,

- Denken, Bewusstsein, selbstbewusster Geist,
- Erkennen der zeitlichen Dimension bezüglich sensorischer, sensomotorischer und emotionaler Muster, Zeitgefühl, planerische Fähigkeiten,
- flexible Anpassung an veränderte Situationen, Fähigkeit zur Problemlösung.

Die Möglichkeit zur Rekombination und zu allem, was aus ihr folgt, kann im Wesentlichen auf die Leistungen des oben postulierten zentralen Prozessors des Großhirns – des Zuwendungsbegutachters (ZB) zurückgeführt werden. Jedenfalls spielt er dabei die entscheidende, zentrale Rolle. Welche konkreten Hirnareale dem ZB zugerechnet werden können und welche eher als begleitende Leistungsträger einzuordnen wären, soll hier weitestgehend offengelassen werden – abgesehen vom Limbischen System, welches mit Sicherheit dazu gerechnet werden muss.

Das Grundprinzip der Arbeitsweise des ZB besteht darin, dass er Zugriff auf eine große Zahl wichtiger Areale des Großhirns hat und auf diese Weise in der Lage ist, ihre Aktivitäten zu dirigieren. Gleichzeitig fließt auf diesem Weg der Aspekt der Bewertung in alle Hirnprozesse ein, der wiederum auch eine entscheidende Rolle beim Prozess der flexiblen Synapsenbildung spielt, der letztlich das Langzeitgedächtnis möglich macht. Außerdem wurde oben bereits darauf hingewiesen, dass ein wichtiges Grundprinzip des ZB darin besteht, dass er über unterschwellige Nachschwingungen vergangener neuronaler Aktivitätsmuster den simultanen Wechsel zwischen verschiedenen Prozeduren ermöglicht.

Weitere wichtige Prinzipien sind folgende:

- Variabilität,

- Kombination.

„Variabilität“ ist so zu verstehen, dass der gerade im ZB dominierende Prozess ständigen Wandlungen unterzogen ist. Nicht jeder Signaldurchlauf ist wie der vorangegangene. Unter mehreren Rindenmodulen, die bei der aktuellen Prozedur gerade involviert sind, wird das Gewicht leicht verlagert, mal in die eine Richtung, mal in die andere. Die aktivierten Neuronen wiederum versenden Signale zu benachbarten bzw. mit ihnen in einer Beziehung stehenden Modulen. So gelingt es dem ZB, über Umwege auch Rindenmodule zu aktivieren, zu denen er nicht unbedingt einen direkten Zugang hat. Da das Großhirn sehr komplex ist, dürfte der Umweg in diesem Sinne eher die Regel als die Ausnahme sein. Jedenfalls ist der ZB so in der Lage, das Geschehen im Großhirn vermittels ständiger Variation der Gewichte auf neue Inhalte zu lenken.

„Kombination“ ist so zu verstehen, dass zwischen unterschiedlichen, eigentlich simultan ablaufenden Prozeduren nicht nur gewechselt werden kann, sondern dass aus den beteiligten Erregungsmustern neue Kombinationen erzeugt werden können. Zwischen unterschiedlichen Mustern, die zufällig simultan aktiv sind, kann so ein vollständig neues, emergentes Muster zusammengestellt werden.

Beispielsweise kann es passieren, dass eine gerade ablaufende Tätigkeit mit einem Gedächtnisinhalt rekombiniert wird, der bis dahin mit dieser Art der Tätigkeit in keinerlei Verbindung stand. Normalerweise kommt dabei auch nichts heraus, was irgendeine Bedeutung hätte bzw. positiv bewertet werden müsste. Manchmal zündet der Funke aber doch und ein Gedächtnisinhalt aus einem bestimmten Kontext kann eine Problemlösung befruchten, die in einem völlig anderen Kontext fällig geworden ist.

Im Zusammenhang mit der Fähigkeit zur nahezu unbegrenzten Rekombination von Hirnprozessen, sowohl Gedächtnisinhalte als auch gerade dirigierte Aktivitäten betreffend, ergibt sich insbesondere auch die Möglichkeit der Herstellung des Zusammenhangs zwischen Vorgängen, die zu völlig unterschiedlichen Zeitpunkten stattfinden, stattgefunden haben oder die für künftige Zeitpunkte antizipiert oder postuliert werden können. Daran schließen sich die Fähigkeit zur flexiblen Anpassung an sich verändernde Situationen und planerische Fähigkeiten an. Die Möglichkeit zur Rekombination muss nicht zwangsläufig zu derartigen Leistungen führen. Beim Menschen ist das aber offensichtlich gelungen.

Wie kann man nun in diesem Zusammenhang Phänomene wie Denken und Bewusstsein erklären und wie ist der Zusammenhang zwischen Denken und Handeln?

Im Grunde ist das auf der Basis der bis hier beschriebenen Annahmen ganz einfach.

Die Gesamtheit der im Großhirn gerade dominierenden Prozesse und Erregungsmuster ist gleichzeitig das, was der Mensch durchlebt, was er sieht, hört, schmeckt, empfindet, was er denkt etc. Da der ZB das entsprechende Geschehen dirigiert, steuert er auch das innere Erleben und alle Tätigkeiten. Durch Signale, die in signifikanter Art und Weise bedrohliche äußere Einflüsse (Schmerz etc.) oder innere Mangelzustände anzeigen, kann er von den aktuellen Prozeduren zu anderen Themen gebracht werden, aber dann steuert er weiter das Geschehen im Hirn, jetzt im Sinne der neuen Anforderungen.

Der Unterschied zwischen Denken und Bewusstsein auf der einen und Handeln und Tätigsein auf der anderen Seite kommt dadurch zustande, dass das Gehirn prinzipiell über einen Simulationsmodus verfügt. Ein generalisierbarer inhibitorischer Mechanismus an zentraler Stelle (d. h. ein Hemmungs-Mechanismus) macht es möglich, dass ein erheblicher Teil der Erregungsmuster sowohl im Sinne eines realen Handlungsablaufes durchlaufen werden kann als auch im Sinne einer Simulation. Im letzteren Falle ist das innere Erleben vergleichbar, aber die Motorik wird nicht aktiv angesteuert, zumindest nicht mit der normalen Wirkungsstärke.

So ist es zunächst möglich, dass reale Tätigkeiten sowie Wahrnehmungen, die indirekt auch immer mit zumindest minimaler Tätigkeit verknüpft sind, später wieder durchlebt und erinnert werden können, ohne dass die Tätigkeit jedes Mal wieder abläuft. Diese rein neuronale Wiederholung ist auch möglich, während der Körper bereits in einem Kontext ist, der den realen Ablauf gar nicht mehr zulassen würde. Details einer Ski-Abfahrt können z. B. erinnert werden, obwohl man sich längst wieder weit entfernt von der Ski-Piste in einem Haus befindet.

Ein interessanter Aspekt ist, dass der simulatorische Hemmungs-Mechanismus zwar in Hinsicht auf den gesamten motorischen Apparat generalisiert wirkt, jedoch nicht in Hinsicht auf alle zu einem Zeitpunkt simultan ablaufenden Prozeduren. Jede der Prozeduren ist entweder ganz gehemmt oder sie läuft vollständig aktiv ab. So kommt es, dass prinzipiell über etwas nachgedacht werden kann, während gleichzeitig, tatsächlich aber simultan, eine Tätigkeit gesteuert wird. Natürlich sind bei Tätigkeiten die Anforderungen an die neuronalen Ressourcen immer recht hoch und die Kapazität, die für das innere Erleben und Variieren anderer Sequenzen bleibt, ist begrenzt, aber im Prinzip ist dies die Funktionsweise. Die freie Kapazität hängt sehr davon ab, wie automatisiert die Tätigkeit bereits abläuft.

Abgesehen von der Fähigkeit, gleichzeitig zu handeln und dabei an etwas anderes zu denken, eröffnet der Simulationsmodus des Weiteren eine ganze Welt von neuen Möglichkeiten. Durch ihn können Rekombinationsprodukte entstehen, die niemals wirklich ausführbar wären. Das bedeutet nicht, dass sie vom sensomotorischen Apparat abgekoppelt wären, aber sie können von jeglichen realen Handlungskontexten losgelöst sein. So ergibt sich die Möglichkeit, dem inneren Erleben Elemente hinzuzufügen, die vollständig fiktiv sind oder auf Kontexte in Vergangenheit, Zukunft oder an beliebig weit entfernten Orten bezogen sind.

Dadurch ist der Welt der menschlichen Erkenntnis prinzipiell keine Grenze gesetzt. Das ist es, was Denken und Bewusstsein ausmacht. Im Zusammenhang mit der Sprache wird so die phänomenale Entwicklung der menschlichen Gesellschaft möglich, wie wir sie gerade erleben. Nebenbei führt die aus Rekombinationsvorgängen resultierende Fähigkeit des Menschen, sich in unterschiedlichste Kontexte zu versetzen und diese miteinander zu vergleichen, auch dazu, dass er seinem Ich begegnet und über Selbstbewusstsein verfügt.

Jegliche neuronalen Vorgänge sind dabei von Emotionen nicht zu trennen. In manchen Fällen mag die emotionale Komponente relativ schwach ausgeprägt sein, sie fehlt aber niemals völlig.

Den Pfad der Analogien zum Computer und zur Automatisierungstechnik haben wir längst verlassen, denn Computer kennen keine Bewertung und keine ehemaligen Frustrationen, die sie später zu Höchstleistungen treiben.

Computer sind vielmehr einer von vielen künstlichen verlängerten Armen, die sich der ZB des Menschen geschaffen hat – in der Hoffnung, sich ihrer jederzeit bedienen zu können. Ohne ZB wären sie nicht entstanden und ohne den ZB des Computernutzers, des Systemadministrators, des Softwaredienstleisters etc. wären sie auch heute keinen Pfifferling wert.

2.7 Die menschliche Sprache

Die menschliche Sprache ist im Schnittpunkt einer Reihe unterschiedlicher Leistungen des neuronalen Systems entstanden und bedarf der Beteiligung mehrerer Bereiche der Hirnrinde.

Popper und Eccles (2008) weisen in Kapitel E4 „Die Sprachzentren des menschlichen Gehirns“ auf die Bedeutung der Assoziationsfähigkeit für die Funktion der Sprache hin:

> „Besondere Bedeutung wird den Brodmannschen Feldern 39 und 40 beigelegt, die in der Evolution sehr spät kamen und bei nicht-menschlichen Primaten kaum zu erkennen sind. Dies sind die Zonen, die spezifisch mit crossmodalen Assoziationen beschäftigt sind, das sind Assoziationen von einem sensorischen Input, etwa Berührung, zu einem anderen, etwa Sehen [...]. Es wird postuliert, daß Sprache entsteht, wenn man die Assoziation hat zwischen Objekten, die man fühlt, und Objekten, die man sieht und die man dann benennt. [...]. Sprache stellt die Mittel zur Verfügung, Gegenstände abstrakt zu repräsentieren und sie hypothetisch im Geiste zu manipulieren.“ (359f.).

Weitere wichtige Bausteine für die sprachlichen Fähigkeiten sind die Hirnareale, die mit dem Gebrauch der

Sprache zu tun haben. Dazu gehören das die Stimmband-Motorik steuernde Areal und alle Felder der Großhirnrinde, die bei der sprachlichen Wahrnehmung über die Augen und Ohren involviert sind. Ein interessanter Aspekt ist dabei, dass bei einer der vielen möglichen Gebrauchsformen, dem lauten Lesen, wahrscheinlich alle entsprechenden Areale und Projektionssysteme gleichzeitig einbezogen werden können. Wichtige und anspruchsvolle Funktionen bestehen hierbei auch in der Codierung und Decodierung der sprachlichen Signale.

Die oben im Zitat genannten Brodmannschen Felder 39 und 40 gehören zum bedeutendsten Bestandteil des Sprachsystems, der als Wernickesches Sprachzentrum oder hintere Sprachrinde bezeichnet wird. Ihn gibt es normalerweise nur in der linken Hemisphäre der Hirnrinde des Menschen, die Popper und Eccles auch als dominante Hemisphäre bezeichnen. Hier haben sich beim Menschen hochspezialisierte neuronale Strukturen herausgebildet, die dafür zuständig sind, dass die Sprache nicht nur mechanisch gebraucht oder wahrgenommen werden kann, sondern auch die Bedeutung der jeweiligen Konstrukte erkannt wird.

Vom Grundprinzip her basiert auch die Sprache zunächst auf den oben bereits beschriebenen Prinzipien von Wahrnehmung, Steuerung, Bewertung im ZB und Speicherung im Synapsen-Gedächtnis (Langzeitgedächtnis). Wie bei anderen spezifischen Leistungen des Großhirns ist ein entscheidender Faktor die Variabilität und Flexibilität, die aus der Anwendung des Simulations- und Rekombinations-Prinzips auf die sprachlichen Verarbeitungsprozesse resultiert. Hinzu kommt, dass sich beim Menschen umfangreiche spezifische Strukturen herausgebildet haben, die die komplexen Leistungen des Sprachsystems besonders unterstützen.

Dabei darf nicht vergessen werden, dass es dem einzelnen Menschen zwar möglich ist, Sprache ganz allein für sich selbst zu benutzen – er kann z. B. etwas schreiben und später wieder lesen oder er kann in sprachlichen Ausdrücken denken. Sowohl entwicklungsgeschichtlich als auch im täglichen Dasein dürfte die menschliche Gemeinschaft jedoch von fundamentaler Bedeutung für den Gebrauch der Sprache sein. Die Notwendigkeit zur Erbringung immer weiter reichender gemeinschaftlicher Leistungen als adäquate Reaktion auf sich verändernde Umwelteinflüsse dürfte die Entwicklung der Sprache entscheidend vorangetrieben haben.

Durch das Wunder der Sprache wurden dem neuronalen Wahrnehmungs- und Handlungsapparat insbesondere zwei neue Dimensionen von Möglichkeiten erschlossen:

- Die Möglichkeit, beliebigen realen und fiktiven Sachverhalten Ausdruck zu verleihen und diese inklusive des jeweiligen Kontextes differenziert zu beschreiben. Durch die folgerichtige Einbeziehung weiterer Instrumentarien – wie der bildlichen Darstellung, der Schriftsprache, des Datenspeichers etc. – wurde schließlich auch die Möglichkeit erschlossen, persistente (dauerhafte) Ausdrucksmöglichkeiten zu nutzen.
- Die Möglichkeit, diese Beschreibungen mit einer prinzipiell unbegrenzten Anzahl von Mitmenschen teilen zu können und so auf dem Weg der Erkenntnis Potenziale erschließen zu können, die weit außerhalb dessen liegen, was einem einzelnen Individuum möglich wäre. Dabei gelingt nicht nur die Zusammenarbeit in Gruppen, sondern auch das Zusammenwirken zeitlich weit voneinander entfernt lebender Menschen. Prinzipiell erwächst daraus die

Tendenz, dass die Geschichte der Weltbevölkerung in einen großen, gemeinsamen Weg der Erkenntnis mündet.

Die Kategorien Denken, Bewusstsein und selbstbewusster Geist erklären sich insbesondere aus der Anwendung der Fähigkeit des neuronalen Apparates zur Erinnerung, Simulation und Rekombination auf all jene Prozesse, die mit sprachlichem Verstehen und sprachlichem Ausdruck sowie mit allen weiteren typisch menschlichen Kommunikationsformen in Zusammenhang stehen. Grundsätzlich ist das jedoch keine andere Qualität als die Anwendung der Fähigkeit zur Erinnerung, Simulation und Rekombination auf beliebige nicht kommunikative Wahrnehmungs- und Handlungsvorgänge oder auf primitive Kommunikationsformen, wie sie z. B. auch bei Säugetieren vorhanden sind (Körpersprache, Lautsprache etc.). Auch Tiere können denken. Ihre neuronale Welt ist häufig nur etwas weniger reichhaltig oder anders reichhaltig als die des Menschen.

2.8 Die Welt 3 von Popper

Aus den Qualitäten des menschlichen neuronalen Apparates in Hinsicht auf Wahrnehmung, Handeln und Denken eröffnet sich insbesondere im Zusammenhang mit den sprachlichen Ausdrucksmöglichkeiten eine vollständig neue Welt der Erzeugnisse des menschlichen Geistes – die Welt der Erzählungen und Mythen, der Künste, der Theorien, der wissenschaftlichen Entdeckungen, der Religionen, der Spiritualität etc. Diese Welt ist keine rein ideelle Welt, sondern sie definiert sich auch über materielle Gegenstände, deren Entstehung sich jedoch über den menschlichen Geist erschließt. Dies sind z. B. Kunstwerke, Werkzeuge, Bücher etc. Diese neue Welt nennen

Popper und Eccles (2008) „Welt 3“ – siehe dazu insbesondere folgende Abschnitte: Kapitel P1: „Der Materialismus überwindet sich selbst“, Abschnitt 7.: „Es gibt nichts Neues unter der Sonne. Reduktionismus und das Problem der ‚Verursachung nach unten‘“ (34ff.); Kapitel P2: „Die Welten 1, 2 und 3“, Abschnitt 11.: „Die Wirklichkeit der Welt 3“ (64ff.).

Hier soll nicht in die Diskussion über Denkrichtungen wie den Materialismus oder Dualismus eingegriffen werden. Es soll auch nicht diskutiert werden, welche der von Popper und Eccles vertretenen Auffassungen als plausibel erscheinen und welche eher nicht. Die Ausführungen über die sogenannte Welt 3 sollen hier jedoch zumindest aufgegriffen werden.

Diese Welt 3 ist zwar durch den menschlichen Geist hervorgebracht worden, die Erscheinungen, Gesetzmäßigkeiten und Entwicklungen, die in ihr herrschen, lassen sich jedoch nicht vollständig aus ihrer materiellen Grundlage, dem menschlichen Körper mit dem Nervensystem, ableiten. Die Welt 3 hat sich vielmehr in zweierlei Hinsicht verselbstständigt:

1. Der menschliche Körper war Voraussetzung dafür, dass ein Zugang zu dieser Welt möglich wurde, doch ist er eher nur das Medium für sie, so, wie eine CD das Medium für die Musik ist, die darauf gespeichert und davon abgespielt werden kann. Bei einem CD-Rohling ist in keiner Weise vorhersehbar, welche Musik letztlich darauf gespeichert werden wird. Ebenso wenig ist determiniert und vorhersagbar, was der menschliche Geist hervorbringen kann.
2. Die Welt 3 hat Ergebnisse hervorgebracht, die ihres Entstehungsmediums nicht (mehr) bedürfen, um existent zu sein. Dies sind einmal alle kulturellen

Zeugnisse vom speziell menschlichen Weg der Auseinandersetzung mit der Umwelt. Zum anderen sind es naturwissenschaftliche Gesetze wie z. B. die der Mathematik, Physik, Chemie etc. Der Satz des Pythagoras wäre z. B. auch wahr, wenn er niemals durch einen Menschen entdeckt worden wäre. Wer auch immer sich ein derartiges Geometrie-Problem stellen würde – er müsste zum gleichen Ergebnis kommen. Das gilt ebenso für Gesetzmäßigkeiten, deren Entdeckung noch aussteht.

So gesehen ist das Gehirn des Menschen ein Medium, welches das Tor zu einer Welt ohne Grenzen aufgestoßen hat, die nicht über diesen Zugangsapparat definiert werden kann.

Eine entscheidende Zutat für den Zugang zu dieser Welt ist die Emotion, was aus der ZB-basierten Arbeitsweise des Gehirn-Prozessors folgt. Darin wird gern ein Hindernis auf dem Weg zu rationalen Entscheidungen gesehen. In Wirklichkeit hindern Emotionen den Menschen jedoch im Bedarfsfall weder daran, äußerst präzise zu agieren, noch zu Erkenntnissen zu gelangen, die objektiven Kriterien absolut genügen. Für Fälle, in denen Wahrnehmung, Motorik und Denkapparat nicht ausreichen, um ein bestimmtes Ziel zu erreichen, weiß sich der Mensch die nötigen künstlichen Hilfsmittel zu schaffen.

Mit der Feststellung, dass die Welt der Empfindungen und neuronalen Muster sowie des menschlichen Geistes und seiner Erzeugnisse nicht im Geringsten durch das Nervensystem determiniert ist, können zugleich mögliche Einwände ausgeräumt werden, die hier vorgetragenen Thesen würden einer technokratischen Sichtweise oder einem reduktionistischen Denkansatz folgen. Das Wunder der Seele geht nicht verloren. Der Spielraum für beliebige, die Psyche des Menschen tangierende Anschauungen und Wissenschaftszweige wird nicht beeinträchtigt.

2.9 Der seine Angelegenheiten regelnde Mensch

Die vorangehende Erklärung des Denkens und des selbstbewussten Geistes stützt sich wesentlich auf Popper und Eccles 2008. Einige entscheidende Fragen werden jedoch abweichend beantwortet. Insbesondere ist das Erklärungsmodell mittels der Begriffe des Zuwendungsbegutachters (ZB), der Simulation und der Rekombination in der Quelle nicht enthalten.

Es stellt sich die Frage, welchen Vorteil dieses Erklärungsmodell der Arbeitsweise des neuronalen Systems hat. Man könnte auch einfach von der menschlichen Vernunft sprechen, von kognitiven, planerischen, gestalterischen Fähigkeiten, Klugheit, Erkenntnisfähigkeit, Urteilsvermögen oder vom selbstbewussten Geist.

Die Antwort ist: Dieses Modell wird der tatsächlichen Arbeitsweise des neuronalen Systems besser gerecht und es kann besser erklären, warum Leistungen und Fehlleistungen beim Menschen so nah beieinander liegen. Wenn man den Menschen nicht einfach als vernunftbegabtes Wesen sieht, sondern als ein Wesen, das zwar gewisse Möglichkeiten hat, seine Umgebung zu erkennen und zu formen sowie das Zusammenleben in der Gemeinschaft zu organisieren, das jedoch ansonsten sehr weitgehend mit äußeren und inneren Realitäten konfrontiert ist, kommt man der Wahrheit schon ein Stück näher.

Die Frage, ob der Mensch über einen freien Willen verfügt oder nicht, erscheint in diesem Zusammenhang überflüssig. Beide Antworten, ja und nein, sind richtig. Ein freier Wille ist insofern gegeben als dass im Begutachtungsprozess des ZB immer eine gewisse Variabilität, gewisse Alternativen vorhanden sind, zwischen denen hin und her gewechselt werden kann und die somit immer einen Entscheidungsspielraum zur Verfügung stellen. Ein freier Wille ist insofern nicht gegeben, als dass Bedürfnisse als die entscheidende Führungsgröße in den Bewertungsprozess einfließen und es so aus ihrem imperativen Charakter prinzipiell kein Entrinnen gibt.

Der letztere Umstand sorgt dafür, dass der Mensch normalerweise nicht einfach den Regeln einer nüchternen, rationalen Vernunft folgen kann. Er sorgt auch dafür, dass unterschiedliche Individuen zwar ähnliche, z. T. sogar gleiche Maximen für ihr Handeln haben, dies aber in der Regel zu unterschiedlichen Zeitpunkten, in unterschiedlichen Kontexten, mit unterschiedlicher Ausrichtung der Ziele, sodass gesellschaftliche Widersprüche vorprogrammiert sind. Auch wenn die Ziele, aus welchen Gründen auch immer, einmal gleich ausgerichtet sind, begünstigt das wiederum das Entstehen von Ressourcenengpässen und ruft damit weiteren Konfliktstoff hervor.

Die gute Nachricht ist jedoch, dass es immer Alternativen und einen schier unendlichen Spielraum für kreative Auswege aus beliebigen Problemstellungen und Dilemmata gibt. Der Schlüssel dazu ist der Wille, den ZB zu benutzen. Im einfachsten Fall geht das, indem im unmittelbaren Kontext eines Rekombinations- bzw. Denkvorganges nach möglichen Alternativen gesucht wird. Das Instrumentarium ist jedoch insgesamt viel größer. Denn es steht immer der Weg offen, mental über diesen Horizont hinauszugehen, Erinnerungen und Erfahrungen gedanklich zu durchforsten, Fiktionen und Hypothesen zu bemühen, den Blick zu weiten oder zu verengen, dies in räumlicher, zeitlicher oder gesellschaftlicher Hinsicht.

So kann das hier zu vertretende Menschenbild auch mit der folgenden Formel zusammengefasst werden:

Der Mensch ist ein seine Angelegenheiten regelndes Wesen.

Weiter kann man dazu ausführen:

Zur Regelung seiner Angelegenheiten verfügt der Mensch über eine hervorragende und zugleich sehr komplexe Ausstattung. Diese Ausstattung ermöglicht es ihm, sehr weit über den Kontext der unmittelbaren Interaktion mit der Umgebung hinausschauend zu agieren, indem Abbildungen aller möglichen Kontexte im Nervensystem geschaffen und rekombiniert werden. Von ganz entscheidender Bedeutung ist auch die Fähigkeit, weit über das eigene, individuelle Dasein hinauszuschauen und im gesellschaftlichen Rahmen erfolgreich agieren zu können. Daraus folgt die Tendenz, dass sich die Vielfalt objektiver Schwierigkeiten, denen der Mensch ursprünglich einmal ausgesetzt war, zunehmend in die subjektive Vorstellungswelt verlagert. So ist das steigende Risiko erklärbar, dass der Mensch primär an Problemstellungen der inneren, im neuronalen System abgebildeten Welt, den entsprechenden gesellschaftlichen Wechselbeziehungen und den Erzeugnissen des menschlichen Geistes scheitern könnte als an äußeren, objektiven Umständen.

Popper/Eccles (2008) schreiben dazu in Kapitel P6 „Zusammenfassung“ (259):

> „(9) Natürliche Auslese und Selektionsdruck stellt man sich gewöhnlich als das Ergebnis eines recht gewaltsamen Kampfes ums Dasein vor.
>
> Aber das ändert sich mit der Emergenz des Bewußtseins, der Welt 3 und der Theorien. Wir können jetzt unsere Theorien den Kampf ausfechten lassen – wir

> können unsere Theorien sterben lassen an unserer Stelle.“

Allerdings geht es bei Weitem nicht nur um Theorien, sondern zumeist um viel profanere Angelegenheiten. Auch wird die grundsätzlich vorhandene Möglichkeit, den physischen Tod durch überlegtes und kluges Verhalten weitgehend zu vermeiden, nicht immer genutzt.

Was dazugehört, wenn der Mensch seine Angelegenheiten regelt, lässt sich hervorragend an Hand der Maslow'schen Bedürfnispyramide diskutieren.

2.10 Die Hierarchie der Bedürfnisse nach Maslow

Aus dem oben beschriebenen Prinzip der vegetativen Bedürfnisse und Emotionen ergibt sich bereits, dass im neuronalen System einerseits niedere Bedürfnisse mit relativ klarer Wirkungsrichtung und andererseits höhere Bedürfnisse mit komplexen bis ambivalenten Komponenten von großer Bedeutung sind. Die Arbeitsweise des neuronalen Systems ist sowohl durch die Grundbedürfnisse als auch durch komplexere Emotionen entscheidend geprägt. Niedere Bedürfnisse können dabei, wenn sie denn nicht befriedigt werden, ausgesprochen dominant wirken und den neuronalen Apparat weitestgehend vereinnahmen. Sind niedere Bedürfnisse befriedigt, entsteht Raum für das Wirken höherer Bedürfnisse, bei denen die Emotionen zwar auch auf Mischungen von Mangelerfahrungen zurückgehen, aber oft auch so wirken, dass sie als Mangel-Distanz-Erfahrungen bzw. als entgegengesetzt zu erlebende Hochgefühle angestrebt werden.

Der humanistische Psychologe Maslow (2010) schreibt dazu in Kapitel 4: „Eine Theorie der menschlichen Motivation“, Abschnitt „Die grundlegenden Bedürfnisse / Die physiologischen Bedürfnisse“:

> „Aber was geschieht mit menschlichen Wünschen, wenn es Brot genug gibt und wenn der Magen chronisch voll ist? [...] *Sofort tauchen andere (und höhere) Bedürfnisse auf,* und diese mehr als physiologischer Hunger, beherrschen den Organismus. Und wenn diese ihrerseits befriedigt sind, kommen neue (und wiederum höhere) Bedürfnisse zum Vorschein, und so weiter. Dies ist, was wir mit der Behauptung meinten, daß die grundlegenden menschlichen Bedürfnisse in einer Hierarchie der relativen Vormächtigkeit organisiert sind.“ (65)

Neben den physiologischen Grundbedürfnissen nennt Maslow im Weiteren u. a. folgende Typen von Bedürfnissen in der Reihenfolge vom niederen zum höheren:

- Sicherheitsbedürfnisse,
- Bedürfnisse nach Zugehörigkeit und Liebe,
- Bedürfnisse nach Achtung,
- Bedürfnisse nach Selbstverwirklichung, das Verlangen nach Wissen und Verstehen, ästhetische Bedürfnisse.

Zusammenfassend ergibt sich in etwa folgende Tabelle (höhere Bedürfnisse stehen oben, Bedürfnisse, die vormächtig werden können, stehen unten):

Tabelle 1 – Die Hierarchie der Bedürfnisse (frei nach Abraham H. Maslow)

Bedürfnis-kategorie	**Beispiele entsprechender Bedürfnisse**
Bedürfnis nach Kultur und Selbstverwirklichung, Wachstumsbedürfnisse (Ebene 5)	Bedürfnis, im gesellschaftlichen Leben das tun zu können, wofür der einzelne Mensch als Individuum geeignet ist: „Musiker müssen Musik machen, Künstler malen, Dichter schreiben, wenn sie sich letztlich in Frieden mit sich selbst befinden wollen“ (Maslow 2010, 73); Bedürfnis, mitten in der Gesellschaft zu leben und dabei gleichzeitig seiner eigenen, ganz individuellen Natur treu bleiben zu können; Neugier, das Verlangen nach Wissen und Verstehen; Bestreben, vom Drang nach mentalem Wachstum, statt nur von Mangelbedürfnissen angetrieben zu sein
Bedürfnisse nach Achtung und Anerkennung / Individualbedürfnisse (Ebene 4)	Bedürfnis nach Achtung, Selbstachtung, Stärke, Leistung, Bewältigung und Kompetenz, gutem Ruf, Prestige, Status, Ruhm, Anerkennung, Aufmerksamkeit, Bedeutung, Würde, Wertschätzung
Bedürfnisse nach Zugehörigkeit und Liebe, soziale Bedürfnisse (Ebene 3)	Bedürfnis nach einem Platz in einer Gruppe, nach Zugehörigkeit zu einer Familie, nach Freundschaft, nach einer liebevollen Beziehung, nach der Vermeidung von Einsamkeit, Ächtung, Zurückweisung, Isolierung, Entwurzelung
Sicherheitsbedürfnisse (Ebene 2)	Sicherheit, Stabilität, Geborgenheit, Schutz, Angstfreiheit; Bedürfnis nach Struktur, Ordnung, Gesetz, Grenzen

Bedürfnis-kategorie	Beispiele entsprechender Bedürfnisse
Physiologische Grundbedürfnisse (Ebene 1)	Homöostatische Bedürfnisse (insbesondere die Blut-Parameter betreffend) wie Hunger, Durst, Bedürfnis zu atmen; Sexualverlangen, Schlaf, Bedürfnisse nach Bewegung bzw. Aktivität, Bedürfnis nach Schmerzfreiheit

Maslow weist darauf hin, dass es schwierig und zugleich wenig sinnvoll ist, umfangreiche Kataloge von Bedürfnissen aufstellen zu wollen. Auch kann man kaum ein Bedürfnis einer Kategorie fest zuweisen. Vielmehr müssen die Bedürfnisse und ihre Befriedigung als ein recht vielschichtiger Prozess gesehen werden:

> „Es sei noch einmal darauf hingewiesen, daß alle physiologischen Bedürfnisse und das konsumierende Verhalten, das mit ihnen verknüpft ist, als Kanäle für alle möglichen anderen Bedürfnisse dienen können. Das heißt also, eine Person, die glaubt, daß sie hungrig ist, mag tatsächlich mehr nach Bequemlichkeit oder Geborgenheit verlangen als nach Vitaminen oder Proteinen. Umgekehrt ist es möglich, das Nahrungsbedürfnis teilweise mit anderen Aktivitäten zu befriedigen, mit Zigarettenrauchen oder Wassertrinken. Mit anderen Worten, diese physiologischen Bedürfnisse sind relativ, aber nicht vollständig isolierbar." (Maslow 2010, 63)

Einen wichtigen Hinweis gibt Maslow auch in Hinsicht auf die „Grade relativer Befriedigung" (siehe ebd., 82): Niedere Bedürfnisse müssen nicht unbedingt zu einhundert Prozent befriedigt sein, damit die jeweils höheren Bedürfnisse Bedeutung erlangen können.

Auch halten Menschen, deren Grundbedürfnisse in der Vergangenheit in hohem Maße befriedigt wurden, deren zeitweilige Frustration besser aus; in diesem Zusammenhang wird der Begriff der Befriedigungsgesundheit verwendet. Außerdem ist zu beachten, dass Bedürfnisse häufig unbewusst verarbeitet werden, dass sie kulturabhängig sind und dass das Denken und Handeln in der Regel durch multiple Motivationen bestimmt ist.

Die Hierarchie der Bedürfnisse wird oft als Bedürfnis-*Pyramide* illustriert. Die Stufen bzw. Ebenen müssen so gesehen werden, dass die unteren Ebenen jeweils eine grundlegendere Bedeutung haben als die jeweils darüberliegenden. Ebene 1 ist die Grundlage für alle weiteren Ebenen. Sie hat die fundamentalste Bedeutung. Man kann das auch so beschreiben, dass sie die größte Fläche einnimmt. Ebene 2 baut darauf auf und bildet wiederum das Fundament für alle weiteren Ebenen.

Das Attribut „Pyramide“ bedeutet auch, dass die oberen Ebenen zeitweilig oder dauerhaft bedeutungslos sein können, wenn ein Notstand auf einer der darunterliegenden Ebenen eintritt. Die unteren Ebenen sind jeweils Rückfall-Ebenen für die über ihnen liegenden Ebenen. Im Fall der schlimmsten Katastrophe zählt nur noch Ebene 1, bei der es um das nackte Überleben geht. Dieser simple Mechanismus deckt sich mit der Aussage von Maslow, „daß die grundlegenden menschlichen Bedürfnisse in einer Hierarchie der relativen Vormächtigkeit organisiert sind.“ (Maslow 2010, 65)

Wie auch immer die Bedürfnisse und ihr Wirken mit relativer Vormächtigkeit definiert werden – das Prinzip der Bedürfnisse und ihrer Frustration oder Befriedigung ist eine weitere Herangehensweise, die Vorgänge zu beschreiben, die weiter oben als das Prinzip der differenziellen Bewertung im menschlichen ZB und als das Prinzip der Emotion erklärt wurden. Bei all diesen Sichtweisen gilt insbesondere auch die Regel, dass grundlegendere Bedürfnisse und Emotionen mehr zur Eindeutigkeit und Dominanz neigen – wenn sie denn aktiv werden –, während höhere Bedürfnisse und Emotionen mehr von Komplexität und Vielschichtigkeit geprägt sind. Insgesamt geht es um eine möglichst reichhaltige Ausstattung des neuronalen Systems mit brauchbaren Mustern. Der Anspruch ist dabei, dass sich ein System von Mustern heranbildet, das nicht nur Strategien beinhaltet, die das nackte Überleben sichern können, sondern auch solche, die in der Lage sind, dem Individuum ein gewisses Maß an Vitalität zu verschaffen. Vitalität im Sinne des neuronalen Systems ist als möglichst großer Abstand von jeglicher Mangelempfindung und Frustration zu verstehen. Sie realisiert sich in Form von Hochgefühlen und ästhetischen Erlebnissen.

Die Bedürfnishierarchie ist inzwischen zum Gegenstand vieler weiterführender und auch kritischer Betrachtungen geworden und teilweise wird auch die Frage aufgeworfen, inwiefern die ursprünglich aus dem Jahr 1954 stammenden Maslow'schen Ausführungen heute noch als gültig angesehen werden können. Maslow hat außerdem später selbst noch weiterführende Betrachtungen angestellt, die hier unberücksichtigt bleiben. In diesem Zusammenhang kommt es vor allem darauf an, das Prinzip der wechselnden Vormächtigkeit der Bedürfnisse zur Kenntnis zu nehmen und grundsätzlich zu verstehen, dass sie sich in einem aus Aufbau- und Rückfallebenen bestehenden Motivationssystem organisieren. Wie die Ebenen und Bedürfniskategorien genau aufgeteilt werden, ist hingegen weniger entscheidend und außerdem – wie gesagt – kulturabhängig.

Auch im folgenden Abschnitt kommt es in erster Linie auf das erläuterte Prinzip der Zweiteilung an und erst danach auf die Zuteilung der Bedürfniskategorien zur jeweiligen Seite und Ebene.

2.11 Materielle und ästhetische Seite der Bedürfniswelt

Nimmt man den Fakt, dass die Vorgänge im Kopf des Menschen maßgeblich von Emotionen geprägt sind sowie die Hierarchie der Bedürfnisse als gegeben hin, so ist zu fragen, warum in der heutigen Gesellschaft Besitz und Konsum, d. h. „materielle“ Werte eine herausragende Rolle spielen. Prinzipiell ist es natürlich so, dass der Mensch aus Materie besteht, in einer aus Materie bestehenden Umwelt lebt und mit dieser interagiert. Das Verhalten des Menschen ist eine Reaktion auf Vorgänge in der Umgebung und es übt Einfluss auf diese Umgebung aus. Das ist jedoch nur ein Teilaspekt des menschlichen Seins. Ein vollständiges Bild kann sich erst ergeben, wenn man auch die innere Welt in die Betrachtungen einbezieht. Dann ergibt sich, dass neuronale Vorgänge und in der Umgebung des Individuums stattfindende Vorgänge zwei Seiten derselben Medaille sind, die sich wechselseitig bedingen.

Die folgende Tabelle zeigt eine Variante der Bedürfnispyramide, bei der diese Dualität berücksichtigt wird.

Tabelle 2 – Die Hierarchie der Bedürfnisse mit ästhetischer und materieller Seite

B – Ästhetische Seite	**A** – Materielle Seite
5 – Kultur/Selbstverwirklichung/Wachstum	
Bedürfnis nach ständiger Weiterentwicklung von Fähigkeiten, nach Talententfaltung; Bedürfnis nach Wissen und Verstehen; Bedürfnis, in der Gesellschaft seinen eigenen, ganz individuellen Weg gehen zu können; Bedürfnis, einen positiven Beitrag zur Wohlfahrt von Mitmenschen, zur Entwicklung der menschlichen Gesellschaft, zur Erhaltung der Umwelt leisten zu können; religiöse und spirituelle Bedürfnisse, Bedürfnis nach Erleuchtung, Bedürfnis nach Kultur	Ausreichende materielle Grundlagen für Kultur und Selbstverwirklichung, materieller Reichtum
4 – Individualbedürfnisse/Anerkennungsbedürfnisse	
Wertschätzung, Status, Respekt, Anerkennung (Auszeichnungen, Lob), Einfluss, private und berufliche Erfolge, mentale und körperliche Stärke, stabiles Selbstwertgefühl	Wohlstand, materieller Besitz, Mode, Konsum; Gegenstände, die Status und Prestige (oder wahlweise Understatement) zum Ausdruck bringen können

B – Ästhetische Seite	**A** – Materielle Seite
3 – Soziale Bedürfnisse	
Familie, Freundeskreis, Partnerschaft, Liebe, Intimität, Kommunikation, soziale Akzeptanz, Zugehörigkeit zu einer Gemeinschaft, Zusammenhalt	Ausreichende materielle Grundlagen, um familiäre Beziehungen und Freundschaften pflegen zu können und um am gesellschaftlichen Leben teilnehmen zu können
2 – Sicherheit	
Geborgenheit, Angstfreiheit; Gefühl, dass Rechtssicherheit und körperliche Unversehrtheit gewährleistet sind; Bedürfnis nach Struktur	Sicherheit, Stabilität, Recht und Ordnung, Schutz vor Gefahren; materielle Absicherung bzw. festes Einkommen im Sinne des Existenzminimums, sichere Unterkunft
1 – Physiologische Bedürfnisse/Körperliche Stoffgleichgewichte	
Hunger, Durst, Bedürfnis zu atmen, Sexualverlangen, Bedürfnisse nach Schlaf, Bewegung und Aktivität, Temperaturgleichgewicht, homöostatisches Gleichgewicht	Nahrung, Wasser, atembare Luft; ausreichende Gelegenheit für Sex, Liebe, Zärtlichkeit, Schlaf, Bewegung; zuträgliche Umgebungstemperatur, ausreichende Voraussetzungen für die Einhaltung der homöostatischen Parameter

Im Vergleich zu Maslow, der den Drang zur Selbstverwirklichung als bei einigen Menschen zu beobachtendes interessantes Phänomen beschrieben hat, soll hier einen Schritt weiter gegangen werden. Es wird von der Annahme ausgegangen, dass der gesunde, vitale Mensch auf jeder der Ebenen der Pyramide über eine Palette von Bedürfnissen verfügt – es ist diese Vielzahl von Bedürfnissen, welche das Verhalten des Individuums und die Gestaltung der Gesellschaft maßgeblich prägt. Auch die Beschreibung von Defiziten kann nur adäquat gelingen, wenn vom Ideal ausgehend analysiert wird, was fehlt. Der oft beschrittene umgekehrte Weg – dass aus pathologischen Erscheinungen und aus Tierversuchen Rückschlüsse auf den gesunden Menschen gezogen werden, kann nur eine vergleichsweise provisorische Ersatzstrategie sein.

Der entscheidende Punkt bei diesem Modell liegt jedoch in der Frage, wie die Abhängigkeiten zwischen den beiden Seiten definiert werden können. Diese Frage beantwortet sich folgendermaßen:

Die ästhetische Seite B ist das Ziel, sie baut jedoch auf der materiellen Seite A auf. Die materiellen Dinge sind stets die Voraussetzung dafür, dass Bedürfnisse befriedigt werden können. So muss Nahrung vorhanden sein, damit Hunger befriedigt werden kann. Umgekehrt ist es nicht sicher, ob der Hunger befriedigt wird, wenn Nahrung vorhanden ist – die Nahrung muss auch noch aufgenommen werden. Auch bei solchen Erscheinungen wie Wertschätzung oder Selbstverwirklichung ist die entsprechende ästhetische Erfahrung das eigentliche Ziel und die menschliche, natürliche, materielle Umgebung stellt die Voraussetzungen und Randbedingungen zur Verfügung. Der Mensch versucht im Rahmen seiner Bestrebungen beständig, diese Randbedingungen zu verbessern, aber die Erfüllung wird letztendlich in Form des ästhetischen Erlebnisses erfahren.

Unter der Annahme, dass das beschriebene Verhältnis zwischen materieller und ästhetischer Seite auf allen

Ebenen zutrifft, ergibt sich eine verzahnte Bedürfnispyramide wie im folgenden Bild dargestellt.

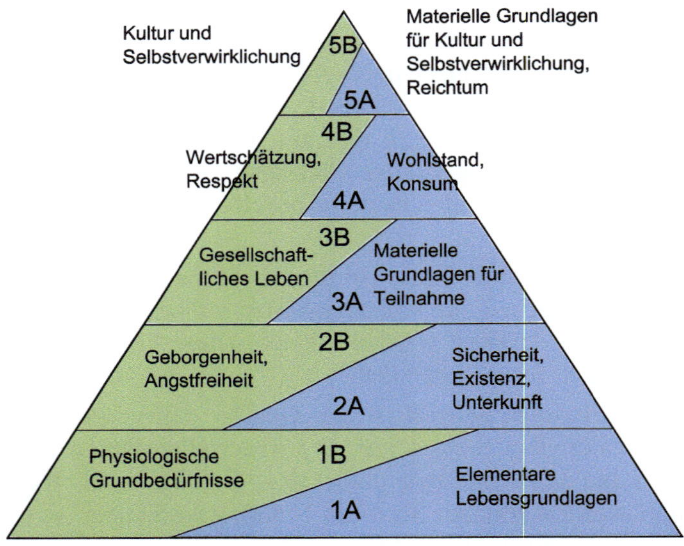

Abbildung 1 – Bedürfnispyramide

Geht man von der Voraussetzung aus, dass die so dargestellte Bedürfnispyramide prinzipiell stimmt und dass sie halbwegs realistisch beschreibt, in welchen Bedürfnissphären sich das menschliche Leben abspielt, so können daraus einige Schlussfolgerungen im Hinblick auf die Gesellschaft abgeleitet werden. Insbesondere liegt es nahe, gesellschaftliche Konventionen, Wertesysteme und Austauschprozesse sowie deren Dynamik im Lichte dieses Modells zu betrachten. Im Folgenden soll darüber hinaus auch die Frage thematisiert werden, wie der gesunde Zustand des Menschen, der Gruppe, der Gesellschaft und der Menschheit als Ganzes definiert werden kann, wie die Annäherung an diesen Zustand erreichbar sein könnte und welche Steine dabei im Weg liegen.

2.12 Bedürfnispyramide und Vitalsystem

Bisher wurde auf einige spezielle Aspekte der Arbeitsweise des neuronalen Systems eingegangen. Das Ergebnis kann man in etwa so zusammenfassen:

- Die Arbeitsweise des neuronalen Systems basiert auf elektrochemisch weitergeleiteten Erregungsmustern, die unablässig in ihm zirkulieren und in die Rezeptor-Signale eingehen, die äußere Parameter oder Ereignisse widerspiegeln.
- Die Zirkulation der Erregungsmuster wird durch einige im Zentralnervensystem zu lokalisierende Areale dirigiert und bewertet (durch den Zuwendungsbegutachter bzw. ZB). Dabei erfolgt sowohl die Steuerung der wechselnden Zuwendung zu Erregungsmustern und zu den beteiligten Hirnarealen als auch die Bewertung der Muster an sich. Die Frage, welchen der Erregungsprozeduren besonders intensive Zuwendung und besondere Bewertung zuteilwird, entscheidet dabei letztlich über ihr Einschreiben in den Synapsenspeicher, also in das Langzeitgedächtnis.
- Das ZB genannte System steuert sowohl das aktive Handeln und die aktive Wahrnehmung und Exploration als auch sämtliche simulatorisch ablaufenden Prozesse. Ein grundlegendes Prinzip der Arbeitsweise des ZB besteht darin, dass in der Regel mehrere Prozeduren simultan gesteuert werden. Diese

werden ständig variiert und die jederzeit mögliche Rekombination bietet unbegrenztes schöpferisches Potenzial.

- Die entscheidende Führungsgröße für den Steuerungsprozess (bzw. Regelungsprozess) ist in Form der Emotion gegeben. Alle Emotionen gehen auf homöostatisch induzierte Bewertungsvorgänge zurück. Durch die homöostatische Regelwirkung, die direkt am ZB ansetzt und so in der Lage ist, einen maßgeblichen Teil der Prozesse im Nervensystem zu vereinnahmen, entstehen sogenannte Basiserfahrungen. Alle komplexeren Emotionen bauen auf diesen Basiserfahrungen auf. Da alle Prozesse im Großhirn mit der regelnden und steuernden Wirkung des ZB einhergehen, sind jegliche Gedächtnisinhalte und jegliche Prozeduren unabdingbar mit einer emotionalen Komponente verknüpft. Die emotionale Bewertung ist ein Grundprinzip der Arbeitsweise des Gehirns.
- Die Unterscheidung verschiedener Klassen und Komplexitätsgrade bezüglich der Vorgänge im Großhirn gelingt über die Definition von Bedürfnissen. Die Bedeutung verschiedener Bedürfnisse schwankt je nach dem jeweiligen Grad des Mangels oder der Befriedigung. So wird der Mensch von der ständig wechselnden Dominanz ganz unterschiedlicher Bedürfnisse gesteuert.

Damit liegen ein paar Thesen vor, die die Arbeitsweise des neuronalen Systems und das Handeln erklären. Allerdings ist dadurch die Frage noch nicht ausreichend geklärt, wie sich das System Mensch insgesamt als vernunftbegabtes Wesen in die Prozesse seiner Umwelt eingliedert.

Bei der Klärung dieser Frage kann man von dem Widerspruch ausgehen, der zwischen dem seine Existenzgrundlagen regulierenden menschlichen Individuum besteht und der indifferenten Haltung, die Umwelt und Kosmos gegenüber diesem Streben haben. Der Entwicklungsweg des menschlichen Individuums kann als fortgesetzter Prozess des Erklimmens der Bedürfnispyramide betrachtet werden. Die indifferente Haltung des Kosmos führt jedoch dazu, dass die Grundlagen für die Erfüllung dieses Anspruchs ständig erodieren. So steht der Mensch einer Umgebung gegenüber, die seinem Dasein ständig und systematisch etwas entgegensetzt.

Mit dem neuronalen System verfügt der Mensch jedoch über ein Instrument, das alle Eigenschaften aufweist, um ebenso systematisch für seine Ansprüche eintreten zu können. So stehen die einzelnen Bedürfnisse aufgrund der Tatsache ihrer wechselnden Vormächtigkeit zwar einerseits in Konkurrenz zueinander. Andererseits kommt jedoch über die Arbeitsweise des ZB und seine Fähigkeit, Zusammenhänge zwischen allen Vorgängen herzustellen, eine Komponente ins Spiel, die sehr wohl koordinierend wirken kann. So ergibt sich prinzipiell die Fähigkeit zum vernünftigen und strategischen Handeln.

Das Wirken des Menschen als vernunftbegabtes Wesen realisiert sich dabei auf mehreren unterschiedlichen Ebenen. Es realisiert sich in Form der Spuren, die im eigenen Nervensystem hinterlassen werden ebenso wie in Form der Spuren, die in der Umwelt hinterlassen werden. Von besonderer Qualität sind dabei die zwischenmenschlichen Kommunikationsprozesse und die Prozesse des Zusammenwirkens innerhalb der Gesellschaft. Des Weiteren ist das Dasein zu großen Teilen durch jene Bestandteile in Kosmos, Umwelt und Gesellschaft bestimmt, die sich jeglichem Einfluss entziehen. So hängen erfolgreiche Strategien wesentlich davon ab, ob und wie es gelingt, die Wahrnehmung und die Einwirkungen auf die Umgebung so zu koordinieren, dass im Sinne der eigenen Existenz eine möglichst große synergetische Wirkung im Zusammenspiel mit den nicht direkt beeinflussbaren Gegebenheiten erzielt werden kann.

Der Mensch hat nur dann eine Chance, wenn er auf allen diesen Ebenen koordiniert und strategisch vorgeht. Das bedeutet nicht, dass er beständig strategisch zu denken und zu handeln habe. Es geht jedoch darum zu klären, wie er sich verhält, wenn er sich in Hinsicht auf die Befriedigung von Bedürfnissen und das Erklimmen der Bedürfnispyramide anstrengen muss. Es muss als wahrscheinlich angesehen werden, dass systematische Vorgehensweisen umso eher anzutreffen sind, je größer das Spannungsfeld zwischen Anspruch und Wirklichkeit ist und je größer die Gratwanderung ist, die dabei absolviert werden muss.

Man kann das so ausdrücken, dass der Mensch in der Regel fortgesetzt damit beschäftigt ist, sich etwas aufzubauen, während die Umgebung diesem Streben ständig destruktiv entgegenwirkt. Was ist das aber, was sich das menschliche Individuum aufbaut, worin besteht dieser konstruktive Prozess?

Hier soll nun der Begriff des individuellen Vitalsystems eingeführt werden, mit der Sprachregelung, dass der Weg des Erklimmens der Bedürfnispyramide darin besteht, dass sich der Mensch ein Vitalsystem errichtet und er es als Reaktion auf die natürliche Tendenz zur Erosion ständig umstrukturiert und optimiert.

Der Begriff des Vitalsystems lässt eine Verbindung mit dem Begriff der gesundheitlichen Vitalität und der Lebenskraft vermuten. Zwar ist der Vitalitätsbegriff bereits mit verschiedenen Bedeutungen besetzt. Ohne Rücksicht auf diese Deutungsvarianten sollen hier unter dem Begriff „Vitalsystem“ alle Komponenten zusammengefasst werden, die sich der Mensch im Sinne der Erhaltung und Erleichterung seiner Existenz systematisch aufbaut.

Gesundheit ist dabei selbstverständlich ein grundlegender Bestandteil, doch darüber hinaus gilt es, noch einige weitere Kategorien zu beachten. Sie folgen bereits aus der Hierarchie der Bedürfnisse:

- Körper, Gesundheit und Fitness.
- Sämtliche im Nervensystem akkumulierten Potenziale, wie mentale, psychische, künstlerische, emotionale, intelligente Potenziale, Erfahrungen, Wissensbausteine, Fähigkeiten etc.
- Der relevante Teil der gesellschaftlichen Umgebung und sämtliche Spuren, die im Rahmen von Tätigkeiten und Austauschprozessen dort hinterlassen werden, wenn dabei vermutet wird, dass diese Spuren womöglich auf den Verursacher zurückgeführt werden können (d. h. wenn sie nicht anonym sind).
- Der relevante Teil der Umwelt und die scheinbar relevanten Spuren, die in diesem Bereich hinterlassen werden.
- Die Frage, wie man materiell gestellt ist, alle monetären Aktiva und Passiva, Besitz, Armut/Reichtum, Geschäftsbeziehungen.

Eine besondere Situation ergibt sich in der Phase des Heranwachsens. Während der kindlichen Entwicklung unterliegt das Vitalsystem einer besonders großen Dynamik. Der Tendenz zum Aufbau eines Systems von Vitalbausteinen, die den jeweiligen altersklassengemäßen Anforderungen entsprechen, steht die ständige Tendenz zur Zerstörung dieses Systems durch die Anforderungen der nächsten Stufe der kindlichen Entwicklung gegenüber. Erst im Rahmen der Sozialisation der erwachsenen Persönlichkeit kommt es zur Verlangsamung dieses Prozesses und zu einer manifesten Form des Vitalsystems. Erst in diesem Zusammenhang erreicht dieses System eine gewisse Belastbarkeit, während es bis dahin des Schutzes der in der sozialen Umgebung verfügbaren erwachsenen Mitmenschen bedurfte.

Mangelverhältnisse, die während der frühkindlichen, aber auch der kindlichen und pubertären Entwicklung prägend waren, können zu dauerhaften Einbußen bezüglich der psychischen Vitalität führen. Hier hat das oben bereits angeschnittene Thema der Befriedigungsgesundheit eine herausragende Bedeutung. Die Erfahrung, dass Bedürfnisse befriedigt werden, ist in dieser Phase die Basis dafür, dass sich das sogenannte Urvertrauen einstellen kann, welches später die Grundlage für hochgradige Frustrationstoleranz und die Fähigkeit sein kann, Entbehrungen vorübergehend ohne größeren Schaden zu überstehen. Wenn entscheidende Entwicklungsphasen auf diesem Weg, die es insbesondere in der Kindheit und Jugend gibt, durch entsprechende Zäsuren geprägt werden, können daraus Folgen entstehen, die später nur sehr schwierig oder gar nicht mehr zu überwinden sind. Gerade dadurch werden destruktive Entwicklungen begünstigt.

Destruktivität in diesem Sinne liegt insbesondere dann vor,

- wenn es zur Resignation kommt, d. h. wenn Haltungen entstehen, die das Erklimmen der Bedürfnispyramide teilweise oder insgesamt nicht mehr als sinnvolle Motivation erscheinen lassen oder

- wenn die Leistungsentfaltung des neuronalen und des physiologischen Systems in den entscheidenden ontogenetischen Entwicklungsphasen (des Individuums) derart beeinträchtigt wurde, dass daraus später objektive Ausstattungsnachteile folgen.

Im Zusammenhang mit dem Anspruch des Erklimmens der Bedürfnispyramide ist der Destruktivitätsfall immer dann gegeben,

- wenn Teile des Vitalsystems eines Individuums zusammenbrechen und nicht adäquat durch neue Konstrukte ersetzt werden können oder
- wenn die Sozialisation einer nachfolgenden Generationen nicht so erfolgt, dass der Grad der Suffizienz des Vitalsystems den der Elterngeneration erreicht.

Im Zusammenhang mit dem letzteren Punkt ist noch der differenzielle Charakter des Bewertungsmechanismus im ZB zu beachten. Antrieb entsteht durch den Unterschied. Je höher die Differenz zwischen einer Frustration, einer negativen Erfahrung, einer negativen Emotion und dem erhofften gegenteiligen Hochgefühl, desto höher der Antrieb. Neben der Erfahrung, dass Bedürfnisse befriedigt werden, ist also die Erfahrung, dass ihre Befriedigung nicht selbstverständlich ist, ebenso wichtig. Es nützt nichts, wenn Kinder auf Händen getragen werden. Sie müssen ebenso die Erfahrung machen dürfen, dass nicht alles selbstverständlich ist und es einiges gibt, das erst erkämpft werden will. Das Fehlen dieses Bausteins kann ebenso zu destruktiven Resultaten führen wie dauerhafte Frustrationen.

2.13 Das Prinzip der differenziellen Ästhetik

Das Bedürfnissystem als Ganzes folgt einem Prinzip, das hier „Ästhetik-Prinzip“ oder genauer „Prinzip der differenziellen Ästhetik“ genannt werden soll. Individuen streben gemäß dem Ästhetik-Prinzip nach einer möglichst umfassenden und von Hochgefühlen begleiteten Befriedigung der Bedürfnisse; Abweichungen können sich dadurch begründen, dass das Erklimmen der Bedürfnispyramide noch nicht vollständig gelungen ist oder dadurch, dass ein Fall von Destruktivität vorliegt.

Bevor das Ästhetik-Prinzip näher erläutert wird, ist zunächst zu klären, was in diesem Zusammenhang unter Ästhetik verstanden werden soll. Der Ästhetik-Begriff ist bereits mit einer Reihe von Bedeutungen besetzt, die es fragwürdig erscheinen lassen können, ihn hier im Sinne eines Prinzips der Bedürfniswelt zu verwenden. Andererseits ist er kaum zu umgehen, wenn Betrachtungen über menschliche Ambitionen angestellt werden sollen.

Ästhetik ist zunächst die Lehre vom Schönen, insbesondere der schönen Kunst (siehe Kants „Kritik der [ästhetischen] Urteilskraft“). Vor allem die Wahrnehmung von Harmonie und von Schönheit – von Kunstwerken, aber auch der Natur – gilt als ästhetisch. Im weiteren Sinn wird als ästhetisch auch Schöngeistigkeit und gutes Verhalten bezeichnet. Seit dem 19. Jahrhundert hat es zahlreiche ästhetische Theorien gegeben. Auf die dabei herausgearbeiteten Feinheiten soll hier nicht eingegangen werden. Der Ästhetik-Begriff soll vielmehr anders als üblich in einer generalisierten Bedeutung verwendet werden – im Sinne eines Rahmens, der alle Spielarten und Deutungen von Ästhetik zulässt.

Was ist Ästhetik?

- Jedes gute Gefühl ist ästhetisch.

- Jede Emotion hat einen ästhetischen Wert, entweder im positiven oder im negativen Sinne.

Bisher wurde vor allem besonders komplexen Emotionen, z. B. den im Rahmen der Kunst-Wahrnehmung empfundenen Emotionen oder den Schönheitsempfindungen, ein ästhetischer Wert zugeschrieben. Das ist jedoch eher eine verkürzte Sichtweise. Akzeptiert man die Annahme, dass es – wie oben beschrieben – vom niedrigsten Grundbedürfnis bis zum komplexen intellektuellen oder künstlerischen Vorgang – im Gehirn eine Kontinuität gibt und dass das innere Bewertungs-Erlebnis auf jeder Ebene der Bedürfnispyramide als Emotion bezeichnet werden kann, dann ist es nur folgerichtig, wenn auch der Ästhetik-Begriff alle diese Ebenen umfasst.

Das ist auch deshalb grundsätzlich plausibel, weil die mehr oder weniger hochgradig subtilen neuronalen Vorgänge, die Kunst – wie z. B. ein klassisches Konzert – erlebbar machen, nur unter der Voraussetzung möglich sind, dass auf niedrigeren Bedürfnisebenen vorübergehend keine Defizite vorhanden sind. Die Befriedigung niederer Bedürfnisse und damit ihre temporäre Nicht-Dominanz ist also normalerweise impliziter Bestandteil komplexerer ästhetischer Erlebnisse. Gleichzeitig spielt Kunst grundsätzlich auf der Klaviatur der gesamten Skala der Bedürfnisse und Emotionen – man denke z. B. an das Gemälde „Die Mahlzeit (ein Stillleben mit Bananen)" von Paul Gauguin.

Was ist Ästhetik im Einzelnen? Dazu hier einige wahllos zusammengestellte Beispiele für Begriffe, die ästhetische Sachverhalte ausdrücken können:

> Seele, seelisches Wohlbefinden, psychisches Wohlbefinden, moralische Werte, Wahrnehmungsschärfe,

Subtilität, Sensibilität, mentale Stärke, Vorstellungskraft, Geschicklichkeit, Kraft, Ethik, Spiritualität, Schönheit der Natur, Schönheit der Kunst, Schönheit des Denkens und Handelns, Sentimentalität, Wissen (Bedürfnis: Neugier), Verständnis, Mitmenschlichkeit / Nächstenliebe, Berufsethos, Ehre, Würde, Wertschätzung, Ehrfurcht, Glaube, Vertrauen, nicht vertrauensselig sein, Grundbedürfnisbefriedigung, gutes Benehmen, Unangepasstheit, Unabhängigkeit, Liebe, verliebt sein, Gemütlichkeit, Freude, glücklich sein, Spaß, Humor, Sport, Spiel.

Einige der Begriffe stehen zueinander im Konflikt oder markieren zumindest ein Spannungsfeld. So widerspricht Sensibilität der mentalen Stärke – beides ist gleichzeitig, d. h. bei derselben Person zur selben Zeit, möglich, jedoch eher nicht in extremer Ausprägung. Weitere Spannungsfelder gibt es zwischen Geschicklichkeit und Kraft, gutem Benehmen und Unangepasstheit, Mitmenschlichkeit und Unabhängigkeit.

Ästhetik ist einerseits ein umfassendes, generalisierbares Prinzip, sie ist andererseits jedoch auch widersprüchlich und vielfältig. Es kann keine Ästhetik an sich geben, die irgendjemand definiert und der alle anderen Mitmenschen folgen können. Geschmäcker sind verschieden. Ästhetik ist infinite. So, wie das neuronale System das Tor zur Welt 3 aufgestoßen hat, zu einer Welt mit unendlichen Möglichkeiten, die aus dem Erschließungsmedium, dem Gehirn-Prozessor nicht abgeleitet werden können, gibt es auch unendliche Möglichkeiten, Ästhetik zu definieren. Ästhetik ist kein Dogma. In der Welt der Ästhetik gibt es keine einheitliche Währung. Die Wahrnehmung von Ästhetischem wird immer von der ganzen Person mit allen ihren Erfahrungen und Gedächtnisinhalten vollzogen. Da die Lebensgeschichte des einzelnen

Menschen individuell abläuft, findet der Prozess der Wahrnehmung generell immer in einem hochkomplexen und einzigartigen Projektionsraum statt.

Dennoch ist Ästhetik partiell vermittelbar. Die Vermittlung von ästhetischen Sichtweisen ist ein maßgeblicher Inhalt mitmenschlicher Kommunikation (vgl. dazu und zum Folgenden die Ausführungen zu „Kunsterklärung und Kunstverständnis" in Majetschak 2010, 162ff.).

Ein einfaches, seit Langem bekanntes und vielzitiertes Beispiel verdeutlicht dies. Im folgenden Bild mag man gar nichts erkennen oder es kann „als Hasenkopf oder als Entenkopf […] gesehen werden" (Majetschak 2010, 164), je nachdem, welcher Aspekt bemerkt werden möchte bzw. welcher Aspekt hervorgehoben werden soll.

Abbildung 2 – H-E-Kopf[4]

Ob die beiden Interpretationsarten nachvollzogen werden können, hängt von verschiedenen Faktoren ab. Gute Voraussetzungen sind gegeben, wenn das Gehirn, in dem der Wahrnehmungsvorgang zum Bild abläuft, bereits

[4] Quelle: Joseph Jastrow, „Fact and Fable in Psychology" (1901), übernommen aus Majetschak 2010, 164.

einmal mit der Wahrnehmung lebender Hasen bzw. Enten befasst war. Das ist nicht für alle Orte der Welt selbstverständlich und es wird künftig womöglich noch weniger selbstverständlich sein als heute. Eine weitere Voraussetzung ist ein in gewissem Maße geschultes Abstraktionsvermögen. Ohne bereits andere Beispiele der abstrakten, symbolischen Darstellung realer Objekte oder Subjekte zu kennen, ist es unter Umständen schwierig, gerade auch bei diesem Bild die Parallelen ziehen zu können. Fehlen die genannten Voraussetzungen, so kann das eventuell durch Wissensvermittlung ausgeglichen worden sein. Aber selbst wenn Erfahrung oder Wissen vorhanden sind, muss es außerdem noch sinnvoll erscheinen, sich auf die jeweilige Interpretationsvariante einzulassen. Dem Zuwendungsbegutachter steht jederzeit die Möglichkeit offen, es nicht zu tun. Dabei spielt insbesondere auch der Kontext eine entscheidende Rolle, in dem die Begegnung mit dem Bild und den entsprechenden Erklärungen gerade stattfindet.

Die ästhetische Welt des Menschen zeichnet sich dadurch aus, dass im Schnittpunkt eines jeden Individuums mit seiner gesellschaftlichen und natürlichen Umgebung fortgesetzt etwas ganz Neues, Einzigartiges, noch nie Dagewesenes und niemals Wiederkehrendes entsteht. In jeweils einzigartigen Kontexten findet die fortgesetzte Spiegelung der bisherigen einzigartigen Erfahrungen an den Erfahrungen und Aktionen der Mitmenschen und an den Vorgängen in der Natur statt. Auch in dieser Hinsicht ist also das Leben durch unausgesetzte Kreativität und Emergenz geprägt – nicht minder der Prozess der Evolution als Ganzes.

Soweit zum generalisierten Ästhetik-Begriff. Nun Näheres zum Ästhetik-Prinzip.

Eine mögliche Definition des "Prinzips der differenziellen Ästhetik" lautet folgendermaßen:

- Ästhetik ist das universelle Erfüllungs-Prinzip des neuronalen Systems.
- Damit ist es im Weiteren auch das universelle Erfüllungs-Prinzip des Bedürfnissystems des Menschen sowie auch das seiner individuellen und gesellschaftlichen Existenz.

Um ein genaueres Verständnis des Ästhetik-Prinzips zu erzielen, sind weitere Aspekte zu beachten. Diese können jedoch alle folgerichtig aus der oben gebrauchten Formel sowie aus den Ausführungen abgeleitet werden, die in den vorangehenden Abschnitten dieses Kapitels gemacht wurden.

Inwiefern ist das Ästhetik-Prinzip als „differenziell" zu bezeichnen?

Hier ist die differenzielle Arbeitsweise des Zuwendungsbegutachter (ZB) genannten zentralen Prozessors des neuronalen Systems zu beachten, wie in den Abschnitten 2.4, 2.5 und 2.10 erläutert. Antrieb und Motivationen entstehen immer nur durch ein Spannungsfeld zwischen neuronalen Signalen, die unbefriedigende Zustände oder belastende Lebenssituationen anzeigen, und angestrebten entgegengesetzten Erfüllungs- und Hochgefühlen.

Daraus folgen wichtige Konsequenzen:

- Erfüllung kann immer nur ein flüchtiges Erlebnis sein, ist sie erreicht, so hat bereits ihr Vergehen begonnen.
- Ein reines Glücksprinzip, ein ständiges Schweben in Hochgefühlen, ist niemals möglich. Das Dasein kommt ohne Schattenseiten und Abgründe nicht aus. Gelingt es, einen schlimmen Zustand wirksam

zu beseitigen, so tritt an seine Stelle ein neues Ärgernis, objektiv vielleicht weniger schlimm, nach kurzer Gewöhnungszeit jedoch womöglich als ebenso drastisch empfunden.

- Der Grad, in dem die Erfüllung eines Bedürfnisses erlebt werden kann, ist davon abhängig, wie tief das Tal ist, das zuvor durchschritten werden musste. Bei sportlicher Betätigung kann die zu erreichende Hochstimmung z. B. umso beeindruckender sein, je höher das eingegangene Risiko war. Bei sozial ausgerichteten Aktivitäten ist dem eigenen Seelenheil und Ansehen wohl umso mehr gedient, je schlimmerem Elend oder Unrecht man sich entgegengestellt hat und je mehr man in diesem Zusammenhang geleistet hat, je höher die Bürde war, die man sich aufgeladen hatte.
- Ohne nennenswerte Bürden und Risiken gibt es keine Aussicht auf tiefgreifende Erfüllung. Umgekehrt folgt jedoch aus guten Absichten nur selten der volle Erfolg, und wenn, dann ist er oft hart zu erkämpfen. So bringt das Ästhetik-Prinzip, durch seinen differenziellen Charakter, im Wesentlichen das Gegenteil des Zustands, den man sich erhoffen würde, nämlich die endlose Auseinandersetzung mit Angelegenheiten, die unästhetische Empfindungen und Frustrationen auslösen können. Die Erfüllung, als Ziel allgegenwärtig, neigt in der Realität jedoch eher dazu, wie ein scheues Reh selten in Erscheinung zu treten.
- Diese Art der differenziellen Dynamik ist nur dadurch zu bewältigen, dass das Erlebnis des Erfolges, der Erfüllung, der Freude, des Hochgefühls gelegentlich eintritt, und dadurch, dass in der Zwischen-

zeit Vertrauen und Optimismus nicht verloren gehen. Die tendenzielle Stimmungslage, in der dieser Prozess durch jeden Mensch erlebt wird, mag – je nach Temperament und Lebenssituation – unterschiedlich sein; die Mechanismen sind jedoch immer dieselben.

Was folgt aus dem Ästhetik-Prinzip in Hinsicht auf das Bedürfnissystem und seine ästhetische und materielle Seite?

In Abschnitt 2.11 wurde herausgearbeitet, dass die ästhetische Seite des Bedürfnissystems stets den Vorrang hat. Die materielle Seite stellt zwar wichtige Voraussetzungen zur Verfügung, die Erfüllung findet jedoch immer in Form eines ästhetischen Erlebnisses statt. Daraus folgt, dass das Ästhetik-Prinzip implizit auch das Erfüllungsprinzip der materiell-monetären Sphäre des Bedürfnissystems ist. Wenn oben vom Ästhetik-Prinzip als universellem Erfüllungsprinzip die Rede war, so gilt das also uneingeschränkt auch für die materiellen Randbedingungen des Lebens, für die Ökonomie usw. Das bedeutet jedoch nicht, dass es hier um ein idealistisches Prinzip ginge, viel eher um ein dualistisches, bei dem das ästhetische Streben zwar generell die Zielführung innehat, die materiellen Gegebenheiten, wie auch die Gegebenheiten in der gesellschaftlichen und natürlichen Umgebung, jedoch immer die unabdingbare Realität bilden, an der sich das Streben zu beweisen hat.

So gesehen kann man bei der Betrachtung des Strebens von Mensch und Gesellschaft das Prinzip des Vorrangs der ästhetischen vor der materiellen Sphäre des Bedürfnissystems als Naturgesetz ansehen, dessen Verletzung Folgen hat. Dabei geht es ebenso um den Vorrang des Zuwendungsbegutachters als regulierender Instanz oder, anders ausgedrückt, um den Vorrang der Vernunft, der ethischen Kompetenz usw. vor materiellen Randbedingungen und ökonomischen Prozessen.

Es schließt sich die Frage an, ob es in der ästhetischen Sphäre der gesellschaftlichen Austauschprozesse auch Marktmechanismen und Währungen gibt.

Prinzipiell kann man das so sehen, allerdings nicht, ohne die aus dem materiellen Denken gewohnten Maßstäbe vollständig abzulegen. Wenn es in der ästhetischen Sphäre einen Markt gibt, dann könnte es ein Markt der Ideen, Haltungen, Interpretationen, Werke etc. sein. Und wenn es in dieser Sphäre eine Währung gibt, dann könnte es die der Aufmerksamkeit, Anerkennung oder Reputation sein. In Abschnitt 3.11 „Das kulturelle Währungssystem" wird hierzu Weiteres ausgeführt.

Was folgt aus dem Prinzip der differenziellen Ästhetik?

Für die Betrachtung der in diesem Kapitel aufgegriffenen Thematik gibt es viele alternative Herangehensweisen und sie ist Gegenstand vieler Fachgebiete und Forschungsprojekte. So ist es zweifelhaft, ob die hier vorgelegten Thesen zur Beziehung zwischen neuronalem System, Bedürfnissystem und ästhetischen Ambitionen zusätzlich benötigt werden. Wenn man sich auf diese Sichtweise dennoch einlässt, so ergibt sich, dass das Ästhetik-Prinzip von eminenter Bedeutung für Mensch und Gesellschaft ist. In diesem Fall kann man zugespitzt formulieren, dass das Ästhetik-Prinzip die Welt regiert – gemeint ist die Welt der menschlichen Gesellschaft bzw. die Gesamtheit aus den Welten 2 und 3 von Popper.

Dabei geht es unter anderem auch um künstlerische Ästhetik, elitäre Ästhetik, gutes Benehmen, um höhere Ansprüche etc., vor allem aber geht es um die Ästhetik des Alltags mit all seinen Facetten. Jede beliebige Aktivität eines beliebigen Menschen hat ihre eigene Ästhetik, d. h.

Geschmäcker sind verschieden, teilweise jedoch auch kommunizierbar. Abgehobene Formen von Ästhetik sind eher eine Randerscheinung in der Gesellschaft und sollen hier keinesfalls mehr in den Mittelpunkt gerückt werden, als es ihnen gebührt.

Im Kapitel „Kultur oder Desaster?" wurde gezeigt, dass der gegenwärtige Entwicklungsstand der menschlichen Gesellschaft noch von einigen desaströsen Zügen geprägt ist. So kann es nicht angebracht sein, den Diskurs hier unmittelbar im Sinne eines qualitativ hohen Ästhetik-Anspruchs fortzuführen. Zunächst muss es vielmehr um die Ausräumung der gravierenden Defizite gehen, die derzeit auf dem Globus zu beklagen sind und die gerade aus ästhetischer Sichtweise nur als unhaltbare Zustände gesehen werden können.

Wenn im Weiteren von der oder einer ästhetischen Sichtweise die Rede ist, und wenn aus dieser bestimmte Schlussfolgerungen und Erfordernisse abgeleitet werden, dann kann damit natürlich nur die subjektive ästhetische Sichtweise des Autors gemeint sein. Diese kann dann im Einzelnen als nachvollziehbar angesehen und womöglich geteilt werden – oder auch nicht.

Zunächst wird im folgenden Kapitel auf einige Erscheinungen und Gesetzmäßigkeiten eingegangen, die im Zusammenhang mit dem neuronalen System, dem Ästhetik-Prinzip und den Defiziten der gegenwärtigen globalen Entwicklung eine besondere Rolle in der menschlichen Gesellschaft spielen. Danach soll es wieder um die Desaster-Thematiken gehen mit entsprechenden Schlussfolgerungen und Lösungsideen.

3 Der Menschheitsorganismus

3.1 Bedürfnisse und menschliche Gesellschaft

Wenn die Bedürfnispyramide als Modell für die Bedürfnisbefriedigung des einzelnen Menschen als zutreffend bezeichnet werden kann, so muss sie auch für das gesellschaftliche Leben von außerordentlicher Bedeutung sein. Das ergibt sich schon aus dem Umstand, dass, wie oben bereits erwähnt, viele der Bedürfnisse Wechselwirkungen mit der Gesellschaft bedingen. Das gesamte gesellschaftliche Leben, über Kultur und Kunst, Politik, Wirtschaft, Wissenschaft, Bildung, Sozialsysteme und Wohlfahrt, Recht und Ordnung bis zur Frage der Gesellschaftsformen ist von Haltungen und Diskussionen zu Positionen in der Bedürfnispyramide geprägt. Nicht nur für den einzelnen Menschen, sondern auch für Gruppen, Völker und für die Menschheit als Ganzes stellen die genannten Bedürfniskategorien und ihre Relationen eine wichtige Dimension dar, in der Beziehungen und Prozesse beschrieben und charakterisiert werden können.

Bei jeder Art von Gemeinschaft gibt es irgendeinen gemeinsamen Nenner, es gibt eine gewisse Schnittmenge gemeinsamer Interessen, und es gibt Zielstellungen, die gemeinsam verfolgt werden. Sucht man für die gemeinsame Basis, die dabei systematisch aufgebaut wird, einen allgemeingültigen Oberbegriff, so bietet sich der des gesellschaftlichen Vitalsystems an. Von einem gesellschaftlichen Vitalsystem kann man bei jeder Form der gemeinschaftlichen Organisation sprechen. Ob es eine Familie ist oder eine Freundschaft, ein Sportklub, eine Partei, ein demokratisches Staatswesen, ein Unternehmen, ein marktwirtschaftliches System mit entsprechenden Regeln, ein Wissenschaftsbetrieb, eine kulturelle

Organisation, eine karitative Organisation, ein Währungssystem, eine Clique, eine kriminelle Organisation, eine Mafiaorganisation etc. – in jedem Fall kommt es (zwanglos oder systematisch) zur Definition von Regeln, die auf die Bildung einer Schnittmenge bezüglich der individuellen Vitalsysteme der beteiligten Personen hinauslaufen. Solange es dadurch gelingt, Synergien und Vorteile für einen maßgeblichen Teil dieser Personen und ihre individuellen Vitalsysteme zu erlangen, ist eine Grundlage für die Stabilität der Gemeinschaft gegeben.

Die Menschheitsgeschichte ist von endlosen Versuchen des erfolgreichen Erklimmens der Bedürfnispyramide im gemeinschaftlichen Maßstab geprägt. Jederzeit und überall sind Menschen damit beschäftigt, das erfolgreiche gesellschaftliche Zusammenwirken zu organisieren. Ebenso umfangreich ist jedoch auch die Geschichte der Zerfallserscheinungen. Immer wieder leben sich Freundschaften und Familien auseinander, zerfallen Organisationen, werden Unternehmen insolvent, geraten Staaten, Währungssysteme und Märkte in Krisensituationen, eskalieren Konflikte und werden Kriege geführt. Es sind immer wieder ausgesprochen destruktive Entwicklungen bezüglich gesellschaftlicher Vitalsysteme zu verzeichnen.

Dafür gibt es insbesondere zwei Gründe. Erstens liegt ein entscheidender Faktor bei der Dynamik der gesellschaftlichen Prozesse in der Frage, wie gut es den Bürgern gelingt, ihre individuellen Vitalsysteme miteinander und mit den gesellschaftlichen Vitalsystemen zu einem synergetischen Beziehungsgeflecht zu verbinden. Dabei ist es jedoch niemals möglich, einen Status zu erreichen, bei dem alle Mitglieder in gleichem Maß profitieren, und so stehen dem gesellschaftlichen Aufbau auch in besten Zeiten immer destruktive Vorgänge gegenüber. So gibt es ein ständiges Wechselspiel zwischen Aufbau und Zerfall. Dabei besteht jederzeit die Gefahr, dass sich destruktive Potenziale gegenseitig verstärken. So ist jederzeit das Risiko gegeben, dass in Bereichen, in denen zuvor noch Kooperation und Kommunikation vorgeherrscht haben, allmählich Gräben und Mauern entstehen und dass es zur sich lawinenartig verstärkenden Zerstörung von Vitalsystembestandteilen und damit zu Krisen und Kriegen kommt. So können Zusammenbrüche ohne klar ersichtliche Ursache entstehen, ebenso wie das bei Monsterwellen im Ozean oder mit Staus auf der Autobahn geschieht.

Zweitens ist jede Form von Gemeinschaft auch äußeren Randbedingungen ausgesetzt und diese unterliegen ständigen Änderungen. So, wie das Individuum mehr oder weniger erfolgreich bei der Anpassung an die dem Lebensumfeld innewohnende Dynamik und bei ihrer Beeinflussung sein kann, gilt das auch für die Gemeinschaft. So können sich Umstände einstellen, durch die die Basis, auf der ein gesellschaftliches Übereinkommen fußt, zusätzlich torpediert wird. Beispiele für solche Vorgänge sind Ressourcenengpässe, Epidemien oder Umweltkatastrophen. Derartige Veränderungen der Randbedingungen erfolgen einerseits zufällig, bedingt durch Naturgesetze, andererseits können sie jedoch auch aus dem untauglichen Wirken der Menschen resultieren.

Bei jeder Form von Krise liegt das eigentliche Problem in der Reaktion der Menschen auf die jeweilige Situation. So, wie es dem Individuum gelingen kann, Entbehrungen auf der Basis von Befriedigungsgesundheit und Urvertrauen erfolgreich zu überstehen, ist es bei der Gemeinschaft wichtig, dass ein maßgeblicher Teil ihrer Mitglieder den Glauben nicht verlieren darf, dass die

Probleme lösbar sind. Erst wenn das nicht mehr gelingt, ist die Katastrophe vorgezeichnet.

3.2 Der Menschheitsorganismus

Beim Erklimmen der Bedürfnispyramide im gemeinschaftlichen Maßstab geht der Trend im Laufe der Geschichte zunehmend in die Richtung, dass die Gruppen und Gemeinschaften, auf die das zutrifft, immer größer werden. Unsere Zeit ist unter anderem durch die wissenschaftlich-technische Revolution, die modernen Reisemöglichkeiten und Kommunikationsmittel, durch den Globalisierungsanspruch der Marktwirtschaft und durch die Bevölkerungsexplosion geprägt. Dies alles führt zum zunehmenden Erfordernis, in globalen Maßstäben zu denken. Das Heil der Welt, insbesondere der westlichen Welt, scheint dabei von ständigem ökonomischen Wachstum und steigendem Ressourcenverbrauch abhängig zu sein. Extrapoliert man die Trends der westlichen Lebensweise und ihren Hang, sich in möglichst viele Länder der Welt exportieren zu wollen, zusammen mit der explosionsartigen Entwicklung der Weltbevölkerung, so ergibt sich, dass es sehr eng zu werden droht. Einige Ressourcen drohen weltweit äußerst knapp zu werden und die selbst verursachte globale Katastrophe kann für die Menschheit nur abgewendet werden, wenn neue Lösungswege gefunden werden, von denen noch nichts bekannt ist, außer einer gewissen Vorahnung, dass sehr drastische Maßnahmen nötig werden können, die noch dazu im globalen Maßstab umgesetzt werden müssen. Berücksichtigt man außerdem die durch Geschichte und Gegenwart bewiesene extrem mangelhafte Konfliktfähigkeit der menschlichen Art, so könnte man zu dem Schluss gelangen, dass die Lage schier aussichtslos ist.

Aus diesen Umständen kann man schlussfolgern, dass die Menschheit längst zu einem großen Ganzen geworden ist – zu einem riesigen Organismus. Für diesen Menschheitsorganismus gilt ebenfalls die Regel, dass er als Ganzes, im globalen Maßstab danach strebt, die Bedürfnispyramide zu erklimmen.

Bisher ist dieses Streben offensichtlich von starker Ambivalenz geprägt. Es gibt extreme Ungleichgewichte und innere Konflikte (im Inneren des Menschheitsorganismus) und das ganze System droht immer wieder in einem Weltkrieg oder in einer großen Umweltkatastrophe zu kollabieren. Es ist jedoch notwendig, sich von der verhängnisvollen Magie zu lösen, die sich bei der Analyse dieser Entwicklungen ergibt. Sicher, man kann und muss aus den Fehlern der Vergangenheit lernen. Allerdings ist es viel wichtiger, ein Bild vom gesunden Zustand des Menschheitsorganismus zu entwickeln, wie er prinzipiell möglich wäre. Davon ausgehend wäre dann zu klären, welche Elemente und Eigenschaften noch fehlen und was getan werden kann und muss, um sich dem gesunden Zustand eventuell annähern zu können.

Dabei wäre es nicht angebracht, das Postulat eines gesunden, vitalen, harmonischen Zustandes der menschlichen Gesellschaft im globalen Maßstab als Utopie abzutun. Vielmehr ist es sinnvoll, die entsprechenden Thesen im Sinne der Beschreibung eines anzustrebenden und partiell auch erreichbaren Referenzzustandes zu sehen.

Wodurch zeichnet sich der gesunde, vitale Zustand des Menschheitsorganismus aus?

- Jeder Mensch, überall auf der Welt, erhält die Chance, sich so in die Gesellschaft zu involvieren, dass es ihm möglich ist, die ausgewogene Befriedigung seiner Bedürfnisse auf allen Ebenen der Bedürfnispyramide anzustreben.

- Wenn die Voraussetzungen dafür in bestimmten Kontexten nicht gegeben sind, sucht die Gesellschaft unter Beteiligung der betroffenen Menschen und unter Berücksichtigung ihres legitimen Anspruchs auf Souveränität Mittel und Wege, sie zu schaffen.
- Über die Art und den Vorrang seiner Bedürfnisse kann nur jeder Mensch ganz individuell für sich entscheiden. Das ergibt sich zwingend aus dem emergenten Charakter des neuronalen Systems und aus dem Umstand der prinzipiellen Einzigartigkeit des Wahrnehmungsspiegels im Kopf eines jeden Menschen.
- Konflikte werden auf einer möglichst hochgradig subtilen Ebene bewältigt – Näheres dazu unten im Abschnitt „Der Subtilitätstrend“.

Diese Definition kann nur als erster, ganz abstrakter Versuch gesehen werden, einen Referenzzustand im Sinne der Anwendung der Bedürfnispyramide auf den Menschheitsorganismus zu beschreiben. Sie kann auch nur als Ergänzung zu allen bisherigen Errungenschaften und humanistischen Vereinbarungen verstanden werden wie der Charta der Menschenrechte, den Errungenschaften der europäischen Aufklärung, den Regeln und verfassungsmäßigen Garantien demokratischer Staatswesen, Recht und Ordnung sowie aller sonstigen hohen Güter und ethischen Normen.

3.3 Der Trend zum Zusammenwachsen

Im vorangehenden Abschnitt wurde postuliert, dass die Menschheit zu einem Großen und Ganzen geworden ist. Hinzuzufügen ist, dass die geschichtliche Entwicklung, die tatsächlich in diese Richtung führt, zumindest noch in vollem Gange ist. In der Vergangenheit war die Entwicklung der menschlichen Gesellschaft dadurch gekennzeichnet, dass sich Gemeinschaften zunächst in engen Grenzen gebildet haben. Über weite Landschaften und Kontinente verstreut bildeten sich Gruppen, die, wenn überhaupt, nur gelegentlich Berührungspunkte hatten. Erst nach einer sehr lange währenden Entwicklung kam es im Zusammenhang mit dem wissenschaftlich-technischen Fortschritt und mit dem beschleunigten Wachstum der Weltbevölkerung auch zu einem beschleunigten Prozess des Zusammenwachsens. Heute kann man konstatieren, dass fast alle Orte und Länder der Welt an fast allen anderen Orten zumindest informationell präsent sind. Auch die Verflechtungen über Handelswege, monetäre Beziehungen, global agierende Unternehmen, Kriege, Umweltbeeinträchtigungen, Katastrophen, Tourismus, Globalisierung etc. gehen bereits sehr weit und verdichten sich immer mehr. So gesehen ist das Zusammenwachsen Realität.

Andererseits folgen die gesellschaftlichen Anschauungen und das politische Handeln noch sehr dem alten Kästchendenken. In der Weltpolitik herrscht noch die Kleinstaaterei vor, wie sie in Deutschland das späte Mittelalter prägte. Fortschritte werden nur sehr langsam und zäh errungen. In diesem Sinne kann man von räumlicher Begrenztheit sprechen.

Ein weiterer wichtiger Punkt ist die Aufteilung der menschlichen Gesellschaft in Schichten, Interessengruppen, politische Strömungen, Gruppen mit kultureller, religiöser, weltanschaulicher Orientierung etc. In dieser Hinsicht verlaufen viele Grenzen und Brüche mitten durch die menschliche Gesellschaft. Dieser Aspekt kann mit dem Begriff der kulturellen Begrenztheit zusammengefasst werden.

Im Zusammenhang mit beiden Formen der Begrenztheit gilt es, folgende zwei Aspekte zu beachten:

- Einerseits gibt es den identitätsstiftenden Aspekt. So, wie jeder Mensch aufgrund seiner Natur seine eigene, ganz einzigartige Wahrnehmung, Sichtweise und Ästhetik hat und wie er ein einzigartiges Wesen ist, trifft das auch auf Gruppen zu. Jede Gruppe hat eine einzigartige kulturelle oder auch territoriale Identität und ist durch spezielle Merkmale, die von den Mitgliedern als Gemeinsamkeiten gesehen werden, gekennzeichnet. So gesehen machen die Begrenzungen die individuellen Merkmale der betreffenden Region, des betreffenden Landes, der kulturellen Gemeinschaft etc. unterscheidbar und erkennbar.
- Zweitens gibt es den Aspekt der Widersprüchlichkeit. Die Eigenarten einer räumlich oder kulturell abgrenzbaren Gemeinschaft stehen vielfach im Widerspruch oder gar im Konflikt mit den Eigenarten und Herangehensweisen anderer Gemeinschaften.

Während der identitätsstiftende Aspekt dafür sorgt, dass die menschliche Gesellschaft Konturen, vielfältige Facetten und kulturellen Reichtum aufweist, resultiert aus dem Widersprüchlichkeitsaspekt ein ebenso vielfältiges Spannungsfeld, welches die Entwicklung des Menschheitsorganismus zu einem teilweise dramatisch verlaufenden Prozess macht.

Dieses Spannungsfeld muss es selbstverständlich heute und auch in der Zukunft geben. Das eine ist ohne das andere nicht zu haben, d. h. wo es Unterschiede und Individualitäten gibt, wird es immer auch Spannungen geben. Außerdem gilt auch hier wie beim neuronalen Apparat des Individuums das differenzielle Funktionsprinzip, d. h. der Antrieb für die Weiterentwicklung ergibt sich aus Widersprüchen und der Motivation, diese zu lösen.

Die Frage ist jedoch, wie mit den Widersprüchen und der Tatsache, dass es sie immer geben wird, umgegangen wird. Gerade in dieser Hinsicht ist es wichtig, zwischen der wahrhaft menschlichen Art, ihnen zu begegnen, und der von historischen Lasten geprägten Art zu unterscheiden.

Die wahrhaft menschliche Art des Umgangs mit Konflikten gibt es partiell bereits seit Langem. Konfliktfähigkeit und Konfliktbewältigung sind etwas, was man lernen und trainieren kann. Die Parameter sind bekannt. Besonders wichtige Eigenschaften sind gegenseitige Achtung und ein respektvoller Umgang miteinander. Entscheidend ist, dass man bereit ist, über den anderen und vom anderen zu lernen, dass man ihm mit Toleranz begegnet, dass man mit ihm kommuniziert, dass man zu Kompromissen bereit ist.

Ein weiterer wichtiger Faktor ist ohne Zweifel auch der Wille und die Möglichkeit zur Erfüllung der Anforderungen der Bedürfnispyramide. Es ist wichtig, dass sich beide Konfliktparteien das Recht zur Erfüllung aller Bedürfnisse gegenseitig zugestehen. Aber es ist auch wichtig, dass es in dieser Hinsicht tatsächlich zu positiven Entwicklungen kommt. Wenn Letzteres ausbleibt – und sei es wegen objektiven Ressourcenmangels, so ist die Konfliktlösung zum Scheitern verurteilt.

Neben der Tatsache, dass die zur Konfliktbewältigung erforderlichen Strategien und Haltungen prinzipiell bekannt sind und die Menschheit in dieser Hinsicht zunehmend über wertvolles Know-how verfügt, muss leider auch festgestellt werden, dass es viele Beispiele von Verhaltensweisen gibt, denen eine sträfliche Missachtung dieses Know-hows zugrunde liegt. Dies hat vorwiegend etwas mit den historischen Lasten zu tun. Es hat etwas damit zu tun, dass es noch viele Nischen gibt, in denen lokal ausgerichtete Strategien und Denkweisen als suffizient erscheinen. Und es hat etwas damit zu tun, dass die menschliche Gesellschaft als Ganzes noch weit davon entfernt ist, die Bedürfnispyramide erklommen zu haben, dass es noch viele Regionen, Länder, Regime, Schichten gibt, innerhalb derer die Befriedigung der Bedürfnisse nicht wirklich gelingt bzw. innerhalb derer dies vielleicht in Hinsicht auf wichtige Bedürfniskategorien noch nicht einmal offiziell als erstrebenswert erklärt wird.

Die entscheidenden Grundprobleme sind dabei ein aus historischen Wurzeln resultierender eingeengter Wahrnehmungshorizont, mangelnder Wissenstransfer und nicht suffiziente Lösungsstrategien und Modellvorstellungen. Insbesondere begründet sich die Haltung einzelner Konfliktparteien regelmäßig aus alten Streitigkeiten und Ansprüchen statt aus dem geweiteten Blick nach vorn.

Dennoch ist der Prozess des Zusammenwachsens in vollem Gange. Die gemeinsamen Berührungspunkte und Verflechtungen werden immer zahlreicher. Die drohenden Katastrophen nehmen immer mehr einen globalen Charakter an. Die Menschheit ist zunehmend als Ganzes infrage gestellt. Sie ist zum gemeinsamen Untergang oder zum gemeinsamen Erfolg verdammt.

3.4 Der Subtilitätstrend

Aus der Geschichte und Gegenwart könnte man schlussfolgern, dass es niemals eine Welt ohne Gewalt und Krieg geben kann. Dem könnte man Folgendes entgegenhalten:

- Es wird niemals eine Welt ohne Konflikte geben.
- Die Art, wie die Konflikte ausgetragen werden, wandelt sich ständig.
- Im optimistischen Fall könnte sich die Welt so entwickeln, dass physische Gewalt und Kriege immer seltener werden.

Tatsächlich ist die Aufwärtsentwicklung der menschlichen Gesellschaft mit einem Trend zu zunehmender Subtilität bei der Entstehung und Austragung von Konflikten verbunden. Was dabei leider immer wieder irritiert, ist die Tatsache, dass auch westliche Demokratien, in denen vermeintlich die Menschenrechte hochgehalten werden, immer wieder Kriege initiieren. Das hat insbesondere etwas mit drohendem objektivem Ressourcenmangel zu tun (Öl, Rohstoffe etc.), der jedoch nicht zuletzt aus den Übertreibungen der Marktwirtschaft und der Konsumgesellschaft und dem daraus resultierenden ständig wachsenden Ressourcenhunger erwächst. Grundsätzlich kann der Trend zur Subtilität dennoch nicht abgestritten werden.

Insbesondere dort, wo es gelingt, mit einer gewissen Stabilität für einen relativ hohen Prozentsatz der Bevölkerung einen gewissen Wohlstand zu erzielen, und wo Demokratie und Menschenrechte als hohes Gut gelten, werden Konflikte ganz anders ausgetragen als in Regionen, in denen Armut, womöglich noch gepaart mit feudalen / mafiösen / korrupten Herrschaftsmethoden, vorherrscht. In fortschrittlichen Ländern gibt es nicht minder zahlreiche Probleme und Konflikte, über die unendlich gestritten und verhandelt wird, das führt jedoch selten zu gewalttätigen Handlungen.

In diesen Gesellschaften kommt es ebenfalls zu Frustration, Ausgrenzung, relativer Armut, Repression, Kriminalität und vielen anderen negativen Erscheinungen. Das Leben ist nicht weniger von Widersprüchen und von Unglück gezeichnet als in weniger fortschrittlichen Ländern. Das alles findet jedoch auf einem höheren Subtilitätsniveau statt. Das Konfliktpotenzial ist grundsätzlich nicht geringer. Der Trend geht jedoch dahin, dass die Konfliktbewältigung zunehmend nur noch „im Kopf", in der zwischenmenschlichen Kommunikation und in wirtschaftlichen Parametern erfolgt und immer weniger im Sinne physischer Beeinträchtigung.

Aus dem differenziellen Funktionsprinzip des menschlichen Gehirns, aus dem Umstand, dass sich Aktivitätspotenziale grundsätzlich aus dem Motiv der Überwindung negativer Emotionen ableiten, ergibt sich, dass ein pures Glücksprinzip nicht funktionieren kann. So, wie Ressourcenmangel objektiv immer wieder entsteht und bekämpft werden muss, bedarf der Mensch auch grundsätzlich in der Psyche und in der zwischenmenschlichen Beziehung immer wieder der negativen Erfahrung, um nach Erfüllung zu streben.

Das bedeutet, dass es ein Leben ohne Spannungen nicht geben kann und auch, dass es immer Verlierer und Gewinner geben wird. Doch eine sehr weitgehende Abkehr von physischer Gewalt sollte wohl prinzipiell möglich sein.

Bei allen Fortschritten, die in westlichen Demokratien in diesem Sinne bereits erreicht werden konnten, darf man nicht vergessen, dass der dort herrschende materielle

Wohlstand bisher vielfach noch auf der extremen Ausbeutung ärmerer Regionen aufgebaut ist. Die Wohlstandsgesellschaften exportieren ihre Schattenseiten, wie z. B. ihren Müll, in andere, möglichst weit entfernte Regionen der Welt. Für modische Kleidung, die in reichen Ländern mit hohen Margen verkauft werden, müssen sich Kinder in armen Ländern ausbeuten und langsam vergiften lassen. So gesehen geben die Wohlstandsländer noch lange kein wirklich gutes Beispiel ab.

3.5 Psyche, Schrecklichkeitseffekt und Glaube

Bei der Aufwärtsentwicklung der menschlichen Gesellschaft ergibt sich das Problem, dass die Psyche oft vor der Notwendigkeit steht, einen weiten Bogen zu überspannen. Das Leben findet in einer vergleichsweise barbarischen Realität statt, während ein gutes Werk getan oder eine fortschrittliche Leistung erbracht werden will. Sowohl ethische Motivationen als auch herausragende geistige, handwerkliche, künstlerische, sportliche Leistungen etc. können sich nur auf dem Boden ausgeprägter Phantasie und Sensibilität sowie psychischer Komplexität entwickeln. Es sind dazu subtile neuronale Prozesse erforderlich, deren Gegenstände und Ergebnisse sich weit über das unmittelbare Erleben bzw. über die aktuellen Lebenstatsachen erheben. Dabei besteht jedoch der Widerspruch, dass, je höher Ansprüche und Ziele gesteckt sind, je höher das Komplexitätsniveau der neuronalen Vorgänge ist und je subtiler die Wahrnehmung funktioniert, die schlechten Erfahrungen, die gleichzeitig im Lebensumfeld gemacht werden, zwangsläufig umso unerträglicher sind. Eine Psyche, die besonders gut für die Herausforderungen der Zukunft gerüstet und auf das Wohlergehen der Gemeinschaft gerichtet ist, die einen hohen Grad der Ästhetik verkörpert und den Anspruch einer hochgradigen Erfüllung der Bedürfnispyramide vorwegnimmt, ist gleichzeitig auch in besonderem Maße einem Schrecklichkeitseffekt bei der Wahrnehmung der aktuellen Realität ausgesetzt.

Dieser Konflikt, der in jedem Menschen vorhanden ist, führt zu dem Zwang, die Wahrnehmung der Realität zu regulieren. Es wird etwas benötigt, was die tiefe Kluft zwischen Anspruch und Wirklichkeit erklärt. Es wird etwas Konstantes benötigt, an dem man sich festhalten kann, etwas, das Trost spendet, das es letztlich ermöglicht, trotzdem die Realität in einem guten Licht erscheinen zu lassen. Man hat letztlich die Wahl zwischen einem relativ realitätsnahen, pragmatischen Lebensmodell, welches jedoch den Weg zu Sphären versperrt, die komplexere, subtilere, sensiblere Gefühlswelten erfordern, oder einem Lebensmodell, welches dieser Sichtweise Erklärungen, Hypothesen, Modelle oder spirituelle Komponenten hinzufügt, die den Umgang mit diesen Gefühlswelten trotz allem möglich und erträglich machen.

Gerade in einer Lebensumgebung, die einem erfüllten Leben im Sinne der Bedürfnispyramide schier unüberwindliche Steine in den Weg legt, sind Erklärungsmodelle besonders hilfreich, die mit vielen Mitmenschen geteilt werden können. Es ist geradezu unausweichlich, dass sich der Mensch in kulturelle Prozesse involviert, die sowohl eine Erklärung bieten als auch Gemeinschaftlichkeit. Da der Mensch kein rationales Wesen ist und wissenschaftliche Erklärungsmodelle weder schnell verfügbar waren, noch allgemein zugänglich sind, noch eine Ethik umfassen, sondern ihrer eher bedürfen, musste und muss dieser Bedarf zur Entwicklung von Religionen und ethischen Lehren führen.

Die Bildung von Gemeinschaften auf der Basis solcher Systeme vermag insbesondere, die folgenden beiden Lücken auszufüllen:

- Gemeinschaftliche Erklärungsmodelle und ethische Normen ermöglichen einen erträglichen Umgang mit der Lebenssituation. Sie bieten Trost und Hoffnung. So wird es dem Bewusstsein möglich, neue Sphären zu erschließen und damit den Weg für eine progressive Entwicklung zu bereiten. Ein besonders komplexer Geist bedarf eines besonders guten Fundaments im Sinne der unteren Ebenen der Bedürfnispyramide. Durch eine Hoffnung spendende Form der gemeinschaftlichen Verbundenheit kann eine Situation, die nüchtern betrachtet zu extremen Frustrationen führen müsste, in diesem Sinne am besten kompensiert werden. So gesehen kann Glaube Berge versetzen und der Subtilitätstrend hätte ohne ethische Normen und Lehren, Religionen und progressive Weltanschauungen nur eine deutlich verringerte Chance.
- Die Gemeinschaften bieten eine Plattform für die Erfüllung der Bedürfnisse auf Ebene 4B und 5B der Bedürfnispyramide. Gerade in von Armut und Repression, Kriminalität und Gewalt geprägten Lebensumgebungen, in denen es teilweise um das nackte Überleben geht, sind die Bedingungen für die dauerhafte Erfüllung von Individualbedürfnissen, Anerkennungsbedürfnissen, Selbstverwirklichung und mentales Wachstum besonders schlecht. Eine Gemeinschaft, die sich der Kultivierung ethischer, religiöser, spiritueller Systeme widmet, kann diese Lücke gerade unter diesen Bedingungen besonders gut ausfüllen.

Die Bildung von Gemeinschaften, die sich ethischen, religiösen, spirituellen Zielen und Hoffnung spendenden Weltanschauungen verschreiben, ist also eine wichtige Grundlage dafür, dass sich der aufrechte Gang im mentalen Sinne überhaupt entwickeln kann. Dass es dabei zu Entwicklungen kommt, die zur gemeinschaftlichen Verbundenheit einer möglichst großen Zahl von Menschen unter dem Dach einer Lehre, Weltanschauung oder Religion führen, ist der fortschrittlichen Entwicklung der menschlichen Gesellschaft weitestgehend zuträglich. Leider kommt es jedoch auch hier regelmäßig zu Konstellationen, bei denen sich dieser positive Effekt ins Gegenteil verkehrt.

Jede Weltanschauung basiert auf irgendwelchen Annahmen und Festlegungen, die zur Zeit ihrer Aufstellung und in Hinsicht auf den Zustand, in dem sich die betreffende Gesellschaft gerade befindet, ausgesprochen progressiv sein mögen. Eine wichtige Grundlage für den Erfolg und die heilsame Wirkung einer Weltanschauung bzw. Religion ist der gemeinschaftliche Glaube an einige wichtige Grundsätze. Eine Neigung zu einem gewissen Absolutheitsanspruch, Totalitätsanspruch, Universalitätsanspruch und eine dadurch erzielte suggestive Wirkung können der Schaffung einer breiten Basis in der Bevölkerung förderlich sein. Doch gerade aus diesem Umstand kann sich insbesondere unter folgenden Bedingungen ein ernsthaftes Destruktivitätspotenzial ergeben:

- Später, wenn sich aufgrund eines neuen Entwicklungsstandes der Gesellschaft einer der Grundsätze als Fessel erweist, fällt es umso schwerer, diese abzustreifen.
- Wenn sich Grenzen zwischen Ländern und Gemeinschaften verschieben, kann einer der Grundsätze

zum Konflikt mit anderen Kulturen, Religionen und Weltanschauungen führen. Es kann sogar sein, dass eine Religion oder Lehre auch bereits mit einem solchen Konflikt geboren wird und er ihr ständiger Begleiter ist.

Aus beiden Punkten ergibt sich die Notwendigkeit, vorzugsweise solchen Modellen und Sichtweisen zu folgen, die der Idee eines möglichst weit gefassten Horizonts und einer möglichst großen Toleranz gegenüber anderen Anschauungen und Religionen genügen können. Ein besonders positives Beispiel hierfür ist in Form der Glaubensrichtung „Bahai“ gegeben, die „die Werte von Toleranz, Respekt gegenüber allen Religionen, sozialen Reformen und internationalem Recht“ preist (Stanford 2011, 173, Abschnitt 43: „Moderne Glaubensrichtungen“). Im Grunde beinhalten jedoch alle Weltreligionen und alle bedeutenden Lehren entsprechende Elemente der Toleranz gegenüber Andersgläubigen. Leider gibt es jedoch auch immer wieder Anhänger, die das gern leugnen möchten.

3.6 Der Erdenbürger als Mandatsträger

Die menschliche Psyche strebt danach, das eigene Leben ausreichend gut zu gestalten. Dass das eigene Leben von vorrangiger Bedeutung ist, hat zunächst nichts mit Egoismus zu tun; vielmehr leitet sich der Vorrang zwingend aus der Tatsache ab, dass der zur Verfügung stehende Primärantrieb auf den eigenen Bedürfnissen basiert. Wenn es dem Individuum jedoch gelingt, sich als Mitglied der Gesellschaft zu begreifen und insbesondere die höheren Bedürfnisse so zu gestalten, dass sie diesem Umstand Rechnung tragen, dann ergibt sich folgerichtig ein Handeln zum Nutzen der Mitmenschen und der Gesellschaft. Die Chance, jegliche egoistisch erscheinende Attitüde zu vermeiden, ist dabei nur dann gegeben, wenn es gleichzeitig gelingt, einen gewissen Grad an Befriedigungsgesundheit für die eigenen Bedürfnisse herzustellen.

In seiner Eigenschaft als gesellschaftliches Wesen hat wiederum jeder Mensch Einfluss auf die Entwicklung der Gruppe, der Familie, des Gemeinwesens, des gesamten Menschheitsorganismus. Allein die Tatsache, dass man existiert, atmet, Nahrungsmittel zu sich nimmt, Waren und Worte austauscht, reicht aus, um einen Einfluss auszuüben. Auch der Tod eliminiert diesen Einfluss nicht sofort vollständig; im Gegenteil, von ihm geht noch einmal ein Impuls aus. Besonders günstig ist die Situation, wenn Demokratie so praktiziert wird, dass jeder Bürger auf diesem Weg Einfluss auf die Politik nehmen kann. Doch auch ohne diese Voraussetzung ist niemand ohne Einfluss und auch die demokratisch organisierte Gesellschaft hat neben der Politik viele weitere Sphären, in denen sie gestaltet wird.

Daraus ergibt sich, dass es für das Individuum grundsätzlich sinnvoll ist, sich als Einflussfaktor zu begreifen. **Jeder Erdenbürger verfügt über ein natürliches Mandat bei der Gestaltung der globalen Kulturgesellschaft.** Das ist eine unvermeidliche Tatsache, der man sich stellen kann oder auch nicht. Der letztere Fall mag mit der Vermutung einhergehen, dass Einflussnahme vermieden werden kann, in Wirklichkeit ergibt sich jedoch nur ein Votum für Konservativismus oder Fatalismus. Etwas positiver ausgedrückt hat die politische Passivität eines gewissen Teils der Bürger die Funktion eines Ruhepols in der Gesellschaft, was jedoch auch als Wirkung bezeichnet werden muss.

Aus dem natürlichen Mandat ergibt sich wiederum die Tatsache, dass jeder Erdenbürger im Zusammenhang mit seiner Sozialisation neben allen sonstigen Bürden es außerdem kaum vermeiden kann, als Politiker und Philosoph zu wirken. Hier wird postuliert, dass dies eine Gesetzmäßigkeit ist, der man zwar mehr schlecht als recht genügen kann, die jedoch nicht grundsätzlich vermeidbar ist.

3.7 Das gesellschaftliche Kräftesystem

Das Postulat vom natürlichen Mandat bei der Gestaltung der globalen Kulturgesellschaft widerspricht dem Bild des Menschen der Gegenwart, der vielleicht Facharbeiter oder Experte auf einem oder mehreren Gebieten ist und daneben ein paar Hobbys kultiviert, wenn er dazu überhaupt die Möglichkeit hat. Ferner gibt es Experten, die sich um größere Themen kümmern wie Makroökonomie, Philosophie, Politik, Wirtschaft etc. In mehr oder weniger großem Rahmen kümmert sich so jeder um sein aktuelles Fachgebiet, um seine aktuelle berufliche Tätigkeit, seinen Broterwerb sowie – soweit es möglich ist – um Freundschaften, Familie, Sport, Spiel, Spaß und Erholung. Womöglich engagiert er sich auch für die Wohlfahrt oder strebt nach Selbstverwirklichung in irgendeiner Richtung. Warum soll man in das System der Sozialbeziehungen mehr hineindeuten wollen?

Ganz einfach: Weil die demokratisch-humanistisch organisierte Gesellschaft und die Fähigkeit der Weltbevölkerung, ihr Schicksal zu meistern, damit steht und fällt!

Eine Gruppe besteht aus allen ihren Mitgliedern, die menschliche Gesellschaft besteht aus allen Erdenbürgern. Jeder nimmt an der Entwicklung des Gemeinwesens teil und beeinflusst sie – auch wenn er sich dessen nicht bewusst ist oder wenn er diesen Umstand zu leugnen geneigt ist.

Dabei gilt es zwei Aspekte zu beachten: Zum einen geht es um den gestalterischen Einfluss, den jedes Mitglied der Gesellschaft ausübt, zum anderen um den politischen Einfluss. Beide hängen eng zusammen. Ausgehend von der Annahme, dass gestalterische Vorgänge immer auch indirekt eine gewisse politische Wirkung haben, soll hier insbesondere die politische Dimension der gesellschaftlichen Wechselbeziehungen betrachtet werden.

Natürlich ist es so, dass nicht jeder Bürger in gleichem Maß Einfluss auf die gesellschaftlichen Prozesse ausübt, es ist vielmehr klar, dass die Wirkungen, die unterschiedliche Menschen ausüben, in ihrer Stärke extrem vonei-

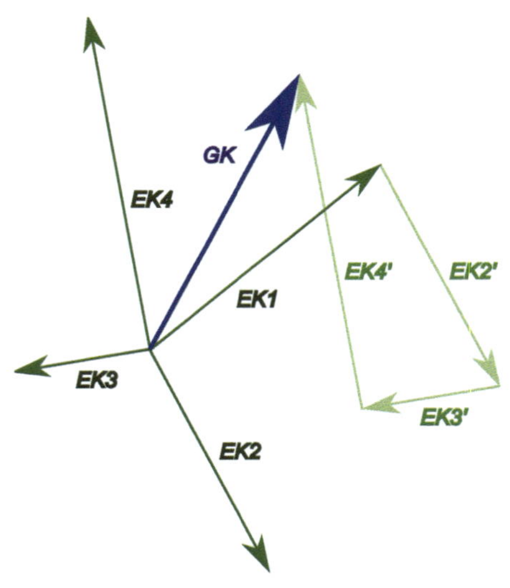

Abbildung 3 – Gesellschaftliches Kräftesystem

nander abweichen können. Aber es gibt wie gesagt niemanden, der keinen Einfluss hat. Anhand der Vektordarstellung in Abbildung 3 lässt sich verdeutlichen, wie sich eine gesellschaftliche Kraft (GK) aus vielen Einzelkräften zusammensetzen kann (EK1–4). Mittels der Projektion EK1 – EK2' – EK3' – EK4' ergeben sich Richtung und Betrag des Kraftpfeiles der gesellschaftlichen Kraft GK.

Die Gesellschaft kann als polydimensionales Kräftesystem betrachtet werden, bei dem jedes Teilsystem die Entwicklung eines bestimmten Aspektes steuert. Es ist sicher nicht so, dass jeder Bürger Einfluss auf alle Aspekte des Lebens nimmt, aber jeder nimmt auf einen Teil der Aspekte Einfluss und zwischen den Aspekten gibt es wiederum unzählige Wechselwirkungen. Dass das Leben unendlich kompliziert ist – und das mit steigender Tendenz – ist ohnehin klar. Dabei ist es jedoch durchaus sinnvoll, einzelne Aspekte isoliert zu betrachten. Wie oben bereits angedeutet, gibt es in diesem Zusammenhang eine Frage, die hier als besonders wichtig angesehen werden soll, nämlich die, wie gut Demokratie funktioniert und welche Teilaspekte bei der Beantwortung dieser Frage zu beachten sind.

Eine Demokratie funktioniert umso besser, je ausgewogener das Gleichgewicht zwischen den Einflüssen ist, die alle Bürger auf die politischen Entscheidungen ausüben. So gesehen wäre der Idealzustand erreicht, wenn alle Bürger bei jeder Entscheidung mit einem Kraftpfeil von exakt gleicher Größe beteiligt wären. Bei einem Volksentscheid wird dieses Ideal nahezu erreicht – jeder hat genau eine Stimme.

Im praktischen Leben ist ein solcher Idealzustand bestenfalls vorübergehend und nur für einige wenige politische Entscheidungen erreichbar. Der Grad der erreichbaren Ausgewogenheit der Beteiligung der Bürger an politischen Entscheidungen ist insgesamt in der Regel deutlich geringer. Es kann jedoch festgestellt werden, dass Demokratie ein Zustand ist, bei dem der Einfluss auf die Politik mit einem gewissen Grad der Ausgewogenheit auf alle Bürger verteilt ist.

Für eine deutliche Abweichung vom Idealzustand gibt es insbesondere folgende Gründe:

- Nicht jeder Bürger kann und möchte Experte auf jedem Gebiet sein. Nicht jeder Bürger kann sich mit allen Teilaspekten der Politik beschäftigen. Nicht für jeden sind alle einzelnen politischen Entscheidungen wichtig bzw. interessant. Deshalb gibt es die Möglichkeit, einen Teil des eigenen Rechtes zur Einflussnahme per Mandat vorübergehend an Personen oder Parteien zu übertragen. Eine wichtige Basis dafür ist das Vertrauen, dass dabei die wichtigsten Interessen in der richtigen Weise gewahrt werden.
- Das Leben besteht nicht nur aus der Legislative, Exekutive und aus Plebisziten, sondern es wird von vielen weiteren gesellschaftlichen Kräften, Gesetzmäßigkeiten und Randbedingungen beeinflusst. Dabei ist es normal, dass einzelnen Akteuren die Möglichkeit zur überproportionalen Einflussnahme gegeben ist.

Bildlich gesprochen verfügt also jeder Mensch über einen Kraftpfeil bzw. über einen Hebel zur Einflussnahme auf das politische Geschehen, nur hat dieser Kraftpfeil unterschiedliche Stärke bzw. die Länge des Hebels kann extrem variieren. Die meisten Menschen werden geneigt sein, den eigenen Hebel als außerordentlich kurz zu definieren bzw. als weitestgehend oder vollständig wirkungslos. Das hängt mit der großen Anzahl an Mitmenschen zusammen, mit denen man für gewöhnlich den Platz im Leben teilt. Aber gerade am Beispiel des Plebiszits ist sehr gut erkennbar, dass die Entscheidung auf nichts anderem basiert als auf der Summe aller abgegebenen Stimmen. In diesem Fall gibt es keinen anderen Einfluss, vorausgesetzt, es ist alles mit rechten Dingen zugegangen. Zumindest hier ist klar, dass es auf jede Stimme ankommt.

In anderen Fällen, wie dem der repräsentativen Demokratie, ist das schon weniger einsichtig. Hier kann der Eindruck entstehen, dass das Vertrauen regelmäßig den falschen Politikern geschenkt wird, dass nicht die richtigen Alternativen zur Verfügung stehen und dass kaum transparent ist, wie es tatsächlich zu politischen Entscheidungen kommt.

Noch schlimmer verhält es sich in Staatswesen mit dogmatischen, diktatorischen oder korrupten Zügen und unter menschenrechtsfeindlichen Regimen. Hier liegt der besondere Fall vor, dass die Möglichkeit der politischen Einflussnahme durch normale Bürger wenig Bedeutung hat bzw. unterminiert oder gar vollständig negiert wird. Noch dazu droht häufig Gefahr für Existenzgrundlagen, Leib und Leben bei Versuchen, die nötige Fügsamkeit vermissen zu lassen.

Dennoch hat auch hier jeder Bürger eine Wirkung im politischen Gefüge, die nicht gleich Null ist. Die folgenden Bilder zeigen ein Beispiel einer Modell-Diktatur mit einem Diktator (DK1), einem Regierungsbeamten (RK1) und 20 Bürgern (BK1–20).

Die resultierende gesellschaftliche Kraft wird wieder durch den blauen Pfeil verkörpert (GK). Die 20 Bürger stehen z. B. für 20 Millionen Bürger mit sehr kurzen

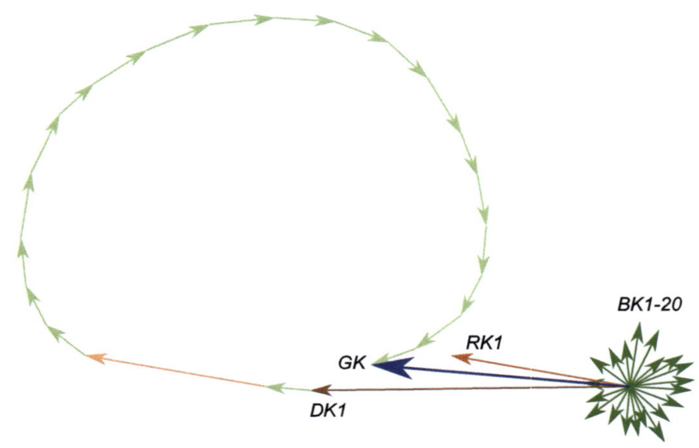

Abbildung 4 – Diktator und Bürger 1

Kraftpfeilen. Beim Regierungsbeamten sei angenommen, dass er für zehntausend etwas einflussreichere Leute steht. Der Einfachheit halber möchte der Diktator im Modell nach links und alle Bürger wollen etwas anderes, sie sind sich jedoch über die Richtung nicht einig.

Abbildung 4 zeigt eine Situation, in der sich die Bürger als Gesamtheit weitgehend politisch indifferent verhalten, sodass der Diktator autokratisch die Regeln bestimmen kann.

Abbildung 5 zeigt eine Situation, in der sich bereits Kräfte in eine bestimmte Richtung formieren. Das könnte durch Verschlimmerung der Missstände und der Repressalien provoziert worden sein. Aber es reicht noch nicht, um den Diktator aus dem Sattel zu heben. Sein Spielraum ist jedoch bereits deutlich kleiner geworden.

In Abbildung 6 ist letztlich die Situation eingetreten, die jeder Diktator fürchten muss – die unhaltbaren Zustände haben die Bürger und auch einen Teil der einflussreiche-

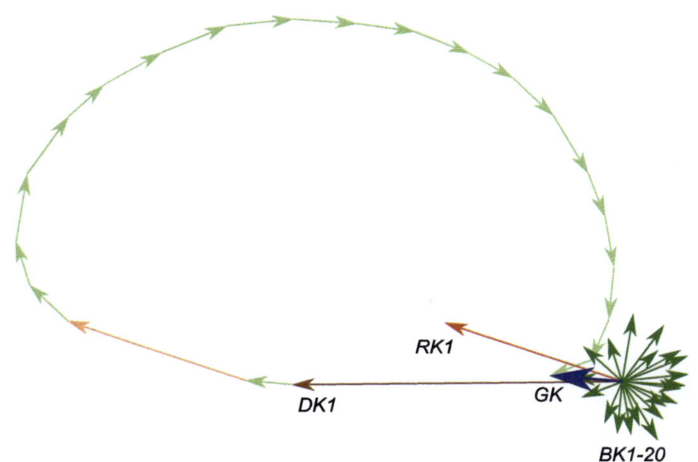

Abbildung 5 – Diktator und Bürger 2

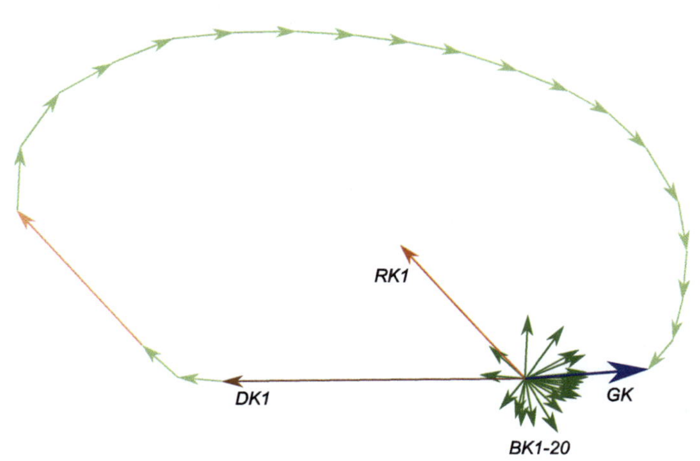

Abbildung 6 – Diktator und Bürger 3

ren Leute soweit geeint, dass der Untergang des Diktators nicht mehr aufzuhalten ist. Die langsame Wandlung der Kräfteverhältnisse hat dazu geführt, dass das politische Gleichgewicht gekippt ist.

Warum dieser Exkurs? Was bringt es, diese eigentlich banal erscheinenden Gesetzmäßigkeiten zu beschreiben? Erst kürzlich hat uns der Arabische Frühling mit Tunesien das beste Beispiel dafür gegeben, dass ein Volksaufstand funktionieren kann. Auch sieht man an den weiteren Entwicklungen, insbesondere auch in Ägypten, dass das Leben kompliziert ist und dass es niemals einfache Lösungen und klare Erfolge gibt.

Es kommt auf die Feststellung an, dass Wahrnehmung, Haltung und Handeln jedes einzelnen Menschen zählen. Unabhängig davon, ob der Einzelne das wahrhaben möchte oder nicht – er hat immer einen Einfluss im gesellschaftlichen Kräftesystem, der irgendwann auch zu einer erkennbaren Auswirkung beiträgt.

Akzeptiert man diese Tatsache, so ergibt sich, dass es in jedem Fall klüger ist, immer die Abwägung zu treffen zwischen dem Anspruch, das persönliche Leben zu gestalten – was bereits höhere Bedürfnisebenen und altruistische Verhaltensweisen einschließt – und dem Anspruch, auch an das Schicksal der Gesellschaft und der gesamten Menschheit zu denken. Die ausgeprägte Fähigkeit, zumindest vorübergehend auf individuelle Befindlichkeiten zu verzichten, um die Kräfte zu einen und ein wichtiges Anliegen gemeinsam durchzuboxen, dürfte dabei der entscheidende Schlüssel zur Lösung der politischen Probleme sein. Bleibt diese Fähigkeit unterentwickelt, sind ausufernde Konflikte und Krisen unausweichlich.

Der Menschheitsorganismus hat nur dann eine Chance, wenn der größte Teil seiner Mitglieder sinnvoll an seiner Fortentwicklung teilhat. Es gibt keine sonstige Autorität und keinen Mechanismus, der die Entwicklung dieses Organismus auf wundersame Weise in eine brauchbare Richtung lenken könnte. Es kann also nichts schaden, auch in dieser Hinsicht die Wahrnehmung zu schärfen und entsprechend zu handeln.

Jeder Mensch ist laufend mit der Abwägung zwischen dem eigenen Wohl und dem Allgemeinwohl befasst. Beim Allgemeinwohl ist allerdings die Frage zu beantworten, wie weit es sich erstreckt, wie groß man die Familie definiert, der man sich zugehörig fühlt. Berücksichtigt man den Trend zum Zusammenwachsen der Menschheit, so könnte die Antwort lauten, dass alle Menschen zu ihr gehören.

Von der Tendenz der entsprechenden Abwägungen aller Bürger ist letztlich auch abhängig, welche Chance die Politik überhaupt hat, erfolgreich für das Allgemeinwohl zu sorgen. Je enger die Bürger ihren Familienkreis definieren, umso schlechter stehen die Chancen für das Gemeinwohl und umso größer ist der Widerspruch zwischen der gegenüber der Politik eingenommenen Anspruchshaltung und den Möglichkeiten der Politik, ihr gerecht werden zu können. Die Summe der entsprechenden Abwägungen aller Bürger entscheidet letztlich darüber, wie gut die Chancen für das Gemeinwohl stehen.

3.8 Präzision und Blockaden der Wahrnehmung

Zur Frage der Genauigkeit und Präzision, zu der der menschliche Wahrnehmungsapparat fähig ist, gibt es unterschiedliche Erkenntnisse und Meinungen. Abgesehen von einigen systematisch auftretenden Sinnestäuschungen, die mit der Arbeitsweise der entsprechenden Organe und Projektionsfelder der Hirnrinde zu tun haben, kann jedoch davon ausgegangen werden, dass Wahrnehmung mit ausgesprochen hoher Präzision möglich ist. Diese wird vor allem durch die Auflösungsgrenzen der Sinnesorgane begrenzt. Was jedoch im Rahmen dieser Grenzen möglich ist, kann prinzipiell auch genutzt werden.

Leistungen, die regelmäßig in sportlichen Wettkämpfen erzielt werden, belegen diese Annahme. Hier zeigt sich auch, dass diese Aussage nicht nur für die Fähigkeit zur Wahrnehmung gilt, sondern auch für den sensomotorischen Teil des menschlichen Steuerungsapparates. Spitzensportler verblüffen immer wieder mit neuen herausragenden Leistungen und zeigen doch nur, welches Potenzial in uns allen steckt.

Soweit zur Praxistauglichkeit der Signalverarbeitung beim handelnden Menschen oder Säugetier. Wie steht es aber mit den intellektuellen, kognitiven, künstlerischen Fähigkeiten, mit der Verarbeitung von komplexen Sinnesinhalten und mit der Fähigkeit, Situationen präzise und erschöpfend zu beurteilen sowie sinnvolle Entscheidungen zu treffen? Wie präzise können die im Simulationsmodus des Gehirns erzielten Rekombinations-Produkte die Umwelt abbilden und mit welcher Genauigkeit ist es möglich, Veränderungen zu planen und zu bewirken?

Der Beweis ist längst erbracht, dass der Mensch auch in dieser Hinsicht prinzipiell zu extremen, herausragenden Leistungen fähig ist. Die wissenschaftlich-technische Revolution allein ist Beweis genug. Aus dieser Entwicklung kann man zwar nicht die Schlussfolgerung ziehen, dass der Mensch generell eine Lichtgestalt ist, aber zumindest einige Exemplare des Menschengeschlechts müssen wohl doch gelegentlich lichte Momente gehabt haben, sonst wäre der rasante Fortschritt der jüngsten Jahrhunderte nicht möglich gewesen.

Die Erfahrungen aus Geschichte und Alltag zeigen allerdings auch, dass der Weg des Menschen durch unzählige Irrungen und Wirrungen gezeichnet ist, ja dass das Verhalten sogar oft scheinbar zielorientiert Vernichtung und Selbstvernichtung bewirkt. Unfälle, einstürzende Gebäude, aggressive Streitigkeiten, Kriege, Verschandelung der Umwelt, Scheidungen, Firmenpleiten etc. gehen in der Regel nicht auf primäre Intentionen jener Menschen zurück, die letztlich doch daran mitgewirkt haben, dass solche Dinge passieren. Warum gibt es diesen Widerspruch? Warum ist der Mensch zu extremen Leistungen und außerdem auch zu mehr oder weniger großen Fehlleistungen und Fehleinschätzungen fähig?

Darauf könnte man viele Antworten geben, hier soll auf zwei Aspekte eingegangen werden. Der wichtigste Aspekt ist dabei ganz sicher der Umstand, dass der Mensch ständig mit objektiven Schwierigkeiten konfrontiert ist. Um mit einer Situation fertig zu werden, müssen zunächst handwerkliche Fähigkeiten und Wissen erworben werden. Der Weg dazu ist die Erfahrung. Man könnte das auch so formulieren: Wenn etwas schief geht, waren die handelnden Akteure wahrscheinlich „Anfänger“ und wenn sie die Erfahrung überlebt haben, eröffnet sich die Chance, langsam zum „Profi“ zu werden. Der Weg der Erkenntnis besteht aus Versuch und Irrtum.

Daneben gibt es jedoch noch einen zweiten wichtigen Aspekt, der sich indirekt aus dem Maslow'schen Prinzip der relativen Vormächtigkeit der Bedürfnisse ergibt. Dieses Prinzip sagt ja zunächst, dass sich das menschliche Handeln immer nach dem oder den Bedürfnissen ausrichtet, die gerade das größte Defizit aufweisen. Aus ihm ergibt sich auch, dass höhere Bedürfnisse und intellektuelle und künstlerische Leistungen erst dann eine Bedeutung erhalten können, wenn es gelingt, niedere Bedürfnisse zu befriedigen. Darin drückt sich zunächst der Umstand aus, dass die Bewältigung des Alltagslebens die Voraussetzung ist, um nach Höherem streben zu können.

Lässt man diese Randbedingung einmal beiseite und konzentriert sich nur auf die Leistungen des neuronalen Systems, unter der vereinfachten Annahme, dass alle niederen Bedürfnisse erfüllt sind, so bedeutet dies jedoch noch keineswegs, dass die Vormächtigkeit von Randbedingungen keine Rolle mehr spielt. Dem Prinzip, dass alle neuronalen Vorgänge kontextbezogen und von Emotionen begleitet sind, kann das Gehirn auch dann nicht wirklich entfliehen, wenn gerade kein objektiver Grund dafür vorliegt.

Es gehört vielmehr zum Funktionsprinzip des Gehirns, dass alle Vorgänge prinzipiell von einer gewissen Verblendung begleitet werden. Jedes Streben, auch das auf höchster intellektueller Ebene, ist von Motivationen begleitet, die ihre Wurzel in der Beziehung des Akteurs zu seiner natürlichen und gesellschaftlichen Umwelt haben.

Auch hierbei müssen wiederum zwei Aspekte beachtet werden. Einerseits bedarf es einer Beziehungsbasis und materieller Voraussetzungen für das jeweilige Tätigsein. Künstler brauchen Publikum und ein Minimum an Brot. Handwerker benötigen Aufträge. Ingenieure und Architekten sind darauf angewiesen, dass sie ein Projekt bekommen. Arbeiter brauchen einen Job. Für ein gemütliches Beisammensein braucht man Freunde und gute Bekannte. Wissenschaftler brauchen Plattformen des wissenschaftlichen Austauschs und ein Budget. Für eine

Protestkultur braucht man Gleichgesinnte. Karitativ Tätige sind auf die Kooperation der Hilfsbedürftigen angewiesen und benötigen eine Hilfsorganisation, für die sie arbeiten können.

Andererseits bedarf es eines Gegenstandes, auf den sich das Streben richten kann. Die Beziehungsbasis für das Tätigsein kann möglicherweise geschaffen werden, gerade wenn es um Akteure geht, die zum Zweck der Selbstverwirklichung handeln. Eine fehlende Firma oder Organisation kann gegründet werden, ein Budget kann beantragt oder eingeworben werden, ein Job kann gesucht werden, Publikum kann gewonnen werden. Was aber bleibt, wenn auf dieser Ebene alles gut läuft, ist eben die Notwendigkeit, das Streben auf einen Gegenstand zu richten. Daraus ergeben sich letztlich die Möglichkeiten dessen, was erreicht werden kann. Zugleich bedeutet das aber auch immer, dass ein gewisser Fokus hergestellt wird und Themen, die sich außerhalb eines gewissen Horizonts befinden, ausgeblendet werden müssen. Dabei geht es auch um die Frage der begrenzten Ressourcen, über die der Einzelne verfügt, um sein Leben, seinen Know-how-Bedarf und seine Projekte zu realisieren. Dadurch kommt es auch im besten Fall immer zu Wahrnehmungen, Erkenntnissen, Haltungen, Leistungen und Handlungen, die von der Fokussierung auf den jeweiligen Kontext bestimmt sind.

Das funktioniert wunderbar, solange es genau darauf ankommt. Bei der rasanten Entwicklung der Gegenwart ist jedoch klar, dass sich jegliche Domänen schnell wandeln, dass sich die Grenzen mit großer Schnelligkeit verschieben, dass Kästchendenken immer fragwürdiger wird. Berufe und Hobbys ändern ihren Charakter oder verschwinden, neue entstehen. Interdisziplinäre Arbeitsweisen sind zunehmend erforderlich. Ländergrenzen spielen immer weniger eine Rolle. Das Wissen der Menschheit wächst explosionsartig und Konventionen wandeln oder vermischen sich rasant.

Es gibt also immer den Konflikt zwischen einer relativ klaren Sichtweise auf einige wenige, mehr oder weniger eng eingegrenzte Gegenstände und einer verstellten Sichtweise auf viele weitere Aspekte des Lebens. Dabei ist klar, dass das wichtigste Arbeitsgebiet, auf dem man Experte sein muss, immer die Gestaltung des eigenen Lebens ist. Sehr viel hängt davon ab, wie es gelingt, die familiäre und berufliche Entwicklung und die gesellschaftlichen Beziehungen in Bahnen zu lenken, die annehmbar scheinen. Nur in diesem Zusammenhang erschließt sich die Möglichkeit und zugleich die Notwendigkeit, auf weiteren Gebieten erfolgreich tätig zu sein. Bei der hohen Dynamik, mit der sich das Leben ändert, kommt es dabei mit steigender Häufigkeit zu Kollisionen mit Anforderungen, auf die man nicht vorbereitet ist und denen man mit dem ständigen Ringen um neue Kompetenzen und Lösungswege begegnen muss.

Als Fazit kann man die These aufstellen, dass getrübte Wahrnehmung und defizitäres Handeln eher die Regel sind als die Ausnahme. Hier noch einmal einige Gründe dafür als Zusammenfassung:

- Niedere Bedürfnisse haben vorübergehend den Vorrang.
- Zurückliegende einschneidende Frustrationen oder traumatische Erlebnisse üben ihren Einfluss aus. Das kann sich auch über mehrere Generationen fortsetzen.
- Aus Situationen des familiären, beruflichen und sonstigen gesellschaftlichen Umfeldes resultierende Randbedingungen machen ihren Einfluss geltend.

- Bisher erworbene Fähigkeits- und Kompetenzprofile prägen die Sichtweise und verleiten zu unausgewogener Beurteilung von Sachverhalten.
- Die Stellung in der Gesellschaft verstellt den Blick auf andere Schicksale, Schichten oder Kasten.
- Die berufliche Eingebundenheit beeinflusst die Art zu denken und zu handeln.
- Geografische oder nationale Bezüge prägen die Sichtweise.
- Aktuelle oder vergangene Projekte stellen Bezüge mit starkem Einfluss auf Haltungen und Ziele dar.
- Eigentum verpflichtet.
- Alles ist auch eine Frage des Glaubens und des Vertrauens.
- Letztendlich geht es um die Frage, worin man Aktien hat bzw. wo man künftig zu investieren gedenkt, auf welche Art auch immer. Danach müssen sich auch Wahrnehmung und Verhalten richten. Nur Aussteiger können sich von diesem Zwang befreien, doch sie bestimmen nicht, welchen Weg die Welt nimmt und außerdem ist Aussteigen eher eine spezielle Attitüde mit begrenzter Umsetzungsmöglichkeit.

Hier soll keineswegs der Marx'schen materialistischen These „Das Sein bestimmt das Bewusstsein" das Wort geredet werden. Es geht nicht darum, die Erkennbarkeit und Beeinflussbarkeit der Welt durch den selbstbewussten Geist des Individuums zu leugnen. Im Gegenteil, der Bewertungsapparat befähigt den Menschen, sein Leben zu lenken und seine Umwelt zu beeinflussen.

Aber es geht darum, dass es eine Reihe offensichtlicher Erklärungen dafür gibt, dass die Ergebnisse der Wahrnehmung häufig merkwürdig bis regelrecht falsch sind. Daraus ergibt sich auch, dass dieser Hang zur Fehlbarkeit und zur mangelnden Präzision zwar ein prinzipbedingtes Phänomen ist, welches jedoch andererseits nicht generell, sondern nur kontextbezogen wirksam ist. So muss es prinzipiell auch Randbedingungen geben, unter denen der neuronale Apparat hoch präzise und effizient arbeitet und unter denen er die Realität nahezu wahrheitsgetreu widerspiegelt. Wenn es darauf ankommt, weiß der Mensch sogar Mittel und Wege zu finden, die Grenzen seiner fünf Sinne zu überwinden und Wahrnehmung und Wirken mit Erfolg auf Entitäten auszudehnen, die ursprünglich nicht erahnbar waren. Auch hier gilt das Prinzip von Versuch und Irrtum und auch hier ist die Interpretation der Ergebnisse prinzipbedingt in der Regel zunächst erst einmal Irrtümern aller Art unterworfen. Aber auch hier ist damit das Potenzial zur Erkenntnis verknüpft – die wissenschaftlich-technische Revolution beweist es.

Wozu dienen nun diese Erörterungen? Es geht darum, folgenden Aussagen Nachdruck zu verleihen:

- Unpräzise Wahrnehmungsergebnisse und Irrtümer sind eine normale, prinzipbedingte Erscheinung beim neuronalen Apparat, die insbesondere aus seiner kontextbezogenen Arbeitsweise resultiert.
- Gerade wegen der Abhängigkeit der neuronalen Leistungen vom Kontext gibt es prinzipiell auch keine Grenzen der Genauigkeit und Erkenntnisfähigkeit, die nicht überschritten werden können, wenn nur der Kontext entsprechend justiert wird.

Letztlich bestimmt der Wahrnehmungshorizont die erzielbare Erkenntnisleistung. Die Bedingtheiten des Lebens, von denen man sich niemals wirklich vollständig befreien kann, engen den Horizont immer auf die eine oder andere Art ein. Teilweise und vorübergehend ist die Befreiung aus dieser Umklammerung jedoch erreichbar. Es lohnt sich, danach zu streben, den ZB nicht nur zur simplen Bewertung und Zuwendungssteuerung der Alternativen zu nutzen, welche sich im jeweiligen Kontext aufdrängen, sondern vor allem auch zur aktiven Erschließung alternativer Wahrnehmungshorizonte. Dadurch steigen die Chancen des Menschen, das eigene Leben und die gesellschaftliche und natürliche Umgebung präzise verstehen und förderlich beeinflussen zu können.

Ein entscheidender Faktor ist auch der Verantwortlichkeitskontext, in welchem sich der Akteur gerade bewegt. Im Rahmen eines Biertischgespräches oder eines anonymen Internet-Blogs fällt es leicht, große Behauptungen aufzustellen sowie Unabhängigkeit und einen weiten Horizont zu beweisen. Gleichzeitig ist das auch relativ wertlos, außer für das Seelenheil des Akteurs, das natürlich auch von eminenter Wichtigkeit ist, oder als Vorübung zu echten Taten.

Etwas ganz anderes ist es, für das, was man mitteilt, auch einstehen zu müssen, den Kopf und den eigenen Namen öffentlich dafür hinhalten zu müssen. Im letzteren Fall ist es prinzipiell nicht möglich, jegliche Randbedingungen zu ignorieren. So gesehen ist es kein Wunder, dass sich die menschliche Gesellschaft schwertut, einen Kurs zu halten, der dem Allgemeinwohl zuträglich ist, während an wohlfeilen Lösungsideen keine Knappheit herrscht.

3.9 Der Professionalitätstrend und seine Nebenwirkungen

Im Zusammenhang mit der wissenschaftlich-technischen Revolution ist der Konflikt zwischen der notwendigen Fokussierung auf bestimmte Gegenstände des Denkens und Handelns und der Notwendigkeit, die gesellschaftliche Umgebung mit unverstelltem Blick wahrzunehmen, auf eine ganz neue Stufe gehoben worden. Das der Menschheit zur Verfügung stehende Know-how entwickelt sich explosionsartig. Eine besondere Rolle spielt dabei auch die wachsende Fähigkeit, die Arbeit und das gesellschaftliche Leben mit steigender Effizienz arbeitsteilig zu organisieren. Das einzelne Mitglied kann sich mit immer größerer Intensität um einen immer kleineren Ausschnitt der gesellschaftlichen Aktivitäten kümmern. Durch diesen ständig fortschreitenden Prozess gelingt es der Gesellschaft, extreme Potenziale zu erschließen und die wissenschaftlich-technische Revolution ständig voranzutreiben. So werden durch die Intensivierung von Forschung, Entwicklung und beruflicher Spezialisierung immer wieder bahnbrechende Entdeckungen gemacht, produktivitätssteigernde Lösungen gefunden und Irrtümer der Vergangenheit aufgedeckt.

Doch gleichzeitig ergeben sich aus dieser Entwicklung auch Probleme, Risiken und Versuchungen, welche die gesellschaftliche Entwicklung beeinträchtigen können. So hat der Professionalitätstrend unter anderem folgende Nebenwirkungen:

- Der einzelne Mensch kümmert sich mit immer größerer Intensität um immer enger zu fokussierende Themen. Neben der Möglichkeit, auf dem entsprechenden Spezialgebiet umso effizienter tätig zu sein, bedeutet dies jedoch gleichzeitig eine gehörige Einengung des Horizonts.

- Der Aufwand für den Erwerb neuen Wissens und für die Entwicklung neuer Technologien steigt ständig. Wo einzelne Personen früher auf relativ dilettantischem Niveau noch bahnbrechende Fortschritte erzielen konnten, arbeiten heute große, womöglich international aufgestellte Teams zusammen, um auf dem Niveau der Zeit einen vergleichbaren relativen Fortschritt zu erzielen.
- Dadurch scheint Fortschritt nur noch auf Gebieten möglich zu sein, die zuvor von einem wesentlichen oder mächtigen Teil der Gesellschaft als wichtig auserkoren wurden. Die Voraussetzung ist immer, dass es als lohnend erscheint, ein Investment in irgendeiner Form zu tätigen. Dies kann ein monetäres Investment sein – mit Geld vom Staat, aus der Privatwirtschaft, aus einer Organisation, aus einer Stiftung etc. Dies kann aber auch ein kulturelles Investment sein, bei dem sich Menschen in ihrem Engagement für Kunst, Umwelt, Religion, Wohlfahrt, Sport etc. vereinten Aktivitäten widmen.
- Im Zusammenhang mit der Professionalisierung und den steigenden Anforderungen an wissenschaftliches Arbeiten erhöhen sich die Hürden für schöpferische interdisziplinäre Beiträge, die womöglich durch einzelne Personen oder kleine Gruppen erbracht werden könnten. Das ist einerseits folgerichtig, andererseits jedoch auch verhängnisvoll. Im Grunde führt das zur drastischen Verminderung der Wahrscheinlichkeit, dass nicht vorhersehbare Erkenntnisse auf interdisziplinärem Gebiet zutage gefördert werden, weil es nicht möglich ist, den ent-

sprechenden Aufwand zu spendieren, der heute dafür nötig wäre. Es fördert die Wahrscheinlichkeit, dass sich die Menschheit in einem Kreislauf der Blindheit bewegt, bei dem sich einflussreiche Fraktionen alle Ziele gegenseitig vorgeben, bei dem jedoch die Chance zum intelligenten Zusammenwirken über alle Teilbereiche und zur Emergenz und zu Innovationen auf gesamtgesellschaftlicher Ebene minimiert wird.

- Diese verhängnisvolle Entwicklung drückt sich unter anderem auch im Sprachgebrauch aus. In vielen Fachgebieten ist es üblich, die Sprache als Bollwerk gegen unerwünschte Eindringlinge zu gebrauchen, indem ganz bewusst eine Terminologie benutzt wird, die abseits des landläufigen Sprachgebrauchs liegt. Selbstverständlich ist es unvermeidbar, dass domänenspezifische Sprachen komplexe Begriffswelten enthalten, die sich nur auf der Basis einer fachspezifischen Vorbildung erschließen. Die Professionalisierung der gesellschaftlichen Prozesse ist jedoch häufig damit verbunden, dass ein allzu weites Entgegenkommen in sprachlicher Hinsicht tunlichst vermieden wird.
- Der Professionalitätstrend ist so zu einer Professionalitätshürde geworden, die sich immer weiter auftürmt, je mehr das Wissen der Menschheit wächst. Diese Hürde scheint insbesondere die Möglichkeit zu behindern, die Entwicklung der menschlichen Gesellschaft als Ganzes ebenso professionell zu bewerten und zu gestalten, wie das in einzelnen, zumeist kleinen Teilbereichen gelingt.
- Gleichzeitig gibt es auch jederzeit Kräfte, die diesem Trend entgegenwirken. So boomt in Bildungs-

ländern der Markt für populärwissenschaftliche Literatur. Neue Trends, entscheidende Impulse für neue Entdeckungen und herausragende Leistungen kommen immer wieder aus Milieus, die nicht a priori dafür geschaffen zu sein scheinen. Sub- und Protestkulturen sowie Zivilgesellschaft beeinflussen die Entwicklung regelmäßig in bedeutendem Ausmaß. Die aus diesen beiden gegenläufigen Trends resultierende Entwicklung hängt jedoch entscheidend davon ab, welche Prioritäten sich die Gesellschaft bezüglich ihres Wertesystems setzt und in welchem Grad sie Pluralität zulässt.

Letztlich liegt die Schlussfolgerung nahe, dass die wissenschaftlich-technische Revolution zwar außerordentliche Ergebnisse hervorgebracht hat, die wunderbar als Grundstein für den Wohlstand der gesamten Menschheit dienen könnten, dass daraus jedoch gleichzeitig auch eine Tendenz zur Einengung der Wahrnehmungshorizonte und zu blinden Flecken am Erkenntnishorizont resultiert, die fatale Konsequenzen haben kann. So wird erklärbar, warum die Entwicklung des Expertenwissens zum globalen System der menschlichen Gesellschaft und der Fähigkeit, dieses System adäquat auszugestalten, nicht mit der rasanten technischen und wirtschaftlichen Entwicklung Schritt halten kann.

Es sei noch erwähnt, dass ein Teil der Professionalität üblicherweise auch darin besteht, substanzielle Defizite oder ausgeprägte Interessen zu verschleiern und hinter einer in gewissem Maße schön, professionell und verlockend aussehenden Fassade zu verstecken.

3.10 Ästhetik und Gesellschaft

Im Abschnitt „Das neuronale System“ wurde herausgearbeitet, dass die Arbeitsweise des neuronalen Systems des Menschen dem Ästhetik-Prinzip folgt und das Ästhetik-Prinzip die Welt regiert.

Was folgt daraus für die menschliche Gesellschaft?

Aus dem Ästhetik-Prinzip folgt nicht, dass die Welt vorrangig von Schöngeistigkeit geprägt sein muss, dass alle Menschen zu „wahren Ästheten“ werden sollen, dass das Leben vor allem die sogenannten schönen Dinge beinhalten soll. Natürlich sind Kunst, Kultur und Knigge wichtige Aspekte, die als Motivation eine besondere, hoffentlich wachsende Rolle spielen. Das ist auch ein wichtiger Teil, nicht jedoch der Kern des Ästhetik-Prinzips.

Dem Ästhetik-Prinzip zu folgen bedeutet vielmehr, den Umstand zur Kenntnis zu nehmen, dass der emotionalen Sphäre generell der Vorrang vor der materiellen Sphäre zukommt.

Es bedeutet:

- Dass sich die Bedürfnisbefriedigung über nichts anderes als Gefühle realisiert.
- Dass die Spannungsfelder und Ziele, auf die das menschliche Streben gerichtet ist, primär in Gefühlswelten existieren und nur indirekt, vermittelt über die Gefühlswelt in der realen Welt.
- Dass Widersprüche zwischen negativen und positiven Gefühlen der Motor jeglichen menschlichen Handelns sind. Je schlimmer die Frustrationen und je wunderbarer die Hoffnungen sind, ein umso stärkerer Antrieb ist möglich.

- Dass bei allen Lebensbedingungen, Vorgängen, Aktionen und Resultaten letztlich die dadurch in den Menschen ausgelösten Gefühle und Empfindungen das sind, was in erster Linie zählt.
- Dass der Mensch a priori nichts anderes anstrebt als alle möglichen Formen von Ästhetik, d. h. von Lebensbedingungen und Erlebnissen, die gute Gefühle vermitteln.
- Dass bei der Bedürfnispyramide die ästhetische Seite grundsätzlich mehr Gewicht hat als die materielle Seite.
- Dass das Gefühl, dass die materiellen Gegebenheiten von allergrößter Bedeutung sind, nicht nur daher rührt, dass sie eine wichtige Voraussetzung für die Befriedigung von Bedürfnissen sind – das allein würde nicht ausreichen –, sondern auch daher, dass Gefühlswelten über die Projektionsräume Körper und Umwelt entstehen und ihre Dynamik entfalten. Es bedeutet aber nicht, dass den materiellen Gegebenheiten der Vorrang oder eine gleichwertige oder primäre Stellung zukommt. Denn eine materielle Randbedingung, die einmal als wünschenswert definiert wurde, muss bei ihrem Eintreten nicht zwangsläufig auch zur Erfüllung eines Bedürfnisses führen, aber ein positives Gefühl ist bereits die Erfüllung.

Was bedeutet das aber nun für das Leben in der Gegenwart, für die Existenz des Individuums und für die Entwicklung der Gesellschaft und der gesamten Menschheit? Dieser Frage wird in den folgenden Abschnitten nachgegangen.

3.11 Das kulturelle Währungssystem

Gibt es eine Ästhetik-Währung?

Ja, man kann es so sehen. Jegliche Interaktion mit der Umwelt und dem eigenen Körper sowie jede Art von Kommunikation ist mit dem Streben nach ästhetischer Erfüllung verbunden, was die Befriedigung von Grundbedürfnissen einschließt. Wendet man den Begriff der Währung auf ein universelles Tauschmittel innerhalb der menschlichen Gesellschaft an, so ergibt sich, dass bei jeder Art der Kommunikation und zwischenmenschlichen Interaktion implizit ein Austausch in der Ästhetik-Währung stattfindet. Dieses Prinzip ist allumfassend. Es gilt unabhängig davon, ob die Interaktion direkt oder indirekt verläuft; so ist auch der Austausch zwischen zeitlich bzw. räumlich weit voneinander entfernt lebenden Menschen beinhaltet. Unter anderem verkörpern sämtliche Überlieferungen der Menschheitsgeschichte, sämtliche Kunstwerke sowie jegliches Wissen und jegliche Bildung einen Wert in der Ästhetik-Währung. Das gilt erst recht für alle informellen und physischen Gegenstände, die zwischen in der Gegenwart lebenden Menschen ausgetauscht werden. Die Geld-Währungen und die Menge der materiellen Produkte können als eine Teilmenge der Ästhetik-Währung angesehen werden.

Im Gegensatz zur Einheitswährung, die das Geld darstellt, ist die Ästhetik-Währung unendlich polymorph. Das ergibt sich zwingend aus dem emergenten Charakter des neuronalen Systems.

Man könnte feststellen, dass Kultur die Ästhetik-Währung ist – unter Erwähnung folgender Randbedingungen:

- Jeder Mensch hat seinen ganz individuellen Begriff von Kultur, der jedoch in der Regel eine Schnittmenge mit dem Kulturbegriff der Mitmenschen bildet.

- Kultur ist ein gesellschaftliches Phänomen, sie tritt also nicht im Menschen an sich auf, sondern immer nur an der Schnittstelle zwischen mehreren Menschen. Die individuelle Prägung des Kulturbegriffes beim einzelnen Menschen ist also immer an Relationen zu Mitmenschen gebunden.

Wichtige Formen der Kultur-Währung sind z. B. Wissen, Know-how, alle Ausdrucksformen von Empathie und Altruismus, alle Kunst-Formen, jegliche Leistungen und Potenziale zur Organisation und Strukturierung des gesellschaftlichen Lebens, des Lebens in der Gruppe, des Lebens in der Familie, jegliche Formen der Kommunikation, jegliche Leistungen und Potenziale zur Befriedigung von Bedürfnissen im gesellschaftlichen Maßstab einschließlich der Bedürfnisse der materiell-ökonomischen Sphäre.

Die Frage zu beantworten, mit welcher Münze jeweils „gezahlt" wird oder gezahlt werden kann, ist müßig. Es führte zu nichts, wenn man versuchte, die Kultur-Währung nach den Maßstäben einer monetär-materiellen Währung zu beurteilen und zu bemessen. Das geht deshalb nicht, weil das System der Kultur-Währungen von Emergenz, Kreativität, partieller Individualität und begrenzter Konvertibilität geprägt ist. Jedem kulturellen Wert an sich stehen potenziell beliebige alternative kulturelle Werte an sich gegenüber. Zwischen kulturellen Werten kann es Gemeinsamkeiten, jedoch auch Widersprüche, antagonistische Widersprüche, Spannungsfelder geben. Inwiefern welcher kulturelle Wert an sich einen konkreten Wert darstellt, kann nur jeder Erdenbürger individuell für sich entscheiden.

Bei der Wissenswährung ist es z. B. einsichtig, dass diese prinzipiell für jeden Menschen von eminenter Bedeutung ist. Inwiefern jedoch ein konkreter Wissensbaustein für eine Person tatsächlich wichtig, wertvoll, verwertbar ist, hängt sehr stark von der Vorbildung und vom Sozialisationskontext ab.

Eine besonders wichtige Frage ist die der Konvertibilität der Währungssysteme. Aus dem kreativen Charakter der Kultur und aus dem individuellen Charakter der Wahrnehmung und Partizipation ergibt sich, dass die Ästhetik-Währung bzw. Kultur-Währung oder wie auch immer man sie nennen will, aus einer unendlichen Menge von Teil-Währungen mit begrenzter Konvertibilität besteht. Es gibt zwar Teilwährungen mit einem relativ hohen Grad der Konvertibilität, dieser hat jedoch grundsätzlich immer eine Grenze.

Das gilt auch für monetär-materielle Währungen. Es gibt zwar einige monetäre Leitwährungen, die weitestgehend global konvertibel sind und für die man überall materielle Güter erwerben kann. Dies gilt jedoch nur für die materiell-monetäre Seite der Bedürfnispyramide. Die Gesellschaft ist zwar vom intensiven Austausch zwischen der kulturell-ästhetischen Sphäre und der materiell-monetären Sphäre geprägt, aber in diesem System sind Geld und materieller Besitz eben nur bedingt konvertibel. Es ist nicht möglich, beliebige Formen von Kultur „zu kaufen“. Ganz besonders wichtig ist in diesem Zusammenhang die Feststellung, dass das Primat bei der kulturell-ästhetischen Seite der Währungssysteme liegt, was sich wiederum zwingend aus dem primär ästhetisch-emotionalen Erfüllungsprinzip der menschlichen Bedürfnisse ergibt.

Die scheinbare besonders hochgradige Konvertibilität von Geldwährungen kann zu der Annahme verleiten, dass Geld die Welt regiert. Mit zunehmendem Bildungsgrad und zunehmendem Abstand vom Bedürfnisnotstand ist jedoch einsichtig, dass es jede Menge Trümpfe gibt, die das Geld ausstechen und die auch dem Geld erst zu seinem Wert verhelfen. Letztlich nimmt das Know-how eine Schlüsselstellung bei jeglicher erfolgreichen wirtschaftlichen Tätigkeit ein und der wichtigste Schlüssel zum Know-how ist die menschliche Kreativität. Diese wiederum ist nicht allein durch den Anspruch, Geld zu verdienen, motiviert, sondern vielmehr durch den Wunsch, ein von Ästhetik und Kultur geprägtes Leben führen zu können.

Die Annahme, dass kultureller Austausch und kulturelle Werte ein größeres Gewicht haben als wirtschaftliche Aspekte, stellt keine Gefahr für die kaufmännisch-wirtschaftliche Seite des Lebens dar. Im Gegenteil, bildungspolitische und kulturelle Hochburgen sind in der Regel Ausgangspunkte für wirtschaftliche Prosperität, und kulturelle und ästhetische Ansprüche sind eine hervorragende Grundlage für eine gute Entwicklung der Nachfrage.

Dass kulturelle bzw. gefühlte Werte wichtiger sind als materielle Werte, bedeutet nicht, dass es unnötig oder ehrenrührig wäre, für Leistungen Lohn oder Honorar entgegenzunehmen. Monetäre Bezahlung ist vielmehr eine Notwendigkeit, da ja der Mensch in der Regel zumindest einen Teil seiner Kraft nutzen muss, um für die Befriedigung der materiellen Bedürfnisse zu sorgen und um die monetären Kosten zu decken, die im Rahmen seines Tätigseins anfallen. Des Weiteren stellt die Entlohnung in der Regel auch eine Gratifikation dar, eine Anerkennung für die erbrachten Leistungen. Sie hat also auch eine immaterielle Komponente. Darin drückt sich letztlich die enge Wechselbeziehung aus, die zwischen beiden Sphären besteht.

3.12 Das Kultur-Prinzip

Der Antrieb des neuronalen Systems beim Individuum resultiert aus dem Ästhetik-Prinzip. Die beständige Auseinandersetzung mit den die ästhetischen Empfindungen beeinträchtigenden Gegebenheiten und die fortgesetzte Suche nach Verbesserungsmöglichkeiten ist es, was den Menschen umtreibt. Die Grundbedürfnisse sind dabei nur ein Teil des Gesamtspektrums der Projektionsfelder. Ein anderer Teil des Spektrums sind die materiellen Gegebenheiten, bei denen es wiederum eine Schnittmenge mit den Grundbedürfnissen gibt. Das Ästhetik-Prinzip umfasst jedoch insgesamt viel mehr als diese beiden Teilspektren. Es beinhaltet insbesondere auch höhere Ebenen der ästhetischen Seite der Bedürfnispyramide.

Übertragen auf die Gemeinschaft folgt daraus, dass der Antrieb für die Entwicklung des gesellschaftlichen Lebens auf dem Kultur-Prinzip gegründet ist, denn Kultur ist nichts anderes als die Verwirklichung ästhetischer Ansprüche in der Gesellschaft. Folgt man diesem Prinzip, dann kann nur die fortgesetzte Debatte um die Mängel der kulturellen Bedingungen des gesellschaftlichen Lebens der alles bestimmende Faktor sein. Selbstverständlich muss dabei insbesondere auch die Frage der Möglichkeiten zur Grundbedürfnisbefriedigung sowie die Frage der Verteilung des materiellen Reichtums eine besondere Rolle spielen. Insgesamt geht es jedoch um viel mehr als das. Es geht um die Ausgestaltung des gesamten kulturellen Lebens. Das Entscheidende dabei ist, dass die Debatte um die Entwicklung des gesellschaftlichen Lebens nicht von der materiellen Verteilungsdebatte beherrscht wird und dass das Prinzip der Maximierung des materiellen Gewinns und der monetär-wirtschaftlichen Produktivität nicht verabsolutiert wird. Vielmehr wird dabei der Realität nur dann Rechnung getragen, wenn zur Kenntnis genommen wird, dass es um eine Vielfalt kultureller Werte geht, insbesondere auch um Werte, die für alles Geld der Welt nicht zu erhalten sind.

In der Ökologie-Debatte wird die Idee diskutiert, den Umweltschäden, die durch den vom Profitstreben geprägten Umgang mit den Ressourcen verursacht werden, dadurch beizukommen, dass man ihren materiellen Wert beziffert und diese Schäden so in die Rechnung einbezieht. Diese Idee ist ein Schritt in die richtige Richtung, jedoch mit noch etwas zu kurzem Horizont. Denn sie folgt der Neigung zur Verabsolutierung des materiell-monetären Prinzips.

Dem Kultur-Prinzip zu folgen heißt dagegen, der mutmaßlichen Tatsache Geltung zu verschaffen, dass es kulturell-ästhetische Werte gibt, die nicht durch materiell-monetäre Werte erreichbar sind, dass der kulturell-ästhetischen Sphäre naturgegeben die dominierende Rolle zukommt und die materiell-monetäre Sphäre ihre Bedeutung nur innerhalb des kulturell-ästhetischen Geschehens erlangt.

Daraus folgen weitreichende Konsequenzen.

Insbesondere folgt daraus, dass es prinzipiell nicht zulässig ist, im Namen der Erhöhung der Produktivität bzw. im Namen der Gewinnmaximierung Schäden für Kultur und Umwelt zu verursachen, ohne nach der Möglichkeit für deren Kompensation zu fragen. Wie oben ausgeführt wurde, besteht die kulturell-ästhetische Währung mutmaßlich aus einer unendlichen Vielfalt bedingt konvertibler Teil-Währungen, wobei monetär-materielle Teil-währungen in dieses System integriert sind, jedoch ebenfalls mit bedingter Konvertibilität. Das bedeutet prinzipiell, dass ein Kulturgut nur dann für die Schaffung eines materiell-monetären Wertes beschädigt werden darf, wenn alle Menschen, für die dieses Gut einen Wert darstellt, sich mit der angebotenen Kompensation einverstanden erklären. Je nach erreichtem Verhandlungsstand könnte diese Kompensation materieller Art sein oder sie könnte in einer beliebigen anderen kulturell-ästhetischen Währung ausgezahlt werden. Auch Hypotheken sind nur auf dieser Basis aufzunehmen.

Bezogen auf Ökologie und Umweltschutz gilt es, zwei Aspekte zu beachten. Zum einen ist der Anspruch zur Erhaltung der Umwelt ein Kulturgut. So gilt für die Frage, ob Umweltschäden angerichtet werden können, das oben beschriebene Prinzip ebenso wie für jedes andere Kulturgut. Zweitens gibt es grundsätzlich noch die hypothetische Sichtweise aller beteiligten nicht-menschlichen Lebewesen. Da sie jedoch nur sehr schwer einzubeziehen ist, läuft es darauf hinaus, diesem Umstand zumindest im Sinne einer zusätzlichen Verpflichtung Rechnung zu tragen, die den Menschen umgebende Fauna und Flora als besonderen Wert an sich zu achten.

Aus dem Kultur-Prinzip folgt im Weiteren, dass die Art, wie heute mit gewissen fatalen Tendenzen des sich globalisierenden Wirtschaftssystems sowie mit Umwelt, Menschenrechten, Armut und Konflikten umgegangen wird, eine extreme Fehlentwicklung ist. Dafür mag es insgesamt viele unterschiedliche Ursachen geben. Im Zusammenhang mit der westlich-marktwirtschaftlichen Wertorientierung kann jedoch die Neigung zur Verabsolutierung des materiell-monetären Prinzips, zum ausgeprägten Konsum und zur Ignoranz gegenüber kulturell-ästhetischen Werten als wichtiger Grund für diese Fehlentwicklung angesehen werden.

Wie kann man jedoch aus diesem Dilemma herausfinden? Dem Anspruch, dem Kultur-Prinzip zur Geltung verhelfen zu wollen, kann man entgegenhalten, dass die Gesellschaft durch natürliche Gesetzmäßigkeiten und Triebkräfte in die marktwirtschaftliche Richtung gelenkt worden ist. Die Menschen haben diese Gesellschaftsform gewählt, weil sie sich offenbar evolutionär als die beste Lösung herauskristallisiert hat. Der Versuch, mit Mahnungen oder mit dirigistischen oder gar diktatorischen Mitteln eine Kulturgesellschaft errichten zu wollen, folgt weder dem evolutionären Ansatz noch kann er als von den Menschen gewollt hingestellt werden.

Kann das Kultur-Prinzip dennoch mehr Geltung in der Gesellschaft erlangen? Welche Mechanismen und evolutionären Ansätze könnte es geben?

Erstens wirkt das Kultur-Prinzip ohnehin wie ein Naturgesetz. Es ist in der menschlichen Gesellschaft vorhanden, seit es Kultur und höhere Bedürfnisse gibt. In der westlichen Gesellschaft wird es nur durch den überhöhten Glauben an Geld und Reichtum überlagert. In der Geschichte gibt es viele Kulturen, in denen das Kulturprinzip mehr Geltung hatte als heute in der westlichen und der der Globalisierung folgenden Welt.

Zweitens verschafft sich das Kulturprinzip über den gesellschaftlichen Diskurs und über die gelebte Kultur Geltung. Wenn die gesellschaftlichen Konventionen durch die Fixierung auf bestimmte Grundwerte geprägt sind, so ist es jederzeit sinnvoll, über diese Grundwerte nachzudenken und die Frage zu stellen, ob diese justiert werden müssen. Aus dieser Debatte könnten sich dann alternative Sichtweisen für die richtige Regulierung der

Marktwirtschaft und des gesamten gesellschaftlichen Lebens ergeben. So kann der Umstand, dass in der Gesellschaft eine Debatte über das Verhältnis von Kultur und Marktwirtschaft geführt wird, Einfluss auf die Grundwerte nehmen und der Entwicklung der Gesellschaft eine neue Richtung geben.

Drittens kann von einem breiten gesellschaftlichen Konsens darüber, dass die aktuell geübte Art der kapitalistisch-marktwirtschaftlichen Gesellschaftsordnung inklusive der Tendenzen zu Neoliberalismus, Globalisierung, Umweltvernichtung, Ignoranz gegenüber extremen weltweiten sozialen Unterschieden und zur Kriegführung um Engpassressourcen genau der richtige Weg ist, nicht die Rede sein. Vielmehr rufen die heute aufgestauten Widersprüche geradezu nach einem Ventil, nach einer Neuausrichtung der Werte und nach signifikanten Modifikationen der Regeln, die für das gesellschaftliche Leben gelten.

Viertens geht es um die Frage der Dialektik der gesellschaftlichen Entwicklung. In der Geschichte hat es viele Hochkulturen gegeben, die sich jedoch irgendwann überlebt haben und die durch aufstrebende Kräfte und neue Varianten der gesellschaftlichen Übereinkunft abgelöst wurden. So kann die Abfolge der Gesellschaftsordnungen als unablässiger Lernvorgang gesehen werden, der zugleich auch zunehmend die Form eines auf globaler Ebene stattfindenden Prozesses annimmt. Dabei erlaubt es die kapitalistisch-marktwirtschaftliche Phase womöglich, die Frage zu beantworten, wie eine ausreichende Produktivität erreicht werden kann. Was darauf folgen kann, ist eine Phase, bei der die entsprechenden Erkenntnisse nicht vergessen, jedoch relativiert werden. Das ist vergleichbar mit dem Erwachsenwerden, bei dem einem jungen Organismus ungeahnte Kräfte und Potenziale zuwachsen, mit denen er jedoch erst umzugehen lernen muss. Jetzt kommt es darauf an, die liebgewonnenen neuen Spielzeuge in einen Kontext zu integrieren, in dem sie nicht zur sicheren Selbstvernichtung führen. Es geht um die Frage, ob der selbstbewusste Geist bei jedem einzelnen Bürger sowie im globalen Maßstab den Sieg über die neu hinzugewonnenen Triebe davonträgt.

So gesehen darf der Kapitalismus als eine wichtige Vorübung zur globalen Kulturgesellschaft betrachtet werden, die wiederum nicht als Utopie abgetan werden kann. Gleichzeitig ist jedoch sicher, dass der Weg dorthin, wenn er denn erfolgreich sein soll, über einen Diskurs mit hoher Komplexität führen und das Ergebnis dann von einer bisher unvorstellbaren Vielfalt kultureller Werte geprägt sein dürfte.

3.13 Die kulturell-ästhetische Perspektive

Entscheidend ist, dass die Entwicklung des Menschen und der menschlichen Gesellschaft primär vom für das neuronale System geltenden Ästhetik-Prinzip und vom für die gesellschaftlichen Prozesse geltenden Kultur-Prinzip bestimmt wird. Die auf dem Austausch monetärer und materieller Werte beruhenden Prozesse wiederum sind nahezu ebenso wichtig und stehen in enger Wechselbeziehung mit den kulturell-ästhetischen Prozessen; im direkten Vergleich sind sie jedoch prinzipiell von nachrangiger Bedeutung.

Ausgehend von der Annahme, dass diese These stimmt, die angeführten Argumente stichhaltig sind und diese Sichtweise und ein entscheidender Teil der Nebenthesen dauerhaft allen Überprüfungen standhält – so stellt sich die Frage, welche Folgerungen für das gesellschaftliche Leben aus ihr abzuleiten sind? Insbesondere stellt sich diese Frage in Hinsicht auf die im ersten Kapitel beschriebenen desaströsten Züge der gesellschaftlichen Entwicklung.

Die Antwort ist: Diese These könnte eine Perspektive zur Verfügung stellen, die aus den üblichen Denkmustern und wissenschaftlichen Domänen ausbricht, und sie könnte so ein wichtiger Ausgangspunkt für eine kreative Analyse der gesellschaftlichen Prozesse und für neue Lösungsansätze werden.

Einige sattsam bekannte Denkmuster und Polaritäten sind die zwischen „Rechts", „Mitte" und „Links" im politischen Spektrum, mehr oder weniger Marktwirtschaft, mehr oder weniger (Neo-) Liberalismus, weniger oder mehr Regulierung, Autokratie und Demokratie, Militarismus und Pazifismus, Marktwirtschaft und Planwirtschaft, Leistungsprinzip und Gleichstellung, Armut und Reichtum. Die Feststellung, dass kulturelle und informationelle Güter eine größere Bedeutung in der Gesellschaft haben als das Geld, ja dass sie der primären Motivation der Menschen näher sind und sie eine wichtigere Grundlage für erfolgreiches Wirtschaften sind als finanzielle Mittel, ist im Grunde eine banale Feststellung. Gleichzeitig kann sie jedoch als Quell für zahlreiche neue Sichtweisen auf die Gesellschaft, ihre Probleme und Erfordernisse sowie für neue Lösungsansätze dienen.

Colin Crouch hat auf die Zivilgesellschaft verwiesen und auf die Notwendigkeit, die fortschrittliche Entwicklung in kleinen Schritten zu erkämpfen. Oben wurde darauf folgende Antwort gegeben (siehe Abschnitt „Neoliberalismus und Kapitalismus der Gegenwart"):

> „Es wäre besser, wenn man dem System des globalen Marktes und des daraus systematisch profitierenden

> Großkapitals ebenfalls einen längeren Hebel in Form einer Systematik, eines Paradigmas, einer gemeinsamen Strategie entgegensetzen könnte.“

In den letzten Kapiteln wurde versucht, aus der Gegenüberstellung der materiell-monetären und der kulturell-ästhetischen Sphäre der Gesellschaft einen neuen Ansatz zu gewinnen. Und ein entsprechendes Paradigma liegt nun vor – in Form des Postulats, dass Ästhetik-Prinzip und Kultur-Prinzip gesetzmäßig den Vorrang vor dem jeweiligen Komplementär-Prinzip haben.

Daraus ergibt sich insbesondere auch die Schlussfolgerung, dass die zaghafte Attitüde, mit der ästhetische und ethische Maßstäbe heute für gewöhnlich der ökonomischen Räson gegenüberstehen oder mit der sie sich gar vereinnahmen lassen, völlig unangemessen ist. Es muss vermutet werden, dass diesen Maßstäben vielmehr ein imperativer Charakter innewohnt, dessen Missachtung ein bedeutendes Risikopotenzial in sich birgt. Der Mär vom Markt als Naturgesetz muss deshalb die These entgegengestellt werden, dass die kulturell-ästhetische Sphäre der Gesellschaft einige Kategorien, Aspekte, Gesetzmäßigkeiten, Regeln und Anforderungen beinhaltet, deren Beachtung sich mindestens ebenso empfiehlt wie dies für ökonomische Gesetze gilt. Vielleicht könnte es der Lösung einiger Gegenwartsprobleme dienlich sein, wenn sie insbesondere auch aus dieser Sichtweise heraus analysiert und bewertet werden.

Wollte man versuchen, diesem Ansatz zu folgen, so könnte das im Rahmen des normalen Lernprozesses geschehen, der ständig in allen gesellschaftlichen Sphären stattfindet. Fällige Paradigmenwechsel vollziehen sich dabei oft auch unspektakulär. Bei einigen der gegenwärtigen Missstände darf allerdings bezweifelt werden, dass sich auf diesem, in gewisser Weise natürlich scheinenden Weg eine ausreichende Lösung ergibt. In diesen Fällen ist es womöglich unvermeidbar, die desaströse Dimension des Geschehens besonders herauszuarbeiten und mit dem Ringen um außergewöhnliche Maßnahmen zu beginnen.

In den folgenden Kapiteln werden einige Versuche unternommen, Ideen und Schlussfolgerungen zu unterbreiten, deren besondere Beachtung sich in diesem Sinne als notwendig erweisen mag. Um den imperativen Charakter der kulturell-ästhetischen Sichtweise zu unterstreichen, werden dabei in vielen Fällen regelrechte Erfordernisse benannt, deren Erfüllung ausdrücklich angestrebt werden müsste, um zu einer Lösung zu gelangen. Diese Erfordernisse sind jedoch keinesfalls als Dogmen zu verstehen, sondern als Vorschläge für Zielvorgaben, denen eine hohe Priorität eingeräumt werden sollte. Welcher Weg tatsächlich beschritten wird, hängt letztlich vom demokratischen politischen Prozess und vom gestalterischen Handeln aller Bürger ab.

4 Kultur und Marktwirtschaft

4.1 Der Beitrag der Marktwirtschaft zur Kultur

Wie oben festgestellt wurde, basiert die Marktwirtschaft wesentlich auf den folgenden beiden Grundmechanismen:

- Das Gesetz von Angebot und Nachfrage, auch „unsichtbare Hand“ genannt.
- Das Prinzip der Vermehrung des Shareholder Value.

Durch die Geschichte ist bewiesen, dass gerade diese Mechanismen prinzipiell einen wertvollen Beitrag zur Entwicklung der Gesellschaft leisten können. Unzählige Versuche, das Leben in der Gemeinschaft so zu organisieren, dass es von stabiler Bedürfnisbefriedigung, Gerechtigkeit, Menschlichkeit, Kultur und friedlichem Nebeneinander gekennzeichnet ist, haben regelmäßig ins Desaster geführt. Erst durch die marktwirtschaftlichen Prinzipien ist es im Zusammenhang mit Aufklärung und Demokratie gelungen, auf dem Weg zu einer besseren Gesellschaft partiell eine neue Stufe zu erreichen (partiell deshalb, weil es auch in den am besten aufgestellten westlichen Demokratien nicht allen gut geht und weil der Status quo auch ständig umstritten und gefährdet ist).

Von ganz entscheidender Bedeutung ist dabei die enorme Entwicklung der Produktivität, die wohl nur auf Basis der oben genannten Mechanismen denkbar ist. Einen Mangelzustand zu Verwalten muss zwangsläufig immer zu Unmut, Frustration, kulturellen Verwerfungen, Katastrophen, Kriegen führen. Erst wenn es gelingt, die Arbeit so zu organisieren, dass reiche Früchte geerntet werden können, ist es auch möglich, eine heilsame Entwicklung und kulturellen Aufstieg zu erreichen. So gesehen kann das Wirken der unsichtbaren Hand in einer nach westlichem Vorbild organisierten Gesellschaft als wichtige Voraussetzung gesehen werden, damit eine hohe Stufe der Kultur erreicht und erhalten werden kann bzw. als ein Faktor, der dabei eine wichtige Rolle spielt.

Gleichzeitig birgt das gegenwärtig dominierende Modell der marktwirtschaftlich organisierten Gesellschaft jedoch erhebliche Risiken in sich, auf die nun näher eingegangen werden soll.

4.2 Die Risiken der Marktwirtschaft

Risiko 1 – Verselbstständigung der Marktmechanismen

Eines der größten Probleme dürfte sein, dass die Marktmechanismen ihre Wirkung prinzipiell wie Naturgesetze entfalten und sie per se keine Menschlichkeit kennen. Sie fragen nicht danach, wie vielen Menschen sie dienen und wie vielen sie gleichzeitig schaden. Deshalb ist es definitiv nicht der richtige Weg, diesen Mechanismen eine Heilswirkung zuzusprechen, die sie nicht haben. Es ist vielmehr notwendig, sie immer als in den Kontext eingebettet zu betrachten, in dem sie ihre Wirkung entfalten sollen und danach zu fragen, wie man sie regulieren muss, damit diese Entfaltung zum Nutzen möglichst vieler Menschen erfolgt. Das bedeutet insbesondere, dass die Vorrangstellung des menschlichen ZB gegenüber den Marktgesetzen niemals gefährdet werden darf. Die erzielte Wirkung kann nur durch das menschliche Bewusstsein – z. B. durch das des Wählers, des Politikers, des Regierungsbeamten, des Firmenmitarbeiters, des Firmenchefs, des Aufsichtsratsmitglieds, des Mitglieds der Zivilgesellschaft, des Bürgers – im Hinblick auf ihre Menschlichkeit bewertet werden. Deshalb ist es völlig falsch, bei der Abwägung, wie stark die entsprechende Entscheidungsfreiheit der Menschen oder wie stark die Wirkung der Marktmechanismen reguliert werden soll, das Gewicht allzu sehr auf die Regulierung der menschlichen Entscheidungsfreiheit und Gestaltungshoheit zu legen.

Damit wäre zunächst die Frage aufgeworfen, inwiefern der Mensch, das menschliche Bewusstsein, die ästhetische Seite der Bedürfnispyramide, die menschliche Kultur überhaupt die gebührende Vorrangstellung gegenüber den kalten, per se nicht menschlichen marktwirtschaftlichen Mechanismen innehat.

Risiko 2 – Aushöhlung des politischen Pluralismus und der Demokratie

Unter der Annahme, dass Risiko 1 nicht akut ist, stellt sich jedoch sofort die Frage, in welchem Umfang die menschliche Gesellschaft an der Bewertung und Einflussnahme beteiligt ist. Das zweite bedeutende Risiko des Kapitalismus besteht darin, dass nur einem mehr oder weniger begrenzten Teil der Menschen die Möglichkeit zur Einflussnahme gegeben ist. Dabei soll hier zunächst nicht die Frage diskutiert werden, wie ausgewogen die Bürger von den Früchten des marktwirtschaftlichen Systems profitieren können – das ist ein anderes Thema, auf das weiter unten eingegangen wird –; vielmehr soll es zunächst nur darum gehen, wie breit die Möglichkeit zur Einflussnahme verteilt ist. Diese Frage beantwortet sich auf vielfältige Art und Weise.

Dabei geht es zuallererst um die Frage, ob das Staatswesen demokratischen Regeln folgt, die tatsächlich auch funktionieren und eine Einflussnahme des gesamten Volkes auf die Politik ermöglichen. Prinzipiell gilt es hier zwei Arten der eingeschränkten Demokratie zu beachten – bei der einen Art der Einschränkung werden demokratische Regeln, Menschenrechte und die Regeln der Gewaltenteilung ganz offen mit Füßen getreten, bei der anderen Art geht es um alle Formen der verdeckten Einflussnahme, wie z. B. durch Lobbyismus oder Korruption.

Im Weiteren geht es um Fragen wie Pressefreiheit, Religionsfreiheit, um die Frage, wie das gesellschaftliche Leben über Gewerkschaften, NGOs, zivilgesellschaftliche Initiativen, Protestkultur beeinflusst werden kann, welche Firmenkultur in den einzelnen Unternehmen und Institutionen herrscht und wie ausgeprägt Bildung, Kunst und Kultur in der Gesellschaft verankert sind. Es geht darum, wie weit das Klima in der Gesellschaft von Pluralismus geprägt ist. Eine Gesellschaftsform mit menschlichem Antlitz kann es nur geben, wenn es den Bürgern möglich ist, sich auf all diesen Eben fortgesetzt einzubringen.

Diese Themen hängen insofern mit der Kapitalismusfrage eng zusammen, weil dabei finanzielle Mittel und insbesondere das Großkapital eine besondere Rolle spielen.

Risiko 3 – Verteilungsungerechtigkeit

Das dritte bedeutende Risiko des Kapitalismus besteht in der Frage der Verteilungsgerechtigkeit. Wie weit ist es allen Bürgern möglich, an den Ergebnissen teilzuhaben, die durch hohe Produktivität und wissenschaftlich-technischen Fortschritt hervorgebracht werden? Inwiefern erhält jeder Bürger einen gerechten Anteil, inwiefern besteht Chancengleichheit?

Ganz offensichtlich gehört es zu den Grundprinzipien des Kapitalismus, dass es eben keine Gleichverteilung des Wohlstandes gibt. Stattdessen scheint es eine implizite Randbedingung zu sein, dass durch Engagement, Geschick, Fleiß oder ähnliche Tugenden, teilweise aber auch im Zusammenhang mit Charakterfehlern, erhebliche materielle Vorteile errungen werden können und diese auch vererbt werden dürfen. Des Weiteren scheint es zu den Grundprinzipien zu gehören, dass einmal errungene Reichtümer automatisch eine privilegierte Ausgangsposition bei der Erschließung der Pfründe der Zukunft mit sich bringen.

Risiko 4 – Konsummanie und ressourcenintensives Wachstum

Hier geht es um die Frage, ob die folgenden Eigenarten der kapitalistischen Marktwirtschaft das gesellschaftliche Leben zu sehr dominieren:

Es gibt einen ausgeprägten Drang nach Wachstum und immer kürzeren Produktzyklen. Das Geschehen ist von Marketing-Offensiven, der Beschleunigung des moralischen Verschleißes der Produkte und von geplanter Obsoleszenz geprägt. Der Konsum von materiellen Gütern und die Frage des materiellen Reichtums ist das wichtigste Projektionsfeld für die höheren Bedürfnisse. Wertschätzung, Fähigkeiten und Kultur geraten in eine Nebenrolle. Das System funktioniert nur auf der Basis von hochgradiger Ressourcenverschwendung. Die Einsicht, dass Glück nicht von materiellen Gütern und materiellem Wohlstand in ganz besonderem Maß abhängt und dass es klug ist, die Ressourcen der Natur zu schonen, hat nicht die Bedeutung im gesellschaftlichen Wertesystem, die ihr zukommen sollte.

Sind diese Risiken eingetreten?

Ja, die fortgesetzt eintretenden Risiken aller genannten Kategorien tragen dazu bei, dass die kapitalistische Gesellschaft ausgesprochen fragwürdig erscheint.

Risiko 1,

d. h. das Risiko der Verselbstständigung der Marktmechanismen, tritt in den westlichen Ländern heute deutlich hervor. In einer vom Neoliberalismus geprägten Gesellschaft ist die Vorrangstellung des menschlichen Bewusstseins, der ästhetischen Seite der Bedürfnispyramide, der menschlichen Kultur vor den Marktgesetzen insgesamt infrage gestellt. Die Marktmechanismen wirken nicht so, dass sie der ausgewogenen Bedürfnisbefriedigung im gesellschaftlichen Maßstab dienlich sind, sondern sie haben sich als kalte, unmenschliche Prinzipien mit äußerst fragwürdiger Gesamtbilanz verselbstständigt.

In dieser Hinsicht ist die aktuelle europäische und angloamerikanische Finanzkrise ein neuer Gipfel der Zumutung. Das Finanzsystem hat im Rahmen des systemimmanenten Bereicherungszwangs eine gigantische Spekulationsblase mit dem Charakter eines Schwarzen Loches geschaffen, das einen großen Teil der realen Wirtschaftswelt zu verschlingen droht. Das so erkrankte System zieht alle Aufmerksamkeit und alle zur Verfügung stehenden Mittel auf sich – mit dem Nebeneffekt, dass die Nöte des normalen Bürgers und vor allem das wirkliche Elend in der Welt dabei umso mehr zur Randerscheinung geraten und noch fahrlässig vermehrt werden.

Bei Risiko 2,

d. h. dem Risiko der Aushöhlung des politischen Pluralismus und der Demokratie, gibt es viele Spielarten der Beeinträchtigung, vor allem aber auch solche, die eng mit der herausgehobenen Bedeutung der monetären Sphäre der Gesellschaft im Kapitalismus zusammenhängen.

Das beginnt bereits bei der Eigenschaft des **Geldes**, dass seine **Herkunft nicht nachvollziehbar** ist und es nicht transparent ist, auf welche Weise – „sauber" oder „schmutzig" – es verdient wurde. Im Kapitalismus ist die Achtung vor dem Geld und dem Kapital besonders groß. Daraus folgt, dass das Spannungsfeld, welches Korruption und Kriminalität motiviert, besonders große Chancen hat, eine Wirkung zu entfalten.

Zweitens führt das Prinzip der **Gewinnmaximierung** im Zusammenhang mit dem sich potenzierenden **Ressourcenhunger** der prosperierenden kapitalistischen Gesellschaft und mit der globalen Vorrangstellung der Großmächte zur Vorfahrt des Großkapitals in allen Regionen, in denen ein Gewinn zu machen ist. Hier gilt die Regel, dass gesunde Märkte, politischer Pluralismus und Menschenrechte nachrangige Geltung gegenüber den „Nöten" des Kapitalismus haben, die aus seiner sensiblen Position gegenüber Ressourcenengpässen resultieren. Aus diesem Druck heraus kommt es wahllos zu gigantischen Kapitalflüssen auch in solche Richtungen, die eher mit Begrifflichkeiten wie Despotismus, Diktatur, Oligarchie, Unterdrückung, Ausbeutung, Indifferenz gegenüber Menschenrechten, Korruption, Kriminalität etc. charakterisiert werden können als mit politischem Pluralismus und Demokratie. Hier kann man vom Verrat an den

Menschenrechten auf breiter Front sprechen, der sich nahtlos in die Verbrechen des Kolonialismus einreiht.

Drittens wird im Kapitalismus, insbesondere, wenn er vom Neoliberalismus geprägt ist, aus dem Professionalitätstrend bzw. aus der Professionalitätshürde eine regelrechte **„Professionalitätsfalle“**. Nimmt man die oben dargestellte These vom Professionalitätstrend zum Ausgangspunkt (siehe Abschnitt 3.9: „Der Professionalitätstrend und seine Nebenwirkungen“), so folgt der Erkenntnisgewinn der Menschheit u. U. sehr weitgehend dem Trend der von einflussreichen gesellschaftlichen Kreisen vorgegebenen Ziele, da der professionelle Weg der Erkenntnis vorrangig mit großem, von einflussreichen Gruppierungen sanktioniertem Aufwand gegangen wird. Idealerweise, d. h. in einer vorbildlichen Demokratie, hat das Volk als Mandatsgeber für die Politik einen herausragenden Anteil an diesem Einfluss. Im realen, womöglich vom Neoliberalismus geprägten Kapitalismus, ist die Gefahr jedoch sehr groß, dass diese Stellschraube der gesellschaftlichen Verhältnisse gleich in zweifacher Hinsicht in einen ausgesprochen schlecht justierten Zustand gerät. Erstens gibt es einen übermächtigen Einfluss der monetären Seite. Zweitens spielen dabei Großkonzerne und geostrategische Bestrebungen der Großmächte eine besonders herausragende Rolle. So resultiert das Gros der innovatorischen Bestrebungen vor allem aus finanziellen Mitteln, die durch Großkonzerne und Großmächte strategisch zur Verfestigung ihrer Vormachtstellung eingesetzt werden. So wird Wissen zum Machtfaktor, statt zur Grundlage für Kultur. Das Risiko ist groß, dass es in so gut wie keinem gesellschaftlichen Bereich möglich ist, den massiven Implikationen auszuweichen, die vom Kapital und vom Prinzip seiner Vermehrung ausgehen. Dieser Zusammenhang besteht in vielfältiger Weise. Lobbyismus, gekaufte Studien, Auftrags- und Militär-Forschung, Consulting-Szene etc. sind noch Erscheinungen, die dieses Prinzip auf vergleichsweise transparente Art verkörpern. Abgesehen davon dürften die durch die Globalisierung und den Neoliberalismus bereiteten Handlungszwänge, gute Beziehungen einflussreicher Leute und insbesondere kapitalstarker Interessenvertreter sowie eine mehr oder weniger subtile Art der Korruption signifikant dazu beitragen, dass die Vorgehensweisen von Politikern zuweilen merkwürdigen, den Interessen des Gemeinwesens wohl nicht immer dienlichen Regeln zu folgen scheinen.

Risiko 3,

d. h. das Risiko der Verteilungsungerechtigkeit, ist das Charakteristikum des Kapitalismus, welches von Anbeginn am heftigsten umstritten war. Dieses Risiko tritt ständig ein und man kann eher von einem systemimmanenten Grundprinzip sprechen.

Dass das Risiko 4,

d. h. das Risiko der Konsummanie und des ressourcenintensiven Wachstums, eingetreten ist und es im Prozess der Globalisierung fortgesetzt in gesteigertem Maß kultiviert wird, ist offensichtlich. Im westlich geprägten Teil der Welt der Gegenwart wird durch die Marktwirtschaft und ihre Wertmaßstäbe ein ausgeprägtes und verschwenderisches Konsumverhalten geradezu diktiert und andere kulturelle Aspekte treten dadurch in den Hintergrund. Diese Charakterisierung läuft darauf hinaus, dass die primäre Zielrichtung der Konsumgesellschaft in Ebene 4A der im Abschnitt 2.11: „Materielle und ästhetische Seite der Bedürfniswelt“ aufgestellten Bedürfnispyramide liegt. Die Bedürfnispyramide einer ausgeprägten Konsumgesellschaft hat deshalb einen etwas verzerrten Schwerpunkt. Der Zelle 4A mit den materiellen Individualbedürfnissen kommt ein überproportional hohes Gewicht zu. Andere Ebenen, die bei ausgewogenen Verhältnissen eigentlich als höhere Ziele gesehen werden müssten – wie Wertschätzung und Anerkennung (4B) sowie Talententfaltung, Selbstverwirklichung und Förderung von Kultur und Wohlfahrt (5B), fristen ein vergleichsweise kümmerliches Dasein. Mit etwas Ironie kann man die Bedürfnispyramide einer Konsumgesellschaft wie folgt darstellen:

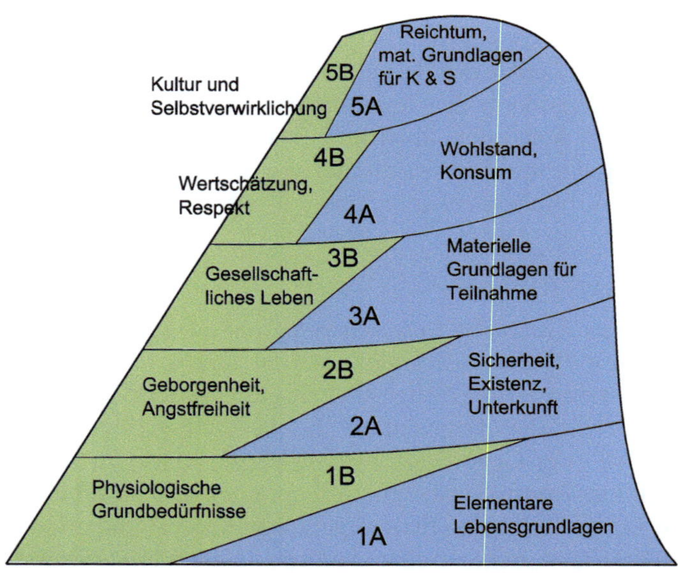

Abbildung 7 – Bedürfnispyramide der Konsumgesellschaft

Folgt man dieser These, so bedeutet das nicht, dass Kapitalismus, Marktwirtschaft und Konsum schlecht sind und es besser sei, diese Gesellschaftsform zugunsten einer anderen abzuschaffen. Das wäre sicher eine falsche, etwas übereilte Schlussfolgerung. Der marktwirtschaftliche Wettbewerb hat vielmehr eine wichtige Funktion, nämlich die, Ebene 4A der Bedürfnispyramide ausreichend zu besetzen und dafür zu sorgen, dass diese Ebene stark genug ausgeprägt ist, um als Fundament für die darüber liegenden und somit auch – bildlich gesprochen – darauf lastenden Ebenen tragen zu können.

Schaut man sich die politische und kulturelle Szenerie in fortschrittlichen Ländern der westlichen Welt an, so ist zu konstatieren, dass Bildung, Kultur und Solidarität wichtige Themen sind, um die beständig gerungen wird. Also kann von Konsumgesellschaft in Reinform nicht die Rede sein. Andererseits wird der These vom Markt als Allheilmittel immer wieder großer Respekt gezollt, sind Privatisierungen als Lösungsstrategie für Probleme gesellschaftlicher Einrichtungen beliebt, hat der Neoliberalismus, gefördert durch einflussreiche wirtschaftliche und politische Kräfte und nicht zuletzt auch durch den Wähler, seit dem Niedergang des Ostblocks großen Einfluss ausgeübt.

Wie es scheint, finden sich alle Facetten der Bedürfnispyramide durchaus im gesellschaftlichen Leben wieder. Kein Aspekt ist wirklich unbekannt und es gibt nichts, worum nicht bereits gestritten wurde. Wie es scheint, herrscht jedoch bei der Werteskala keine wirkliche Ausgewogenheit vor. Die politischen Kräfte reiben sich vorrangig bei dem Ringen um die Verteilung des materiellen Wohlstands und um die möglichst weitgehende Deregulierung der Marktwirtschaft auf. Das ist das große Thema, welches polarisiert. Auch wenn es primär um andere

Themen geht – wie Kultur, Bildung, Solidarität, humanistische Gestaltung der Lebensverhältnisse auf der Erde etc. –, fokussiert sich der politische Diskurs gern auf Gegenstände der Ebenen 4A und 5A, als sei die Bereitstellung materieller Grundlagen und der wirtschaftliche Aufbau alles, was zu tun ist – alles andere werde sich dann schon finden.

Man kann feststellen, dass das gesellschaftliche Leben anders funktioniert, als es sich im politischen Weltbild westlicher Prägung darstellt. Die vorherrschenden Wertvorstellungen tun der erreichten Komplexität unserer Gesellschaft nicht wirklich genüge. Der in weiten Teilen der Gesellschaft und vor allem in einflussreichen Kreisen vorherrschende Glaube an die Marktwirtschaft, die Konsumgesellschaft und die Führungsrolle des Wirtschaftswachstums bei der Herstellung und Sicherung von Demokratie und Wohlstand sollte längst nicht mehr das politische Bewusstsein dominieren. Man tut sich jedoch schwer mit der fälligen Erweiterung des Horizonts.

Eine drastische Nebenwirkung dieses Irrtums ist auch der Konflikt zwischen den Akteuren der Globalisierung und denjenigen Ländern, Regionen und Kulturen, denen die Marktwirtschaft übergestülpt wird, ohne dass dabei für Chancengleichheit gesorgt wäre. Die Protagonisten der westlich-marktwirtschaftlichen Welt sind immer sehr überzeugt, dass die Ausweitung ihres Einflussgebietes grundsätzlich auch eine Ausweitung der Segnungen des Wohlstandes und der Demokratie zur Folge haben wird. Wo dies nicht gleich geschieht, finden sich genug Erklärungen für die Verzögerung.

In Wirklichkeit darf dabei nicht vergessen werden, dass die ausgeprägte materialistische Haltung der westlichen Politik aus der Sicht anderer Kulturen nicht ausgewogen wirken kann.[5] Eine Kultur mit buddhistischen oder islamischen Traditionen muss sich beispielsweise mit der Frage auseinandersetzen, wie sie sich auf die Segnungen und Konsequenzen des wissenschaftlich-technischen Fortschritts und der kapitalistischen Globalisierung einstellen kann. Gleichzeitig besteht jedoch die Schwierigkeit, dass aus ihrer Sicht die Wahrnehmung der Unstimmigkeit viel besser gelingt, dass die Überbewertung des materiellen Wohlstandes und des Konsums in der westlichen Welt teilweise ein geradezu pubertär wirkendes Ausmaß angenommen hat.

Das muss natürlich zu Akzeptanzproblemen führen, solange die westliche Gesellschaft selbst nicht in der Lage ist, diesen Zustand adäquat zu reflektieren.

Im Folgenden wird auf jedes der vier Risiken näher eingegangen.

4.3 Verteilungsungerechtigkeit (Risiko 3)

Argumentationen gegen den Kapitalismus richten sich in der Regel in allererster Linie gegen das Risiko 3, d. h. das Risiko der Verteilungsungerechtigkeit. Diese Herangehensweise richtet sich jedoch gegen das Wirk-Prinzip der unsichtbaren Hand, auf das gerade auch der in vielen westlich orientierten Ländern zu verzeichnende enorme Produktivitätszuwachs und ausgeprägte Wohlstand zurückgeführt werden muss.

Tatsächlich kann man das das eine ohne das andere nicht haben. Das Gesetz von Angebot und Nachfrage kann nur wirken, wenn es dem Markt gestattet wird, seine Dyna-

[5] Materialismus ist hier im Sinne der marktwirtschaftlichen Ausrichtung gemeint, nicht im Sinne der gleichnamigen philosophischen Schule.

mik zu entfalten. Dazu gehört, dass Anbieter die Freiheit haben, ihre Preise festzulegen, und Abnehmer die Freiheit zu entscheiden, von wem sie Waren und Dienstleistungen zu welchem Preis erwerben. Dazu gehören im Weiteren verbürgte Eigentumsrechte und die Souveränität der Marktteilnehmer sowie die Zusicherung, dass Gewinne gemacht werden dürfen, ebenso wie die Verpflichtung, dass Verluste zu tragen sind. Prinzipiell ist es nicht falsch, den Markt in gewissen Grenzen zu regulieren, aber er kann seine Wirkung nur entfalten, wenn es auch grundsätzlich akzeptiert wird, dass für die Marktteilnehmer ungleiche Ergebnisse herauskommen können.

Die Zulässigkeit von Ungleichheit passt auch zum differenziellen Funktionsprinzip des neuronalen Apparates und zu der Gesetzmäßigkeit, dass Antrieb und Motivationen erst aus der Wahrnehmung von Unterschieden entstehen, die zwischen der gewünschten und der tatsächlichen Befriedigung von Bedürfnissen zumindest vorübergehend bestehen. So weiß die unsichtbare Hand nicht nur Eigennutz – der ja notwendig ist, weil jeder Mensch für sich selbst verantwortlich ist – auf synergetische Weise mit dem Nutzen für die Gesellschaft zu verbinden, sondern sie tut dies auch in Übereinstimmung mit dem Funktionsprinzip des Antriebssystems, das dem Menschen im Rahmen des neuronalen Apparates gegeben ist. Der Preis ist die Zulässigkeit von Ungleichheit, von Wettbewerb, von Spannungen.

Prinzipiell ist es auch nicht negativ, eine entsprechende Dynamik in der menschlichen Gesellschaft zuzulassen. Es wäre eine Utopie und Illusion, wenn man glaubte, eine Spezies, die durch die Dynamik der Evolution hervorgebracht worden ist, könne deren Prinzipien nun vollständig entfliehen. Es ist jedoch eine Frage der Menschlichkeit, in welchen Sphären, mit welchen Mitteln und in welchen Grenzen diese Dynamik ausgetragen wird. Gerade der neuronale Apparat befähigt den Menschen dazu, das, was in der Tierwelt noch weitgehend als Überlebenskampf vor sich zu gehen scheint[6], in höhere emotionale und Bedürfnisebenen zu verlagern. Prinzipiell wäre es denkbar, dass innerhalb der Gesellschaft ein drastischer Wettbewerb tobt, ohne dass auch nur ein einziger Mensch dabei Beeinträchtigungen für Leib, Leben und seine seelische Grundstruktur erleiden müsste. Dass dies keine Utopie ist, sondern in gewissen Grenzen ein erreichbarer Zustand, kann man an den Gegebenheiten in einigen fortschrittlichen, wohlhabenden Ländern bereits ablesen. Dass Widersprüche in der Gesellschaft als drastisch wahrgenommen werden und heftig über Gegensätze und den richtigen Weg zu ihrer Beseitigung gestritten wird, ist dabei eher ein Zeichen für eine entsprechende Hochkultur, wenn es denn unter Einhaltung der Menschenrechte, der demokratischen Grundregeln und suffizienter sozialer und rechtlicher Normen geschieht.

Beachtet man die Ausführungen zum Subtilitätstrend (siehe Abschnitt 3.4), so ergibt sich, dass die emotionalen Potenziale auch dann noch mit hoher Amplitude ihre Wirkung entfalten können, wenn die realen Ungleichheiten immer geringer werden sollten. So gesehen liegt die eigentliche Chance für die Menschheit nicht in der Gleichheit, sondern im Subtilitätstrend. Daraus kann man schließen, dass es kein Widerspruch ist, die Ungleichheit einerseits zu bekämpfen und andererseits zugleich ihre Wirkung in der gesellschaftlichen Dynamik zu akzeptieren und einzuplanen.

[6] Diese Sichtweise relativiert sich im Rahmen der Erforschung des Tierreiches ebenfalls immer mehr.

Prinzipiell ist es auch nicht falsch, extremen Reichtum zuzulassen und einzukalkulieren, dass es graduelle bzw. relative Armut geben kann. Zur Armut ist zu sagen, dass aus dem Anspruch, dem Humanismus, der Kultur und dem Ästhetik-Prinzip zur Geltung zu verhelfen, der Anspruch abgeleitet werden muss, nach Möglichkeit Bedingungen zu schaffen, unter denen niemand der elementaren Lebensgrundlagen und der Teilnahme am gesellschaftlichen Leben verlustig gehen muss, unter denen jedem Bildungschancen offenstehen, unter denen Menschen, die in prekäre Verhältnisse geraten, Auffangmöglichkeiten zur Verfügung gestellt werden und der Weg zur Aufwärtsentwicklung offengehalten wird. Dennoch muss wohl einkalkuliert werden, dass es gerade auch durch eines der Menschenrechte, nämlich das, ein selbstbestimmtes Leben führen zu können, immer zu Biografien kommen wird, die eher bedauerlich erscheinen. Hinzu kommt der Umstand, dass es nicht möglich ist, kriminelle Karrieren beliebig zu sanktionieren, ohne damit den redlichen Teil der Bevölkerung zu brüskieren.

Aus der kulturell-ästhetischen Sichtweise ist der Gegensatz zwischen Arm und Reich (im Sinne der materiell-monetären Sphäre) gleichfalls verurteilungswürdig, allerdings mit etwas anderen Akzenten.

Dass es Menschen gibt, die kaum eine reale Chance haben, ihr Leben so zu organisieren, dass die Grundbedürfnisse befriedigt werden können, und für die der Weg zur Teilhabe am kulturellen und materiellen Reichtum der Gesellschaft kaum offensteht, ist aus dieser Sichtweise grundsätzlich nicht tragbar. Das bedeutet nicht, dass die Abschaffung oder weitestgehende Gleichverteilung von Reichtum (im Sinne des Kommunismus) eine Lösung wäre. Die Zulässigkeit von materiellem Reichtum ist vielmehr im Zusammenhang mit dem differenziellen

Prinzip des neuronalen Systems als Motivationsmechanismus sinnvoll. Dabei kommt es jedoch auf folgende Voraussetzungen an:

- Die gesellschaftlichen Austauschprozesse müssen in möglichst weitgehendem Maß so organisiert werden, dass alle Bürger die Chance haben, zu partizipieren, wenn sie dies ernsthaft versuchen, und dass es ihnen unter allen Umständen möglich ist, zumindest die Grundbedürfnisse zu befriedigen.
- Die in der Gesellschaft geltenden Wertmaßstäbe müssen den kulturell-ästhetischen Aspekt und seinen Vorrang vor dem materiell-monetären Aspekt zumindest so weit berücksichtigen, dass es weitestgehend absurd erscheint, materiellen Reichtum als obersten Machtfaktor anzusehen; dass es vielmehr als selbstverständlich erscheint, mit materiellem Reichtum mit der gebührenden Verantwortung umzugehen – im Sinne der Regel: „Geld und Reichtum, egal wie groß, haben keinerlei Bedeutung für Image und Reputation. Eine Bedeutung für diese informationellen Werte kann nur aus der Art des Umgangs mit dem Reichtum erwachsen."

Es ergibt sich eine erstrebenswerte Verteilung des materiellen Reichtums, bei der ein breites Fundament besteht – nach dem Prinzip: „Es gibt weitestgehend keine absolute Armut mehr" – und dass darauf aufbauend in einer wie auch immer gearteten, jedoch schrankenlosen Verteilung Reichtum vorhanden ist.

Ein nicht unwichtiger Aspekt dabei ist die Notwendigkeit, dass niemand vom Markt und seinen Angeboten abgekoppelt wird. Die Armut des Einzelnen darf möglichst nur so weit gehen, dass er sich noch in einer Bevölkerungsschicht befindet, die eine Marktmacht darstellt, sodass es für Unternehmen lohnend ist, diesen Markt zu bedienen. Andererseits ist es auch eine ethische Notwendigkeit, dass Randgruppen ebenfalls explizit am Markt beteiligt werden.

Der Begriff der Verteilungsgerechtigkeit suggeriert, dass diese Art der Gerechtigkeit durch Umverteilung zu erreichen sei. Das ist nicht völlig falsch. Die entsprechende Strategie kann jedoch nur funktionieren, wenn sie primär auf den Anspruch ausgerichtet wird, die Leistungsfähigkeit des marktwirtschaftlichen Systems zu stärken bei gleichzeitiger Beseitigung der anti-pluralistischen Verwerfungen und bei Beachtung des Primats der kulturellen Werte wie in den anderen Abschnitten beschrieben. Nur in dem Maße, wie dieser Weg von Erfolg gekrönt ist, kann und muss der Staat dafür sorgen, dass grundlegende Benachteiligungen und insbesondere ausgrenzende Lebensumstände beseitigt werden.

Verteilungsgerechtigkeit aus kulturell-ästhetischer Sichtweise bedeutet jedoch vor allem auch die zwingende Notwendigkeit, dass kapitalistisches Wirtschaften und Ausbeutung der Ressourcen in armen Regionen der Welt nur dann zulässig sind, wenn dort die grundlegenden Ernährungs-, Gesundheits- und Bildungsdefizite beseitigt und die wirtschaftlichen Bedingungen so gestaltet werden, dass sich regionales Unternehmertum auf souveräner nationaler Basis zum Wohle der dort lebenden Bevölkerung entwickeln kann.

Aus der kulturell-ästhetischen Sichtweise geht es primär darum, das System der gesellschaftlichen Vitalsysteme so umfassend mit Schnittstellen auszustatten, dass alle Bürger ausreichende Möglichkeiten haben, ihre individuellen Vitalsysteme mit diesen zu verknüpfen. Umverteilung ist nur eine Ersatzstrategie für Lücken, die aufgrund des Scheiterns dieser kausalen Therapie in materieller Hinsicht nicht geschlossen werden können. Materielle Umverteilung ist zwingend notwendig, gleichzeitig ist jedoch auch klar, dass kulturelle Kooperation mit dieser Strategie allein nicht erreicht werden kann.

So gesehen liegt es näher, den Begriff der Vitalsystemsuffizienz statt den der Verteilungsgerechtigkeit zu verwenden. Vitalsystemsuffizienz impliziert den Anspruch der Verteilungsgerechtigkeit, insgesamt geht es dabei jedoch um viel weiter reichende Erfordernisse. Eine Gesellschaft kann dann als einigermaßen gerecht bezeichnet werden, wenn die individuellen Vitalsysteme aller Mitglieder sowie die Vitalsysteme, die es in allen gesellschaftlichen Sphären gibt, ein Gesamtsystem bilden, das allen Beteiligten ausreichende Chancen zur Befriedigung der Bedürfnisse auf allen Ebenen der Bedürfnispyramide zur Verfügung stellt.

4.4 Der Irrweg des Kommunismus

Der Kommunismus spielt eigentlich keine Rolle mehr. Der folgende Exkurs ist jedoch notwendig, um klarzustellen, dass das Ästhetik-Prinzip nichts mit linken Ideologien zu tun hat.

Aus der hier zu vertretenden Sichtweise ist es absolut geboten, für eine Form des Gemeinwesens einzutreten, bei der – wie z. B. beim Kommunismus (oder auch beim Sozialismus) – der Gerechtigkeitsgedanke eine herausragende Rolle spielt. In der Hinsicht auf entscheidende Grundthesen und auf die bekannten Umsetzungsversuche sind Kommunismus und Marxismus jedoch als Fehlentwicklung zu betrachten.

Erstens handelt es sich dabei auch nur um eine spezielle Form des Neid-Komplexes. Kritik und Angriff gegen den Kapitalismus finden in der materiell-monetären Sphäre statt. Reichtum und Privatbesitz an den Produktionsmitteln werden verteufelt. Es ist kein ernsthafter Ausbruchsversuch aus dem Kreislauf des materiell-ökonomischen Denkens und Gegen-Denkens erkennbar. Auch aus der Position der Armut ist es so nicht gelungen, der Faszination zu entgehen, die durch Reichtum ausgeübt wird.

Zweitens wird das Kind mit dem Bade ausgeschüttet. Die Leistungskraft des Gesetzes von Angebot und Nachfrage wird negiert und die Abschaffung der unsichtbaren Hand gehört zum Kern des kommunistischen Konzeptes. Dass Triebkräfte aus Widersprüchen resultieren, wird prinzipiell zur Kenntnis genommen. In der Hinsicht auf die Widersprüche, die eine hohe Produktivität hervorrufen können, gelingt es jedoch offenbar nicht, aus diesem Wissen einen praxistauglichen Ansatz zu gewinnen.

Drittens gehören Dogmen und Gewalt zum Konzept. Durch eine Revolution sollte die Diktatur des Proletariats errichtet werden. Die Abfolge von Gesellschaftsordnungen wird theoretisch in die Zukunft extrapoliert, ohne ausreichend zur Kenntnis zu nehmen, dass neue Systeme immer auf den Vorzügen aufbauen, die sich im Rahmen bestehender Systeme ergeben. So führte die Entwicklung vom Feudalismus über den durch den Kolonialismus belebten Handel zum Merkantilismus, der wiederum den Weg für die kapitalistische Markwirtschaft bereitete. Die Idee, diesen evolutionären Prozess durch ein Dogma fortzuführen – das Dogma der Abschaffung des Privateigentums an den Produktionsmitteln, konnte nicht gut gehen, was allerdings mit der heutigen Geschichtskenntnis deutlich leichter zu durchschauen ist als in frühkapitalistischen Zeiten.

Viertens wird die Sichtweise verstärkt auf die materiell-monetäre Sphäre fokussiert. Der historische, auf die Ökonomie bezogene Materialismus, dem der Marxismus verhaftet ist, lässt keinen Raum für die Diskussion idealistischer, dualistischer oder über derartige Positionen hinausgehender schöpferischer Sichtweisen.

Das Bedauerliche dabei ist, dass durch die Wirrungen kommunistischer Experimente der Eindruck gefördert wurde, dass eine Marktwirtschaft mit ausgeprägtem Wallstreet-Kapitalismus alternativlos ist. Dadurch ist die religiöse Verabsolutierung des marktwirtschaftlichen Prinzips, die heute mit den neoliberalistischen Wirrungen so viel Schaden anrichtet, erst möglich geworden.

4.5 Konsummanie und ressourcenintensives Wachstum (Risiko 4)

Die Hinwendung der Gesellschaft von der vorrangigen Perfektionierung der Konsum-Ansprüche zur vorrangigen Perfektionierung kultureller Ansprüche sollte kein Gefährdungspotenzial für die wirtschaftliche Prosperität darstellen. Im Gegenteil, neue Ansprüche sind immer bestens geeignet, den gesellschaftlichen Austausch zu beleben. Das könnte alle Märkte auffrischen, sowohl jede Art des Kulturaustausches als auch die monetär-materiellen Märkte. Was daraus allerdings (hoffentlich) folgen kann, ist eine schwerpunktmäßige Verlagerung der gesellschaftlichen Austauschprozesse in Richtung immaterieller Werte – gerade dieser Aspekt berechtigt auch zur verstärkten Hoffnung, dass das globale Ressourcenproblem tatsächlich lösbar ist.

Das ist jedoch nur dann denkbar, wenn tatsächlich ein grundlegender Wertewandel eintritt. Eigenheiten der westlich-marktwirtschaftlichen Orientierung wie geplante Obsoleszenz, das zielgerichtete Anheizen der Modezyklen und der Konsumkreisläufe sowie die Wegwerfgesellschaft stehen grundsätzlich im Widerspruch zu vielfältigen ästhetischen Ansprüchen. Wenn man die Marktmechanismen bejaht, lassen sich diese Tendenzen sicher nicht völlig negieren, aber die Kunst besteht darin, in dieser Hinsicht zu einem gesunden Gleichgewicht zu finden, von dem wir heute extrem weit entfernt sind.

Die Wohlstandsgesellschaft ist tiefgreifend von einem Wettbewerb der Eitelkeiten sowie von der Gier auf neue Produkte und auf Reichtum geprägt. In Korrelation dazu beschleunigen sich die Kreisläufe im Privatleben und im Geschäftsleben immer mehr, die Märkte sind auf wachsende Umsätze und Gewinne getrimmt und reagieren sehr sensibel, wenn sie nicht eintreten. Vom Staatswesen wird erwartet, dass es sich in den Dienst eines ständig wachsenden materiellen Wohlstands für alle stellt. Für die Menschen ergibt sich daraus eher ein Hamsterradeffekt denn ein gewisses Gefühl von Befriedigung und Glück. Eine sich in dieser Hinsicht weniger ungestüm beschleunigende Entwicklung kann den Spielraum für glücklich verlaufende Biografien nur verbessern.

Die Lösung für das Problem der gigantischen Müllhalden und Umweltschäden, die dabei hinterlassen werden, kann nicht nur in der Verbesserung des Recyclings bestehen, sondern sie muss vor allem auch in der Vermeidung bestehen. Das wiederum ist nur durch eine subtilere und differenziertere Art des Umgangs mit den materiellen Ressourcen zu erreichen.

Ein besonderes Problem der Wohlstandsgesellschaften besteht darin, dass Anreize für einen bewussteren und subtileren Lebensstil prinzipiell vorhanden sind, sie werden jedoch zielgerichtet vom Verbraucher ferngehalten, damit er sich nicht durch Vernunft vom ständig gesteigerten Konsum abhalten lässt. Alle Produkte kommen sauber und nett verpackt auf den Ladentisch. Wie viele Umweltschäden dafür entstanden sind, wie viele in armen Regionen oder prekären Verhältnissen lebende Erwachsene oder gar Kinder dafür ausgebeutet und gesundheitlich geschädigt worden sind, wie viel Wasser oder sonstige Ressourcen verschwendet wurden, ist nicht erkennbar. Und die Müllberge werden von Dienstleistern sauber aus der Wohlstandsnische entfernt – welche Folgeprobleme und Schäden daraus in der Umwelt und in fernen Ländern erwachsen, ist nicht auszumachen.

Ein entscheidender Faktor besteht hierbei im Wahrnehmungsproblem. Einige Tatsachen über das Elend in der Welt und über den katastrophalen Umgang mit Umwelt und Ressourcen sickern durch, der Konsum ist jedoch schneller und seine Suggestivität lässt für ein Innehalten und für Skrupel nur wenig Raum.

Vom ästhetischen Standpunkt aus gesehen ist diese Art des Selbstbetruges mit den gegebenen Dimensionen völlig untragbar.

Die Verhältnisse, unter denen ein jedes menschliches Individuum sein Leben zu gestalten in die Lage versetzt ist, können in einem Koordinatensystem dargestellt werden, wobei spezielle Qualitätsstufen insbesondere anhand der vier Quadranten beschrieben werden können. Es sei angenommen, dass die Y-Achse den Grad der Bedürfnisbefriedigung beschreibt und die X-Achse den Grad der Klugheit als Träger des natürlichen Mandats und als auf Vorsorge bedachter Erdenbürger. Bezüglich der Y-Achse sei angenommen, dass Verhältnisse, unter denen das primäre Streben auf die Beseitigung von Mängeln ausgerichtet ist, unter null eingestuft werden und Verhältnisse, bei denen Wachstumsbedürfnisse dominieren, über null. Auf der Klugheits-Achse (X) sei angenommen, dass Haltung und Verhalten dann als positiv bezeichnet werden kann, wenn es im Sinne der eigenen Zukunft und im Sinne der Zukunft der kulturellen Erbfolge einen konstruktiven Beitrag darstellt.

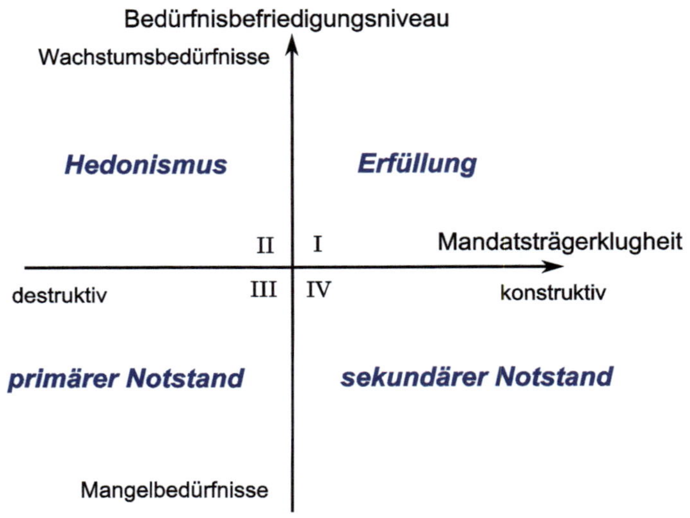

Abbildung 8 – Bedürfnisse und Mandatsträgerklugheit

Menschen, die in irgendeiner Art des Bedürfnisnotstandes leben bzw. die regelmäßig gegen einen solchen Notstand ankämpfen müssen, können in diesem Koordinatensystem höchstwahrscheinlich dem Quadranten III zugerechnet werden. Wer seine Kräfte bereits weitestgehend damit erschöpft, gegen Mangelzustände zu kämpfen, wird normalerweise kaum in der Lage sein, bereits auch tiefergehend an die eigene Zukunft oder an die Zukunft der Nachfahren zu denken, sodass hier davon ausgegangen werden soll, dass Menschen, die unter solchen Verhältnissen leben, eher kaum Chancen haben, den Quadranten IV zu besetzen.

Wenn ein Weg in den Quadranten IV führt, dann wahrscheinlich nur über partielle Ausflüge in die Welt der Wachstumsbedürfnisse, über eine gewisse Befriedigungsgesundheit, über ein gewisses Urvertrauen, also mithilfe von Befähigungen, die es möglich machen, sich selbst unter entbehrungsreichen Verhältnissen geistig zu erheben. Eine typische Ursache, um aus dem Quadranten I in den Quadranten IV zu gelangen, könnte durch unverhofft oder altersbedingt eintretende Gesundheitsprobleme gegeben sein.

Interessant ist jedoch eher die direkte Betrachtung der Wachstumsseite der Y-Achse. Bei Menschen, die in die Lage versetzt sind, Wachstumsbedürfnisse zu entwickeln und auszuleben, kann davon ausgegangen werden, dass sie zumindest die Wahl haben, ob sie diese konstruktiv im Sinne der Zukunft, der Erbfolge, der Hinterlassenschaft etc. ausleben möchten oder nicht. Hier soll die These vertreten werden, dass es eher das natürliche Verhalten des Menschen ist, dass er in diesem Fall geneigt ist, sich kritisch und klug in Hinsicht auf Zukunft und Hinterlassenschaft zu verhalten. Es sei angenommen, dass die erfolgreiche Sozialisation in einer Gesellschaft, die über ein Minimum an Bildung, Freiheit und Wohlstand verfügt, vom Quadranten III typischerweise in den Quadranten I führt. Vielleicht geschieht dies über einen gewissen Umweg über den Quadranten II, die Erfüllung findet jedoch letztlich im Quadranten I statt. Hier soll behauptet werden, dass der weitaus größere Teil der Menschen sich für diesen Quadranten entscheidet, wenn er die Wahl hat.

Was die Konsumgesellschaft daraus macht, ist Folgendes. Sie breitet einen reich mit Wohlstandsprodukten gedeckten Teppich vor den Bürgern aus und es gelingt ihr, zu suggerieren, dass dies das rechte Betätigungsfeld für das Ausleben der Wachstumsbedürfnisse ist. Sicher, im Portfolio sind auch alle echten kulturellen Errungenschaften enthalten – wie Kunst, Wissen, Bildung, gutes Benehmen, Ethik, Recht und Ordnung etc. –, aber das Maß der Dinge ist die materiell-monetäre Vermarktung von materiellen Erzeugnissen und von kulturellen Leistungen als Produkte. Dabei wird das natürliche Streben des vom unmittelbaren Notstand befreiten Bürgers nach Wachstum kanalisiert und die Horizonte werden genau abgesteckt.

Die Wirkung ist letztlich, dass es mit diesem Trick gelingt, im gesellschaftlichen Maßstab jenen Grad an Genusssucht zu erzeugen, der mindestens benötigt wird, um die Wachstumsspirale der kapitalistischen Vermarktungsmaschinerie immer weiter aufwärts drehen zu lassen. Die Menschen wähnen sich im richtigen Vorsorgemodus. Die Leichtigkeit des Seins und eine tragfähige Erbfolge werden primär durch einen möglichst schweren Geldbeutel angestrebt. Das ist nicht völlig falsch, doch ist es maximal die halbe Wahrheit. Durch eine gewisse Verabsolutierung der materiell-monetären Seite gilt es als akzeptabel, kulturell-ästhetische Werte im Namen des Shareholder Value zu missachten, zu verletzen, zu vernichten. So ist Vorsorge im weitesten Sinne zwar eines der wichtigsten Motive menschlichen Handelns, doch auf halbem Wege stehen geblieben verkommt das Handeln aus hehren Motivationen in Wirklichkeit zum Hedonismus.

Es ist nicht so, dass man die Verhaltensweisen der Bürger einer westlichen Wohlstandsgesellschaft in dieser

Hinsicht verabsolutieren kann. Vielmehr gibt es auch massive Bestrebungen, sich der Kapitalismusgläubigkeit zu widersetzen und der Neoliberalismus ist nicht von ungefähr sehr stark umstritten. Die Grundwerte sind jedoch maßgeblich noch so ausgerichtet, dass die Täuschung des Marktteilnehmers über die wahren Kosten und insbesondere über die kulturell-ästhetischen Implikationen als systembedingtes Prinzip ausdrücklich hingenommen wird. Diese gewollte Manipulation führt dazu, dass ein gehöriges menschliches Motivationspotenzial, das eigentlich primär dem Quadranten I gilt, im Namen des Shareholder Value in den Quadranten II zurückgelenkt wird. Letztlich ist das eine Art bequemer Selbstbetrug im gesamtgesellschaftlichen Maßstab.

So gesehen wird hier behauptet, dass die Konsumgesellschaft unter anderem dadurch charakterisiert ist, dass es viele Menschen gibt, die sich durchaus bewusst für den Quadranten I entscheiden würden, die jedoch den Verführungen der Marktwirtschaft insofern erliegen, als dass sie hedonistische Schwächen akzeptieren, die sie bei nüchterner Betrachtung dem Quadranten II näher gebracht haben als ihnen vielleicht lieb ist.

Das klingt harmlos, und bezogen auf eine Einzelperson ist es das auch, doch durch den gesamtgesellschaftlichen Charakter dieses Prinzips ist der Preis die vollständige Vernichtung der Lebensgrundlagen, wenn nicht rechtzeitig ein signifikanter Wertewandel eingeleitet werden kann. Gleichzeitig verursacht das weitverbreitete Fehlverhalten Veränderungen, die den Wertewandel unausweichlich werden lassen. Die Frage ist nur, wie viele irreversible Schäden erst noch angerichtet werden müssen, bevor der Menschheitsorganismus adäquat reagiert.

Zugespitzt könnte man formulieren, dass der in kultureller oder materieller Armut lebende Teil der Weltbevölkerung eher nur geringe Chancen hat, das Schicksal der Menschheit positiv zu beeinflussen und der im Überfluss lebende Teil statistisch gesehen zu bequem dazu ist, wobei die Konsumgesellschaft als komfortables Vehikel benutzt wird, um fröhlich und sorglos auf den Abgrund zuzusteuern.

Es wäre ein wichtiges Erfordernis, diesen Trend zur Kenntnis zu nehmen und dazu überzugehen, ihn mit ausreichender Ernsthaftigkeit abzuwenden. Bei genauerem Hinsehen ist erkennbar, dass der Wertewandel längst im Gang ist – dafür gibt es viele Anzeichen. Jedoch rennt die Meute als Ganzes wohl leider noch in die falsche Richtung, weil die plumpe Marktwirtschaftsgläubigkeit noch zu tief in der Gesellschaft verwurzelt ist.

Bei den Ausführungen in Abschnitt 2.12 („Bedürfnispyramide und Vitalsystem“) wurde unter anderem die These aufgestellt, dass der Mensch dazu neigt, den scheinbar relevanten Teil der gesellschaftlichen und natürlichen Umgebung und die scheinbar relevanten Spuren, die in diesem Teil hinterlassen werden, als Teil seines individuellen Vitalsystems zu begreifen. Es gehört zur Logik des Marketings, dass versucht wird, die Bereiche in Umwelt und Gesellschaft zu minimieren oder zu formen, die in diesem Sinne als relevant angesehen werden. Das genaue Gegenteil, d. h. der Wille zur Schaffung maximaler Transparenz, wäre der richtige Weg.

Zum Thema „Bedürfnisse und Mandatsträgerklugheit“ bzw. zu Abbildung 8 sei noch angemerkt, dass Krisensituationen wohl auch deshalb ein Risiko zur fatalen, sich selbstverstärkenden Dramatik in sich tragen, weil sich dabei die im Quadranten I bestehenden Spielräume reduzieren. Für einen Teil der Bürger verringern sich die Möglichkeiten, nach Erfüllung zu streben, oder sie werden gar in den sekundären Notstand abgedrängt (Quadrant IV). Gleichzeitig verschlechtern sich für die nachwachsende Generation die Chancen, im Rahmen der Sozialisation und des weiteren Lebensweges Wachstumsbedürfnisse zu entwickeln und so den Quadranten I in ausreichendem Maß zu besetzen. So kann es zu einem Dominoeffekt in Hinsicht auf den Zusammenbruch wesentlicher Teile des gesellschaftlichen Vitalsystems kommen.

4.6 Aushöhlung des politischen Pluralismus und der Demokratie (Risiko 2)

Wahlfreiheit auf allen Ebenen, eine möglichst ausgewogene Verteilung des politischen Einflusses und die aktive Teilhabe aller Bürger an den gesellschaftlichen Prozessen und an den materiellen und kulturellen Gütern, Leistungen und Errungenschaften sind grundlegende Erfordernisse. Dabei ist es insbesondere auch wichtig, die menschliche Gesellschaft auf dem Globus als Ganzes zu betrachten. Die Marktwirtschaft und ihre Teilnehmer haben dabei die Funktion, sich in den Dienst der förderlichen Entwicklung der weltweiten Kulturgesellschaft zu stellen.

Was heute tatsächlich geschieht, steht zu diesen Erfordernissen in krassem Widerspruch.

Die von der Verherrlichung des materiellen Reichtums und der Vermarktungsmaschinerie getragene kapitalistische und sich globalisierende Gesellschaft fördert die Manifestierung von Haltungen, die destruktive Erscheinungen wie Kriminalität und Korruption sehr stark begünstigen, wodurch wiederum Bestrebungen, die gesellschaftlichen Prozesse so zu gestalten, dass Werte wie Fairness, Gerechtigkeit und Rechtssicherheit eine gute Chance haben, unterminiert werden.

Des Weiteren haben große, multinational agierende Unternehmen, Banken und Oligarchien viele Möglichkeiten, sich erfolgreich einer demokratisch kontrollierten Regulierung und einer fortgesetzten Legitimierung durch den Verbraucher in einem pluralistischen, vom Wettbewerb getragenen evolutionären Prozess zu entziehen. Charakteristisch ist dabei, dass sie dies unter anderem auch erreichen, indem sie maßgeblichen Einfluss auf politische Entscheidungen ausüben. Nicht zuletzt dadurch gibt es in der jüngeren Weltgeschichte viele Vorgänge, bei denen der entscheidende Einfluss vom kapitalistischen Zwang zur Gewinnmaximierung und vom ständig gesteigerten Ressourcenhunger geprägt worden ist. Internationale Konzerne agieren weitestgehend unbehelligt auf dem internationalen Parkett und spielen dabei nationale politische Mächte gegeneinander aus. Demokratische politische Kräfte gibt es nicht auf globaler Ebene[7] und Nationalstaaten werden in das Spiel um die Vormachtstellung auf den Weltmärkten eingespannt. So kommt es, dass Großunternehmen ein politisches Gewicht erhalten, das ihnen eigentlich nicht zusteht.

Letztlich hängt das damit zusammen, dass die kapitalistische Gesellschaft inklusive des Großunternehmens von vielen Bürgern, Wählern und Verbrauchern gewollt ist. Gleichzeitig ist jedoch eine Neigung zu gewissen Ausuferungen zu beobachten, die mit Sicherheit weit über das hinausgeht, was im Interesse der Mehrheit der Bürger liegen dürfte, was sich wiederum in einer gewissen Politikverdrossenheit, in einem wachsenden Mangel an Vertrauen in die Volksnähe der Politik in vielen fortschrittlichen Demokratien ausdrückt.

[7] Die UNO ist bestenfalls als eine Vorstufe zu einer solchen globalen politischen Kraft anzusehen.

Erklärbar ist das nicht nur durch das politische Gewicht international agierender Großkonzerne, sondern auch durch Beziehungen innerhalb einflussreicher Schichten der Bevölkerung, durch Lobby-Arbeit, durch korrupte und kriminelle Einflüsse auf die Politik, durch mangelnde Transparenz, durch die Professionalitätsfalle und durch die Deregulierung, die dazu geführt hat, dass große Unternehmen und Banken ein monetäres und politisches Potenzial konzentrieren können, welches als solches faktisch ein ständiges Erpressungspotenzial für die Gesellschaft darstellt.

Um Pluralismus und Demokratie bessere Chancen einzuräumen, ist es deshalb sinnvoll, folgenden Erfordernissen besonderen Nachdruck zu verleihen:

- Der Kontext, in dem sich Unternehmen entfalten können, muss adäquat reguliert werden. Das ist insbesondere erst dann erfüllt, wenn die Unternehmen nicht mehr die Möglichkeit haben, eine Größe und Kapitalstärke zu erreichen, die in irgendeiner Art zur Systemrelevanz führt. Es kann nicht zugelassen werden, dass von der Lücke, die ein Privatunternehmen potenziell im gesellschaftlichen Gefüge reißen könnte, der Zwang zu seiner Rettung ausgeht. Um diesem Problem zu begegnen, sind mindestens zwei Lösungswege möglich und sie sollten auch beide genutzt werden. Erstens kann beim Risiko, dass eine bestimmte kritische Unternehmensgröße, ein bestimmter Grad der Marktbeherrschung eintritt, eingegriffen werden – z. B. durch kartellrechtliche Verfahren. Zweitens kann das System vergrößert werden. Ein globales Staatswesen wäre z. B. viel eher imstande, dem Bankrott eines Großkonzerns oder einer Großbank mit solidarischen Ausgleichsmaßnahmen gegenüber den betroffenen

Arbeitnehmern, Sparern oder Geschäftspartnern zu begegnen als ein einzelner Staat. Im Wesentlichen geht es darum, gewisse Proportionen zwischen maximaler Unternehmensgröße und minimaler Staatsgröße sowie zwischen maximaler Marktpräsenz eines Unternehmens und minimaler Gegenpräsenz durch seine Konkurrenten nicht zu verletzen. Dies sind keine neuen Forderungen, sondern es geht um ganz grundlegende Erfahrungen, die das kapitalistische System auf nationaler Ebene bereits häufig gemacht hat, und die nötigen Gegenmaßnahmen sind bekannt. Gerade dadurch, dass solche allzu bekannten Regeln auf globaler Ebene wiederum ganz offensichtlich verletzt werden, erwächst aus dem kapitalistischen Leistungsprinzip zugleich ein bedeutender Affront gegen die demokratisch gestalteten gesellschaftlichen Verhältnisse.

- Der Nährboden für Kriminalität und Korruption muss eingedämmt werden. Dass die gesellschaftlichen Normen derartige Erscheinungen ohnehin nicht moralisch gutheißen und sie unter Strafe stellen, sei dabei als Voraussetzung angenommen. Näheres dazu siehe weiter unten in Abschnitt 5.3: „Kriminalität, Korruption und mafiöse Strukturen".
- Die Professionalitätsfalle muss zur Kenntnis genommen und ihre Mechanismen müssen adäquat berücksichtigt werden. Natürlich ist der Trend, dass in allen gesellschaftlichen Sphären mit einem immer höheren Grad an Professionalität vorgegangen wird, unumkehrbar und er ist einerseits von geradezu existenzieller Bedeutung dafür, dass die Menschheit immer wieder einen Ausweg aus den sich auftürmenden technischen, wirtschaftlichen und ökologischen Problemen findet. Es ist jedoch ebenso

wichtig, dass diesem Prozess einerseits fortgesetzt Impulse aus der gesamten Gesellschaft zufließen und andererseits das Thema der globalen gesellschaftlichen Entwicklung zielgerichtet und ohne Vorbehalte in einem offenen Diskurs aufgearbeitet wird.

- Ersteres kann sich nur aus einer weitgehend offen und pluralistisch gestalteten Gesellschaft ergeben, basierend auf den Tugenden der Aufklärung, demokratischen Verfassungen und Rechtssystemen, den Menschenrechten, Meinungs- und Pressefreiheit, Gleichberechtigung und Chancengleichheit sowie Durchlässigkeit und Kooperation zwischen den gesellschaftlichen Schichten, Sphären und Professionen. Bezüglich dieses Aspektes gibt es weltweit extreme Unterschiede und es mangelt nicht an halbwegs positiven Beispielen.
- Der zweite, ebenso entscheidende Aspekt wird weiter unten in Abschnitt 5.6: „Kurzsichtigkeit der Demokratie und Professionalitätsfalle“ behandelt.

Die Forderung nach der Herstellung und Wahrung eines ausgewogenen Gleichgewichts zwischen Unternehmen und demokratisch legitimiertem Staatswesen gilt natürlich auch in umgekehrter Richtung. Ein Staat mit überproportional ausgeprägtem Hang zur Regulierung und mit überbordender Bürokratie kann nur die Folge haben, dass die unternehmerische Dynamik zum Erliegen kommt. Hier muss insbesondere auch dafür gesorgt werden, dass Unternehmen entsprechend ihrer Größe angemessen behandelt werden. Bürokratische Auflagen, denen ein Großunternehmen ohne signifikante kaufmännische Relevanz mit einer eigens dafür eingerichteten Abteilung gerecht werden kann, sind womöglich geneigt, ein kleineres Unternehmen zu lähmen.

Bei Schaffung demokratisch legitimierter Weltinstitutionen bzw. eines globalen Staatswesens zum Zwecke der Schaffung eines adäquaten demokratisch legitimierten Widerparts zum Großunternehmen muss dafür gesorgt werden, dass der entsprechende Fokus genau eingehalten wird. Was definitiv nicht benötigt wird, ist eine Weltbürokratie, die der nationalen und regionalen bürgerlichen Identität und Entfaltung entgegen arbeitet. Dieser Konflikt besteht auch bereits zwischen Nationalstaaten, die teilweise Bundesstaaten sind, und regionalen Regierungen, und die kulturell-ästhetische Perspektive ist ganz klar mit dem Erfordernis verbunden, die Vielfalt regionaler Identitäten zu fördern, ebenso, wie die Vielfalt der kulturellen Identitäten von Minderheiten ein wichtiges Gut ist.

4.7 Verselbstständigung der Marktmechanismen (Risiko 1)

Wertpapierhandel und **Spekulationen** haben für die Wirtschaft die wichtige Funktion der Risikoverteilung. Es ist klar, dass die moderne Wirtschaft ohne diese Risikoverteilung nicht funktionieren würde. Damit dieser Handel seine Funktion erfüllen kann, muss es selbstverständlich entsprechende Anreize geben, die darin bestehen, dass Gewinne gemacht und einbehalten werden dürfen. Das bedeutet aber nicht, dass dieser Markt von jeglichen Fesseln befreit werden muss und ihm erlaubt werden darf, sich in grenzenloser Gewinnmaximierungshysterie vom Boden der realen Werte immer extremer abzuheben und das Weltfinanz- und Wirtschaftssystem der Gefahr auszusetzen, dass es in immer größeren Stücken wiederum verspekuliert wird. Ein wichtiges Erfordernis besteht darin, dieses System so zu regulieren, dass es zuverlässig seine Funktion erfüllt, dabei aber keine sonstigen kulturellen Errungenschaften gefährdet. Derivate sollten im Einzelnen und generell auf den Prüfstand gestellt werden. Die Eindämmung des Hochfrequenzhandels durch minimale Transaktionsgebühren (wie z. B. die Tobin-Steuer) könnte den Trend zur zunehmenden Virtualisierung der gehandelten Werte begrenzen. Jede weitere Idee, wie man den Wertpapierhandel in einen zuverlässigen, der Entfaltung der Kultur dienenden Modus versetzen könnte, ist willkommen.

Das **Bankensystem** hat insbesondere die Funktion, der Wirtschaft das benötigte Kapital zu beschaffen und die Ersparnisse und Anleihen der Bürger zu verwalten. Das Betätigungsumfeld der Banken sollte so reguliert werden, dass die Banken ihre Funktionen zuverlässig erfüllen, jedoch das Finanzsystem nicht gefährden können und sie sich nicht aus der Haftung für ihr Scheitern herauswinden können.

Wirtschaftsunternehmen haben die Funktion, die materiellen Grundlagen für Wohlstand und Kultur bereitzustellen und den Bürgern eine Plattform für die Teilnahme an den gesellschaftlichen Austauschprozessen zu bieten. Dazu ist es definitiv richtig, eine möglichst hohe Produktivität anzustreben und diese im Wettbewerb ständig zu steigern. Der **Aktienmarkt** hat die Funktion, Kapital für die Unternehmen zu beschaffen und natürlichen Personen und Institutionen die Möglichkeit zu geben, an den Unternehmenserfolgen zu partizipieren oder wahlweise für die Misserfolge die Verantwortung mit zu übernehmen. Die Rahmenbedingungen für Unternehmen und Aktienmärkte müssen so gestaltet sein, dass sie ihre Funktion erfüllen können, aber zugleich sichergestellt wird, dass daraus keine unnötigen Schäden und Risiken für Kulturgesellschaft und Umwelt resultieren. Insbesondere müssen folgende Parameter eingehalten werden:

- Der Shareholder Value darf niemals Vorfahrt vor kulturellen Werten haben, innerhalb derer wieder die Unversehrtheit der Umwelt einen besonderen Wert an sich darstellt.
- Es muss sichergestellt sein, dass Macht, Einfluss und Erpressungspotenzial eines Unternehmens niemals größer werden können als der Einfluss, welcher durch die demokratisch legitimierte Legislative und Exekutive faktisch ausgeübt wird. Dieser Punkt wurde bereits im vorangehenden Abschnitt diskutiert.
- Es muss sichergestellt sein, dass in allen Branchen ein fairer Wettbewerb stattfindet und der Markt nicht von Monopolen oder Oligopolen beherrscht wird. Im Prinzip geht es dabei um die wirtschaftliche Dimension des Kartellrechts (oben ging es eher um seine politische Dimension). Dem Wettbewerb muss in jedem Fall Vorfahrt vor der Maximierung des Shareholder Value und der Produktivität eingeräumt werden. Wenn ein übermächtiges Großunternehmen die Preise diktiert und dadurch die Gewinne seiner Aktionäre auf Kosten der Verbraucher mehrt, so muss die hierfür gebrauchte neoliberale Formel, dass das ebenfalls eine legitime Art der Steigerung der Konsumentenwohlfahrt sei, entschieden abgelehnt werden. Pluralismus und Wahlfreiheit der Verbraucher sind im Sinne einer Kulturgesellschaft in jedem Fall ein höheres Gut als beliebige Strategien zur Maximierung des Gewinns, der Produktivität, des Bruttosozialprodukts oder irgend-

eines beliebigen anderen Leistungsparameters. Die Wirtschaft muss so reguliert werden, dass die Unternehmen auf die fortgesetzte Legitimierung durch wahlfreie Verbraucherentscheidungen angewiesen sind und sie niemals einen Status erreichen, der es ihnen ermöglicht, den Markt oder gar die Politik zu steuern oder zu kontrollieren.

Letztendlich besteht zwischen wirtschaftlicher und politischer Pluralität ein enger Zusammenhang. Im vorangehenden Abschnitt wurde der Forderung nach einer ausgeglichenen Machtkonstellation zwischen Staat und Unternehmen Nachdruck verliehen. Dieses Erfordernis gilt auch in Hinsicht auf die großen Akteure der Finanzbranche. Das regelmäßige Einknicken von Regierungen vor dem Erpressungspotenzial, das durch einige besonders liberal aufgestellte Finanzplätze gegeben ist, ist nicht hinnehmbar. Wenn die Tobin-Steuer oder andere aus der Sicht des Volkes womöglich als sinnvoll definierte Maßnahmen nicht durchsetzbar sind, weil einige Akteure nicht mitziehen, dann muss eine demokratisch legitimierte Welt-Institution geschaffen werden, die über eine ausreichende Machtausstattung verfügt, um diesen Maßnahmen den nötigen Nachdruck zu verleihen. Es ist sicher nicht falsch, auch zwischen Finanzdienstleistern und Finanzplätzen weiterhin einen gewissen Wettbewerb zuzulassen, jedoch nicht um den Preis eines Roulette-Spiels der Hochfinanz und extremer Unausgewogenheit bezüglich der Steuergerechtigkeit.

Die Annahme, dass Großunternehmen Handel und Produktion effizienter organisieren können als kleine Unternehmen, mag teilweise wahr sein. Ein anderer Teil der Wahrheit ist jedoch, dass sie dazu neigen, zwischen Produzenten und Endverbrauchern eine Verwertungskette mit hohen Margen aufzubauen, dass sie den sich bietenden Spielraum, intransparent Technologien zu etablieren, die Arbeitnehmern, Verbrauchern oder der Umwelt Schaden zufügen, auch regelmäßig ausnutzen und dass sie sich Datenbeständen und informationeller Prozesse in einer Art und Weise zu bedienen versuchen, die es ihnen ermöglicht, ihre Marktpositionen zu festigen und auszuweiten. Es kann nicht gut sein, wenn man Großkonzerne in dieser Hinsicht unkritisch und konkurrenzlos gewähren lässt. Wenn es einem Unternehmen möglich ist, Praktiken, die aus kultureller Sicht fragwürdig sind, entweder erfolgreich zu verschleiern oder trotz Offenlegung an ihnen festzuhalten, ohne dass seine Position am Markt signifikant Schaden nimmt, dann ist dies ein klares Indiz dafür, dass die kartellrechtliche Zerschlagung dieses Unternehmens überfällig ist.

Es geht nicht darum, der Finanzbranche, der Großindustrie und sonstigen mächtigen Institutionen oder Magnaten die Luft abzuschnüren oder den Spielraum zu nehmen, den sie benötigen, um erfolgreich agieren zu können, sondern darum, eine ausgeglichene Machtkonstellation und Stabilität sicherzustellen, die die reale Chance bietet, mit demokratischen Mitteln eine globale Kulturgesellschaft zu entwickeln, die diesen Namen auch wirklich verdient.

Im Übrigen ist die Unternehmenskultur auch ein Teil der menschlichen Kultur. Dass es überhaupt eine Unternehmenskultur gibt und sie modernen Maßstäben genügt, sollte zur Selbstverständlichkeit werden. Das gilt für das Verhalten nach außen genauso wie für die Kultur im Unternehmen. Das ist durchaus keine neue Forderung; wie oben bereits erwähnt wurde, gibt es entsprechende Modelle längst, z. B. unter der Bezeichnung Corporate Social Responsibility (CSR). In einem Teil der Firmen herrscht auch bereits ein gutes Klima, ohne dass man dafür erst große Programme starten oder plakative Bezeichnungen erfinden müsste.

Die marktwirtschaftlich-kapitalistisch organisierte Gesellschaft ist und war immer vom ständigen Ringen um die Vereinbarkeit von Marktgesetzen und sonstigen kulturellen Ansprüchen gekennzeichnet. Im Grunde ist immer klar gewesen, dass es jenseits von Mammon und Verherrlichung des Reichtums, von Vermarktung und Selbstvermarktung auch noch andere wichtige das gesellschaftliche Leben prägende Parameter gibt. Dennoch kann davon ausgegangen werden, dass der herausragende Glaube an den materiell-monetären Aspekt in besonderer Weise bestimmend für die jüngste Geschichtsperiode war und ist. Es kommt darauf an, diese Unausgewogenheit zu erkennen und zu lernen, wie auf allen Ebenen des gesellschaftlichen Lebens den kapitalistischen Marktmechanismen der rechte Platz zugewiesen werden kann.

4.8 Neurasthenie des ökonomischen Wachstums

Der moderne Kapitalismus mit der Tendenz zur Deregulierung ist unter anderem von folgenden Charakterzügen gekennzeichnet:

- Die Gier nach immer extremeren Gewinnen gilt weitestgehend als positives Leitbild. Fast jedes Mittel ist recht, um diesem Leitbild zu folgen – bis auf Widerruf, d. h. bis ein Schaden oder eine Krisensituation eingetreten ist und dadurch Proteststürme hervorgerufen werden.
- Die Motivationen sind weitestgehend auf kurzfristige Gewinne ausgerichtet. Nachhaltige Vermehrung des Wohlstandes, gerecht verteilte Chancen zur Par-

tizipation wie auch eine nachhaltige Entwicklung eines bestimmten Shareholder Value werden entweder als nicht erforderlich klassifiziert oder lediglich als nachrangige Zielstellungen. Ebenso ist die Haltung gegenüber allen kulturellen und völkerrechtlichen Werten angelegt.[8] Was die Gewinnabsicht anbelangt, ist es im Standardfall ausreichend, wenn jederzeit der Umstieg in Investments möglich ist, die wiederum kurzfristig Gewinne abzuwerfen versprechen.

- Den Protagonisten des Shareholder Value ist es weitestgehend egal, wie das Kapital vermehrt wird, Hauptsache es wird vermehrt. Es wird nicht danach gefragt, ob hinter den Zahlenwerten noch reale Werte stehen, ob sie auf einem Finanz- und Währungssystem basieren, welches sich langfristig gesund und stabil entwickeln wird, ob sich das Ganze als reine Spekulationsblase oder Schneeballsystem entwickelt oder nicht.
- Es wird den Staaten überlassen, regelmäßig mit Maßnahmen dafür zu sorgen, dass sich das Weltfinanzsystem und Weltwirtschaftssystem fortgesetzt stabil entwickeln kann. Gleichzeitig wird die Politik der Staaten mit teilweise noch zunehmendem Nachdruck in eine Richtung gelenkt, die sie der Chancen beraubt, sich krisenhaften Entwicklungen wirksam entgegenzustellen.

[8] Allerdings ist das kein Dogma, sondern eine Tendenz, von der im Zusammenhang mit Marketing-Motivationen, Corporate Social Responsibility und humanistischen Haltungen maßgeblicher Persönlichkeiten auch regelmäßig partiell abgewichen wird.

- In demokratisch geführten Staatswesen verleiten kurze Legislaturperioden zu kurzsichtiger Politik. Die Bürger neigen dazu, dem Wohlstandsprinzip, den Versuchungen der Konsumgesellschaft und insbesondere auch den regelmäßigen Geschenken der Politik zu erliegen. Eine Politik der ständigen Wohltaten, die sich in Zeiten guter Konjunktur herausbildet, wird in Krisenzeiten zum existenziellen Diktat.
- Während es normalerweise klug ist, finanziellen Wagnissen mit adäquatem Risikobewusstsein zu begegnen sowie Spielraum und Rücklagen für Unwägbarkeiten vorzusehen, werden die Haushalte und Investments zunehmend dem Bonus- und Wohltatenzwang unterworfen, sie werden auf Kante genäht, Risiken werden verschleiert und ignoriert. Das trifft auf das Wirtschaften von Staaten ebenso zu wie auf das von großen Unternehmen und Institutionen des Finanzwesens. In Zeiten der Konjunktur für die nächste Krise vorzubauen oder bei der Staatsverschuldung das Risiko steigender Zinsen zu bedenken, ist eher nicht opportun. Vielmehr werden die Spielräume ausgereizt, bis nichts mehr geht.
- Krise ist immer. Durch den selbst auferlegten Zwang zur ständigen Maximierung des Profits und des Wohlstandes unter Ausreizung aller Risiken ist das gesamte System ständig in hochnervösem Zustand. Geringe Börsenschwächen, geringe Einbrüche des Wachstums lassen die Marktteilnehmer und Marktregulierer zittern und sie sind ständig geneigt, sich entsprechenden Handlungszwängen zu unterwerfen. Das System wähnt sich häufig krank, sonst aber mindestens stark gefährdet. Es gebärdet sich als hilfebedürftiger Patient und ruft nach intensiver Zuwendung und Aufmerksamkeit.

Letzteres ist der eigentliche Skandal. Das westliche Wirtschafts- und Finanzsystem beschäftigt sich ständig intensiv mit sich selbst. Während es – mit etwas Abstand betrachtet – außerordentlich leistungsfähig ist und die Schwankungen im Sinne der erbrachten Versorgungsleistungen eher marginal sind, nimmt dieses System sich selbst und gelegentliche minimale Eintrübungen am Wachstumshorizont extrem ernst, badet in abgrundtiefem Narzissmus und ist in dieser Hinsicht ständig geneigt, das Geschehen in der Welt in seinen Bann zu ziehen.

Ein weiterer Charakterzug ist der folgende:

- Der Zwang zum Wachstum inszeniert sich zunehmend völlig abgehoben von der volkswirtschaftlichen Realität in Form eines überbordenden Systems virtueller Werte. Dieser Charakterzug wäre noch verzeihlich, wenn dieses Zahlenspiel in einem abgeschlossenen Raum stattfinden würde – nach dem Prinzip: „Mögen doch die Investmentbanker ihren Spaß haben.“ Leider ist es jedoch so, dass die Pannen, die in diesem Spiel passieren, regelmäßig auf das reale Wirtschaftsleben abgewälzt werden.

So besteht der zweite Skandal darin, dass durch dieses Virtualisierungs-Spiel ständig die Gefahr wächst, dass Verpflichtungen mit utopischem Ausmaß auf Realwirtschaft, Staatshaushalt und Steuerzahler zukommen, die nichts mehr mit dem realen Leben und mit realen Leistungen zu tun haben, diese jedoch in Form einer Nachkommastelle zu eliminieren drohen. Der Skandal dabei ist insbesondere, dass nicht die Protagonisten des Wallstreet-Kapitalismus und des derartig aufgestellten Wirtschafts- und Finanzsystems die Verantwortung mit dem nötigen Ernst übernehmen, sondern der Steuern entrichtende Bürger und der von Sozialleistungen, Rentenkassen bzw. Spareinlagen abhängige Bürger. Für die Protagonisten ist es eher wie eine Art Misserfolg, den man natürlich auch dramatisieren kann, für die Bürger ist es jedoch ein existenzielles Problem und für die Gesellschaft geht es um das Risiko eines Absturzes in nie dagewesenem Ausmaß durch Armut, Radikalisierung und Krieg als Folge einer tiefgreifenden Finanz- und Wirtschaftskrise.

Während dieses Spiel mit dem Risiko der Vernichtung des bereits bestehenden Wohlstands gespielt wird, gibt es in der Welt genügend Brennpunkte, die durch Armut, massive Entbehrungen auf niedrigen Stufen der Bedürfnispyramide, kulturelle Verwerfungen, Notstand, Siechtum, Epidemien, Krieg gekennzeichnet sind. Diese Brennpunkte existieren teilweise mitten in der Wohlstandsgesellschaft oder mitten zwischen den Filialen finanzkräftiger Unternehmen, aber auch an Orten, die vom ökonomischen Weltgeschehen eher weitab gelegen sind.

Eine wichtige Funktion des kapitalistischen Wirtschaftssystems muss es sein, sich im Sinne der Entwicklung der Weltkultur insbesondere auch diesen Brennpunkten mit Lösungsangeboten zuzuwenden. Was geschieht, ist weitestgehend das genaue Gegenteil – die Gegensätze an diesen Brennpunkten werden im Namen des Shareholder Value und des Ressourcenhungers geschürt und das Risiko, dass neue Brennpunkte entstehen, wird billigend in Kauf genommen.

Die nötigen Erfordernisse wären insbesondere die folgenden:

- Solides Wirtschaften muss zum Standard werden. Die kurzfristige Maximierung des Profits, der Boni von Investmentbankern und der Konsumentenwohlfahrt der ohnehin in der Wohlstandsgesellschaft lebenden Menschen ist ein akzeptables Motivations-Prinzip, aber es muss immer von geringerer Wichtigkeit sein als ein auf Zukunftssicherheit angelegtes Risikomanagement.

- Dem System der kapitalistischen sich globalisierenden Marktwirtschaft darf es nicht gestattet sein, sich um den eigenen Nabel zu drehen, sondern es muss in den Dienst der kulturellen Entwicklung der gesamten Menschheit gestellt werden. Es ist ohne Zweifel erforderlich, die Leistungsfähigkeit des marktwirtschaftlichen Systems weiterhin zu fördern – doch nicht lediglich zum Selbstzweck und wegen des Spaßes, den einige wenige Vertreter der menschlichen Spezies am Reichtum haben dürfen, sondern für die Maximierung der Chancen für die Entwicklung einer flächendeckenden globalen Kulturgesellschaft. Besonderer materieller Reichtum einiger Exoten muss kein Neidgegenstand sein, wenn dadurch nicht die Möglichkeit unterbunden wird, dass jeder Erdenbürger die Chance hat, am kulturellen Reichtum der Weltbevölkerung teilzuhaben, was selbstverständlich die mögliche Befriedigung der Grundbedürfnisse sowie gewisse Spielräume und Entfaltungsmöglichkeiten voraussetzt.

Es wäre wichtig, sich auch der Frage der Schrumpfung zu stellen. Schrumpfung ist jederzeit ein normales Geschehen, sowohl im gesamtwirtschaftlichen oder sogar globalen als auch im strukturellen Sinne. Sie geht jedoch bisher immer mit destruktiver Entwicklung der Psyche und der Lebensbedingungen einher und ist eine der größten Ängste der marktwirtschaftlich organisierten Gesellschaft. Eine ausreichend gut aufgestellte Gesellschaft muss jedoch in der Lage sein, auch mit diesem Fall wohlkalkuliert und im Sinne der kulturell-ästhetisch akzentuierten Verteilungsgerechtigkeit umzugehen.

Ein besonderer Fall wäre der des kulturellen, informationellen Kompetenz-Wachstums der Gesellschaft bei gleichzeitiger Schrumpfung insbesondere des Marktes für ressourcenintensiven Konsum. Die Fähigkeit zum Umgang mit diesem Fall dürfte der entscheidende Schlüssel für die Anforderungen der Zukunft sein.

4.9 Krisenmanagement und Deregulierung

Es ist ausgesprochen ernüchternd, mit ansehen zu müssen, in welchem Stil heute für gewöhnlich Krisenmanagement betrieben wird. Eine Krise stellt immer eine Notsituation mit drastischen Handlungszwängen dar. Doch es zeugt nicht von Klugheit, wenn die Debatte sich darauf fokussiert, den Zwängen zu folgen oder auszuweichen, die jeweils gerade akut sind, zumal dann nicht, wenn sich durch entsprechendes Lavieren mehr versehentlich als zielorientiert die Ausgestaltung der Zukunft manifestiert.

Ein wichtiges Erfordernis wäre es, sich partiell aus der überhitzten Debatte zu lösen, analytisch nach den Ursachen für den negativen Verlauf der Entwicklung zu fahnden, zu klären, wie auf Basis des neuen Wissensstandes die richtige Lösung und der richtige Maßnahmeplan hätte definiert werden können – und von da ausgehend eine Kompromisslösung zu suchen, die möglichst doch noch in die Nähe des so definierten Zieles führen mag. Zu der Frage, was aus Europa werden soll, wäre es sinnvoll, verschiedene alternative Konzepte zu erarbeiten und diese dem Wähler vorzulegen.

Die 2008 begonnene Krise wird in Europa unter anderem vom Aufflammen der Glaubensdiskussion über die richtige Methode begleitet, wie die entscheidenden Parameter des marktwirtschaftlichen Systems zu regulieren seien.

Keynesianismus?

Gewiss, solange keine Lehre verfügbar ist, die für den konjunkturellen Aspekt eine differenziertere Lösung anbietet. Aber dazu müsste der entsprechend nötige Spielraum erst wieder geschaffen werden. Wenn die Staaten so weit überschuldet sind, dass sie von dieser Last bereits erdrückt werden, stellt sich die Frage nach der Ankurbelung der Konjunktur durch Staatsverschuldung zunächst nicht mehr.

Monetarismus?

Gewiss, solange keine Lehre verfügbar ist, die für den inflationären Aspekt eine differenziertere Lösung anbietet. Aber dazu müsste der entsprechend nötige Spielraum erst wieder geschaffen werden. Wenn jedoch drastische Zwänge bestehen, den Leitzins zu minimieren und frisches Geld in Größenordnungen zu drucken, um eine fatale Austrocknung des Kapitalmarktes zu verhindern, stellt sich die Frage der Steuerung des Geldmengenwachstums über die Zinsschraube nicht mehr.

Weitere Deregulierung?

Gewiss! Oben wurde die Forderung nach drastischer Regulierung einiger Parameter auf globaler Ebene gestellt, wie die Zerschlagung von internationalen Großkonzernen, Monopolen und Oligopolen, die Einführung von Transaktionsgebühren, die Regulierung des Finanzmarktes und die Verhinderung sich allzu hoch über der Realwirtschaft auftürmender Finanzblasen. Des Weiteren wurde darauf hingewiesen, dass es der falsche Weg ist, wenn in der Privatisierung und in der Deregulierung die Lösung aller gesellschaftlichen Probleme gesucht wird, es vielmehr darauf ankommt, den kulturellen Aspekten des Lebens Vorfahrt vor den privatwirtschaftlichen Aspekten zu gewähren. In diesem Zusammenhang darf jedoch nicht die Schlussfolgerung gezogen werden, dass jeglicher Liberalismus und jegliche Deregulierung zu verteufeln seien. Eine von Pluralismus, Wettbewerb und wahrhafter Wahlfreiheit geprägte Realwirtschaft ist in erster Linie der Teil der Wirtschaft, der geeignet ist, der Kultur wirklich den erforderlichen Dienst zu erweisen. So muss dieser Teil der Wirtschaft weiterhin geschützt und gefördert werden. Aus dem Trend zur wachsenden Kritik am Neoliberalismus darf nicht der Fehler resultieren, liberale Haltungen ausschließlich als negativ einzustufen. Es geht vielmehr darum, zielgenau die Vorgänge zu regulieren, bei denen es sich als notwendig erweist. Wenn aus Angst vor den Hauptverursachern der Misere, den globalen Oligopolen und den Staaten mit Großmachtansprüchen, nur Symptome durch Regularien und Bürokratie bekämpft werden, so ist das genau das Gegenteil dessen, was getan werden sollte. Die Maßnahmen zur Regulierung sind dann angemessen, wenn man insbesondere den großen Akteuren, die das Potenzial haben, Gleichgewichte zu gefährden, sehr genau auf die Finger schaut und kleineren Existenzen, die sich ohnehin relativ harmlos ins wettbewerbliche Geschehen eingliedern, Treibhausbedingungen gewährt.

Was sonst?

Ja, alle fortschrittlichen Wirtschaftstheorien seien willkommen geheißen. Entscheidend ist jedoch, dass ihre Anwendung mit Augenmaß, ausgesprochenem Risikobewusstsein und Respekt vor ausnahmslos allen Mitgliedern der Gesellschaft erfolgt und dass die Vorgehensweisen zuallererst vom Bewusstsein für die Schaffung und die Erhaltung der nötigen Handlungsspielräume bestimmt werden.

Weitere Vertiefung des Schuldensumpfes, weitere Geldspritzen der Zentralbanken, weitere Vergrößerung der virtuellen Finanzmarkt-Blasen?

Auch diese Entwicklungen kann man nicht unbedingt prinzipiell verneinen, wenn es um die Rettung des gesellschaftlichen Friedens geht. Dabei wäre es jedoch wichtig, zu konstatieren, wie sehr die Gesellschaft an der Nadel der Droge des ungedeckten Wechsels hängt und wie sehr sie einer entsprechenden Therapie bedarf.

5 Desaster oder Kultur?

5.1 Zur Frage der Entwicklung der Kultur

Darauf, was Kultur ist, nach welchen Gesetzmäßigkeiten sich die kulturell-ästhetische Sphäre entwickelt und welche Regeln womöglich innerhalb dieser Sphäre eingehalten werden müssen, damit eine gedeihliche Entwicklung stattfinden kann, wird in diesem Buch nicht tiefer eingegangen. Hier soll das Augenmerk zunächst vorrangig auf die größten Ungereimtheiten gerichtet werden, die aufgrund der Missachtung des Verhältnisses zwischen kultureller und materieller Sphäre der Gesellschaft auf dem Globus zu beklagen sind.

Wie oben ausgeführt, wird von der Annahme ausgegangen, dass die menschliche Gesellschaft als Ganzes über das natürliche Streben verfügt, auf der Bedürfnispyramide nach oben zu gelangen. So ist die Entwicklung der Kultur sowie ihrer Vielfalt und Qualität ein Prozess, der sich folgerichtig unter Mitwirkung aller Menschen ergibt, wenn es gelingt, den schlimmsten Brandherden und Fällen von Destruktivität etwas entgegenzusetzen. Deshalb ist es insbesondere wichtig zu untersuchen, warum das Weltgeschehen fortgesetzt von einer Vielzahl desaströser Ereignisse geprägt ist und wie diese Tendenz eingedämmt werden kann. Wenn in dieser Hinsicht Klarheit herrscht, ist es sinnvoll, des Weiteren auch Fragestellungen der Wohlstandsentwicklung zu untersuchen.

5.2 *Bürokratie, Regulierungswut und Kreativität*

Der vorliegende Abschnitt bietet immerhin am Rande einen kleinen Diskurs zu einigen Fragen, die sich im Rahmen der Kulturentwicklung in der Wohlstandsgesellschaft stellen.

Im ersten Kapitel wurde darauf hingewiesen, dass Bürokratie, Regulierungswut und die pedantische, kleinkarierte, korsettartige Gestaltung der gesellschaftlichen Prozesse die Menschen krank macht oder ihre Kreativität bremst. Im Grunde ist es jedoch normal, dass die Mentalitäten in der Gesellschaft eine gewisse Bandbreite zwischen Pedanterie und Kreativität aufweisen und das Leben von diesem Widerspruch geprägt ist. Beides wird benötigt – sowohl die Einhaltung gewisser Regeln und die ausdauernde Abarbeitung von Aufgaben, die womöglich eher weniger anregend und abwechslungsreich sind, als auch der kreative und gestalterische Umgang mit dem Leben. Es gibt Leute, die sich zum Buchhalter eignen und andere, die wahre Künstlernaturen sind. Die Wahrheit liegt in der Ambivalenz zwischen beiden Mentalitäten. Außerdem entspringen aus dem Anspruch der Pedanterie und der kleinkarierten Regulierung des Lebens auch Arbeitsplätze, was letztlich besser ist als Arbeitslosigkeit. Dennoch ist dieser Trend eine Fessel für die Entfaltung des kulturellen Lebens. Wenn in der Welt der Vorschriften und Gesetzgebung zum abertausendsten Mal eine Sonderregelung zur Sonderregelung geschaffen wird, wenn der Wald der ineinander geflochtenen I-Tüpfelchen scheinbar noch schneller wächst als das Knowhow der Menschheit, wenn es eher ganz selten vorkommt, dass auch einmal eine Vereinfachung der bürokratischen Regeln möglich gemacht wird, dann steht das letztlich dem fruchtbaren Strukturwandel und dem Lebensglück vieler Menschen massiv im Wege.

Auf dem Weg zur Lösung dieses Problemspektrums wäre es notwendig, mindestens die folgenden zwei Fälle zu beachten:

- Es gibt Prozesse, die sich aus objektiven Gründen verkomplizieren. In dieser Hinsicht müssen Wege gefunden werden, damit fertigzuwerden und den notwendigen Spagat zwischen Gewissenhaftigkeit und ausreichender psychophysischer Gesundheit zu meistern.
- Es gibt Prozesse, die unnötigerweise künstlich verkompliziert werden. In dieser Hinsicht müsste geklärt werden, warum dies geschieht und wie man diesem Trend begegnen könnte.

Der Lösungsweg für den letzteren Fall könnte darin liegen, dass das fortgesetzte unbedarfte iterative Ausweiten von Verordnungen und Gesetzen durch ihre bewusste Gestaltung und ein zielgerichtetes Design abgelöst wird. Eine der wichtigsten Design-Regeln könnte dabei die Einfachheit sein.

Im Zusammenhang mit dem ersten Fall, d. h. mit dem Erfordernis, Erkenntnisse über den richtigen Umgang mit unvermeidbaren Komplexitätsanforderungen zu gewinnen, können aus dem Ästhetik-Paradigma einige Hypothesen gewonnen werden:

Was ist die Ursache für Depressionen?

Dass bei Depressionen organische bzw. genetische Dispositionen eine Rolle spielen können, sei hier einmal vernachlässigt. Es soll hier nur auf die psychische Konstellation eingegangen werden.

Depressionen ergeben sich aus dem Umstand, dass die differenziellen im ZB wirkenden Antriebsmomente abflachen, zum Erliegen kommen oder sich ins Gegenteil verkehren. Während der Genese von Depressionen ist ein hohes Aktivitätsniveau erforderlich, um geringe positive Bewertungsimpulse zu erlangen. Gelingt es irgendwann nicht mehr, trotz des hohen Aktivitätsniveaus signifikante positive Impulse zu gewinnen, bricht die Grundlage für den Antrieb zusammen. Womöglich hat der Betroffene aus der Sicht der Mitmenschen noch „funktioniert", aber aus der Sicht seines eigenen Weltbildes bringen ihm die Aktivitäten keinen Fortschritt mehr, sondern nichts als neue Probleme.

Manisch-depressive Störungen resultieren aus dem Versuch, den differenziellen Antrieb durch das verzweifelte Setzen von Akzenten wieder in Gang zu bringen. Das gelingt eine Zeit lang mit erstaunlichem Erfolg um den Preis des traumwandlerischen Aktionismus. Irgendwann wird die entsprechend verzerrte Wahrnehmung jedoch von der Notwendigkeit zur Realitätstreue eingeholt und das Kartenhaus bricht zusammen.

Beim Phänomen des Burn-out ist nicht geklärt, was unter ihm verstanden werden möchte, doch kann eine gewisse Nähe zum Begriff der Depression und damit zur oben beschriebenen Hypothese angenommen werden.

Wie ist das Phänomen des Aufmerksamkeitsdefizitsyndroms (ADS) zu erklären?

Hier handelt es sich ebenfalls um einen unscharfen Begriff. Allerdings ist zumindest klar, dass es um eine Problematik geht, die mit Konzentrationsschwäche zu tun hat. Für die Erklärung dieses Phänomens ergeben sich aus dem Ästhetik-Paradigma zwei Hypothesen.

Erstens geht es um das physiologisch bedingte Kräfteverhältnis zwischen dem komplexen neuronalen Apparat zur Wahrnehmung und Steuerung auf der einen Seite und dem dirigistischen Anspruch des ZB auf der anderen Seite. Sind die Verbindungen und Prozesse des ZB im Verhältnis zur sensorischen und motorischen Signalverarbeitung in der Großhirnrinde vergleichsweise schwächer oder stärker ausgebildet, so ergibt sich daraus eine geringere bzw. stärkere Fähigkeit zur Konzentration. So kann von einer gewissen Variationsbreite in der genetisch und ontogenetisch bedingten Ausstattung des Gehirns mit Auswirkungen auf die Konzentrationsfähigkeit ausgegangen werden. Dabei kann die Frage nicht beantwortet werden, welche der Ausstattungen besser oder schlechter ist, da es weder möglich noch zulässig ist, hierzu einen Maßstab zu definieren. Bestenfalls kann die Frage beantwortet werden, welche Ausstattung an welche Umweltbedingungen besser angepasst ist; wenn die Umweltbedingungen durch Menschen gestaltet werden, reduziert sich die Problematik auf die Frage, warum jene Mitglieder der Gesellschaft, die scheinbar schlechter angepasst sind, zu wenig an den Gestaltungsprozessen beteiligt werden.

Zweitens geht es um das Verhältnis zwischen den Menschen in Hinsicht auf ihr unterschiedliches Ästhetikverständnis und auf den Schrecklichkeitseffekt. Hierbei wird nicht mehr nur der Frage nach einer absoluten oder abstrakten Konzentrationsfähigkeit nachgegangen, sondern es wird die Frage aufgeworfen, bei welchen Wahrnehmungsinhalten Konzentration besser oder schlechter möglich ist. Der Einfachheit halber kann man von dem Modellfall zweier Menschen ausgehen, die beide über die gleiche absolute Konzentrationsfähigkeit und über die gleiche Fitness und Tagesform verfügen. Im Rahmen realer Wahrnehmungs- und Denkprozesse werden sich beide jedoch immer unterschiedlich gut konzentrieren können, da jedes Gehirn auf konkrete Inhalte anders reagiert. Das heißt beide Menschen haben einen unterschiedlichen Geschmack.

In diesem Zusammenhang erhält die Frage der Angepasstheit an die Umwelt noch ein wesentlich größeres Gewicht als bei dem Phänomen der absoluten Konzentrationsfähigkeit. Hier geht es darum, welches ästhetische Empfinden die Umgebung geprägt hat und wie das ästhetische Empfinden einer bestimmten Person dazu in Relation steht. Je größer die entsprechende Differenz ist, desto größer ist auch der resultierende Schrecklichkeitseffekt. Aus einer gewissen ästhetischen Bedarftheit mit einem gewissen Profil resultiert dabei eine gewisse Neigung zur Abwehr bei der Wahrnehmung von Umgebungsinformationen, die dem entsprechenden Geschmack entgegenstehen. Je stärker diese unwillkürliche Abwehrreaktion ist, desto geringer muss zwangsläufig die Fähigkeit zur Konzentration auf den Wahrnehmungsgegenstand sein.

Im Grunde geht es dabei um den großen Vorzug des mit dem ZB ausgestatteten Menschen, dass alle Denk- und Wahrnehmungsprozesse automatisch gefiltert werden. Normalerweise dient diese Ausstattung dem Zweck, dass die Konzentration auf dem ästhetischen Geschmack widersprechende Angebote vermieden wird oder sie kritisch betrachtet werden. Im weitgehend restriktiv gestalteten Bildungs- und Arbeitsprozess der modernen westlichen Gesellschaft kollidiert dieser Vorzug jedoch mit der Wirklichkeit. Hier ergibt sich gerade im Zusammenhang mit ausgeprägter ästhetischer Bedarftheit ein hohes Konfliktpotenzial hinsichtlich des geforderten Grades der Anpassung.

So kann mangelnde Konzentrationsfähigkeit beides bedeuten:

- eine physiologische Ausstattung des Gehirns, die im Zusammenhang mit konkreten Anforderungen von Nachteil ist, oder
- eine zu gute und zu wenig zum gesellschaftlichen Kontext passende Ausstattung mit ästhetischer Bedarftheit.

Das Drama ist, dass der letztere Aspekt des ADS-Problems bisher eher widerwillig bzw. zumindest nicht mit der gebührenden Aufmerksamkeit zur Kenntnis genommen wird, dass ADS vorrangig als eine Art Krankheit und Anpassungsproblem betrachtet wird und es bei der Empfehlung an Betroffene belassen wird zu lernen, wie sie sich besser auf die Erfordernisse einstellen können. Dabei ist diese Erscheinung womöglich auch ein deutliches Zeichen für ausgeprägte kreative Potenziale, die in der Gesellschaft verfügbar sind, leider aber weitgehend verschenkt werden.

Der Gedanke, es ginge nur um die Möglichkeit besserer Anpassung, ist nur bedingt zielführend, weil es sich hierbei um regelrechte System-Inkompatibilitäten handelt. Die Denkmuster, die sich bei einem jungen Menschen herausbilden, nehmen möglicherweise bestimmte Anforderungen vorweg, die in der Zukunft gemeistert werden müssen. Diese Denkmuster könnten im Widerspruch zu den gebräuchlichen Denkmustern stehen. Grundsätzlich gehört es zum normalen Sozialisationsprozess, auch zu lernen, entsprechende Ästhetik-Inkompatibilitäten zu überbrücken. Gleichzeitig sind jedoch die dafür verfügbaren Kraftreserven begrenzt, sodass daraus ein temporärer ressourcenbedingter Antagonismus erwächst.

Es wäre wichtig, diese zweite Hypothese zum Thema ADS zumindest einer Prüfung zu unterziehen. Aus dem Glauben, dass diese Hypothese zutreffend ist, kann jedoch in keinem Fall abgeleitet werden, dass Arbeitsprozess und Bildungswesen vollständig in den Dienst der Kreativität gestellt werden müssen. Es ist vielmehr so, dass der Arbeitsprozess immer auch Routinearbeiten beinhaltet, die auf dem jeweiligen Niveau in gewissem Maß als stupide empfunden werden. Das Zusammenleben besteht aus Anpassung und Kompromissen. Für das Bildungssystem gilt, dass konkrete Anforderungen, Regeln und Lerninhalte, auch wenn sie vielleicht infrage gestellt werden, dennoch einen Wert haben, weil sie die notwendige Fähigkeit, sich anzupassen und etwas durchzuhalten, trainieren können.

Wie ist es möglich, komplexe Anforderungen zu meistern?

Die Antwort dafür ist eigentlich längst bekannt: durch die Möglichkeit zum selbstbestimmten Handeln und zur Kontrolle über das Geschehen. Untersuchungen haben gezeigt, dass Firmenchefs komplexe Anforderungen wesentlich stressfreier meistern als ihre nächsten Untergebenen, da sie in der Regel mehr Kontrolle über das Geschehen haben. Dazu gehört natürlich auch, dass Zukunftsperspektiven vorhanden sind, für die sich die Anstrengungen lohnen könnten.

Die Möglichkeit, im Bildungs- und Arbeitsprozess weitgehend selbstbestimmt und angstfrei agieren zu können, ist im Übrigen auch eine mögliche Lösung für einen Teil des ADS-Problems, was längst unstrittig ist. Auch in dieser Hinsicht ist es wichtig, die richtige Balance zwischen Freiheit und gesellschaftlicher Notwendigkeit zu finden.

Hier schließt sich wiederum der Kreis zum Thema der überbordenden Bürokratie und Regulierung. Wenn der Regulierungswut und der bürokratischen Pedanterie nicht zielgerichtet Einhalt geboten wird, stehen die Chancen für Leistung, Gesundheit und Kreativität schlecht. Hier müssen die Entfaltungsmöglichkeiten der Gesellschaft als ein höheres Gut angesehen werden als die Entfaltungsmöglichkeiten des Bürokraten. Das gilt auch für die Wirtschaftspolitik, in der die Regulierung einiger entscheidender Randbedingungen, insbesondere auf globaler Ebene, die Grundlage für die Erhaltung und Schaffung vieler Freiräume sein könnte (siehe dazu die Ausführungen in Kapitel 4: „Kultur und Marktwirtschaft", insbesondere Abschnitt 4.9: „Krisenmanagement und Deregulierung").

Was ist mit der Neigung zur Sucht?

Süchte folgen aus notwendigen Techniken zum Aufpolieren der differenziellen Gesamtbilanz der im ZB ablaufenden Prozesse. Die aktive Bewältigung der Anforderungen des Lebens ist nur möglich, wenn am Ende des Tages, der Woche, des Monats eine positive Gesamtbilanz des Empfindens erzielt wird. Andernfalls versiegt der Antrieb und es kommt zur Depression. Diese positive Gesamtbilanz basiert im Wesentlichen auf folgenden Voraussetzungen:

- Erfüllung im Sinne der Selbstverwirklichung bzw. im Sinne der Ebene 5B der Bedürfnispyramide bzw. im Sinne des Quadranten I in Abbildung 8 – Bedürfnisse und Mandatsträgerklugheit. Zur Erfüllung in diesem Sinne kann der Glaube, welcher Art auch immer, einen wichtigen Beitrag leisten.

- Mentale Techniken und taktisches Bilanzmanagement. Dies gelingt über das bewusste oder unbewusste, jedoch in der Regel zielgerichtete Setzen von Akzenten im Sinne beliebiger Bedürfnisse auf beliebigen Ebenen der Bedürfnispyramide.

Der zweite Aspekt spielt eine ebenso wichtige Rolle wie der erste. Gerät der erste jedoch zu sehr ins Hintertreffen, so resultiert daraus die wachsende Abhängigkeit von taktischen Akzenten und damit die Neigung zur Sucht.

Analoge Erscheinungen auf gesamtgesellschaftlicher Ebene sind die „weitere Vertiefung des Schuldensumpfes“, „weitere Geldspritzen der Zentralbanken“ und „die weitere Vergrößerung der virtuellen Finanzmarkt-Blasen“ (siehe auch Abschnitt 4.9: „Krisenmanagement und Deregulierung“).

Wie erklären sich altersbedingte Leistungseinbußen des Gehirns und Demenzerkrankungen?

Zunächst einmal ist klar erwiesen, dass es einen Zusammenhang zwischen dem Alterungsprozess und Leistungseinbußen des Gehirns gibt. Demenzerkrankungen gibt es vor allem deshalb in steigendem Ausmaß, weil die Menschen immer älter werden. Aber steht man diesem Phänomen völlig hilflos gegenüber? Abgesehen vom Alter kann es für diese Art der Einbußen ganz unterschiedliche Einflussfaktoren geben, wie z. B. die genetische Veranlagung, organische Erkrankungen, Infektionen, latente Vergiftungen, traumatische Erlebnisse, seelische Zäsuren etc. Es liegt also sehr weitgehend außerhalb der Möglichkeiten des Menschen, sein Schicksal in dieser Hinsicht zu beeinflussen. Wahrscheinlich haben einige der Erscheinungen jedoch etwas damit zu tun, dass der ZB schwächelt, und dafür könnten unter anderem auch folgende Faktoren verantwortlich sein:

- Die Leistungsanforderungen lassen nach. Insbesondere gibt es eine Tendenz, dass die Anforderung, ständig zu lernen und sich flexibel auf immer neue Situationen einzustellen, im Alter nachlässt bzw. dass es eine abnehmende objektive Notwendigkeit gibt, das Leben dynamisch zu gestalten. Hier besteht auch ein Zusammenhang mit den allmählich abschmelzenden physiologischen Ressourcen und der entsprechend zunehmenden Einschränkung des Spielraums für eine aktive Lebensgestaltung. Des Weiteren kann ein gewisses Maß an Erfahrung und Gesetztheit dazu führen, dass weniger Fehler gemacht werden und weniger Risiken eingegangen werden. So muss der ZB womöglich in späteren Lebensphasen immer weniger leisten und seine Prozesse und Strukturen neigen zur partiellen Verkümmerung.
- Die Voraussetzungen, die für optimale Leistungen des Gehirns, des Gedächtnisses und des ZB nötig sind, haben nicht nur etwas mit Anforderungen zu tun, sondern auch mit der Frage, ob es möglich ist, den ZB regelmäßig in einen lustbetonten Arbeitsmodus zu versetzen. Das gelingt nur auf der Basis von genügend Schlaf, der Möglichkeit, der Phantasie gelegentlich freien Lauf lassen zu können, der Fähigkeit, eine spielerische Komponente im Lebensentwurf zu platzieren, der Möglichkeit, Hoffnungen und Erfolge durchleben zu können. Hemmnisse sind insbesondere Leistungszwänge in dem Sinne, dass Mensch und Gehirn funktionieren müssen sowie Randbedingungen, die zu seelischen Be-

einträchtigungen und depressiven Erscheinungen führen und fehlende Grundlagen für die Grundbedürfnisbefriedigung.

Womöglich ist es also für die Erhaltung der Leistungsfähigkeit des neuronalen Systems am besten, wenn es gelingt, möglichst lange mitten im Leben zu stehen, dieses Leben aktiv zu gestalten und die Bedürfnisleiter möglichst weit in Richtung Wachstumsbedürfnisse zu erklimmen. Die monetär-materielle Seite der Bedürfnispyramide hat dabei sicher den Nachteil, dass sie zur Minderung der an den ZB gestellten Anforderungen verführen kann, während eine Erfüllung im Sinne des Ästhetik-Prinzips und der Selbstverwirklichung wohl tendenziell mit günstigeren Randbedingungen für die Erhaltung der Leistungsfähigkeit des neuronalen Systems einhergeht.

Was ist mit dem Internet?

Das Internet ist in vielerlei Hinsicht eine großartige Einrichtung. Die technischen Prinzipien der Internet-Kommunikation basieren auf Erfindungen, die weitab dedizierter kommerzieller Interessen gemacht wurden. Sie geben bereits vor, dass alle Teilnehmer gleichberechtigt über die bereitgestellten Ressourcen verfügen können. Die Kombination aus paketorientiertem Informationstransport und nicht deterministischem Routing schafft technische Randbedingungen, die es normalerweise nicht erlauben, die Informationsübertragung zu filtern, zu kanalisieren oder zu überwachen.

So konnte das Internet der Gesellschaft bisher wertvolle Dienste erweisen. Unter anderem stellt es einigen der Erdenbürger, die informationeller Unterdrückung ausgesetzt sind – was häufig im Zusammenhang mit anderen Arten der Unterdrückung geschieht –, dennoch gewisse

Kommunikationsmöglichkeiten zur Verfügung. Unter anderem bildet es einen hochwirksamen Gegenpol zum Professionalitätstrend, da jeder Teilnehmer, unabhängig von seiner Bedeutung im gesellschaftlichen Gefüge, Inhalte anbieten kann. Entscheidend ist auch, dass es bei der Internet-Kommunikation keine Unterschiede zwischen Arm und Reich gibt, denn durch die technischen Randbedingungen sind (einige) kommerzielle Teilnehmer zu einer Investitionstätigkeit gezwungen, von der alle anderen Teilnehmer ebenso profitieren.

Aktuelle Entwicklungen lassen allerdings befürchten, dass dieser geniale Coup zunehmend zur romantischen Idee verkommt, die von der Realität konterkariert wird. So ist es mit totalitären Methoden eben doch möglich, die Kommunikationsströme in gewissem Maß in den Griff zu bekommen – z. B. indem Provider (oder wahlweise auch andere Inhaber von Schlüsselpositionen) staatlich beauflagt werden oder indem an allen Gateways, Switches, Routern, Kabeln, Internet-Knoten angesetzt wird, die die zu überwachende Infrastruktur mit dem Rest des Internets verbinden. Eine weitere mögliche Art der Kontrolle besteht darin, dass den Bürgern der Zugang zum Internet erschwert oder gar nicht erst gewährt wird.

Lässt man die genannten Kontroll-Möglichkeiten einmal beiseite, wären noch genügend weitere unschöne Aspekte der Internetnutzung zu nennen. So besteht bei vielen Angeboten ein Teil der Wahrheit darin, dass persönliche Daten der Nutzer oder Informationen über die Nutzer erhoben und vermarktet werden. Dass diese Daten als Grundstoff einer kommerziellen Manipulationsmaschinerie dienen, und z. B. in Form von personalisierter Werbung wieder hervortreten, ist prinzipiell klar. Was außerdem mit diesen Daten geschieht und inwiefern in diesem Zusammenhang bürgerliche Grundrechte gewahrt bleiben, ist oft weniger transparent.

Ein weiteres Problem ist die Internet-Kriminalität, die sich umso mehr auswächst, je größer die Bedeutung des Internets für die Gesellschaft ist.

Beim künftigen Umgang mit dem Internet wäre es wichtig, die Grundidee der offenen und gleichberechtigten Kommunikation möglichst gut zu bewahren. Dafür müssen Bürgerrechte und Datensicherheit gestärkt werden und es müssen rechtliche Lösungen geschaffen werden, die die Netzbetreiber nicht allzu sehr gegenüber anderen kommerziellen Teilnehmern benachteiligen.

Es wäre wichtig, die grandiose Verständigungsplattform, die das Internet sein kann bzw. die es sein könnte, soweit als solche zu erhalten, dass der naive Umgang mit ihr gefahrlos möglich ist. Nur dann kann sie der Völkerverständigung in dem Maße dienen, in dem es notwendig ist.

5.3 Kriminalität, Korruption und mafiöse Strukturen

Offenbar gibt es mindestens zwei wichtige Gründe dafür, dass Kriminalität, Korruption und mafiöse Strukturen wie ein Krebsgeschwür wuchern können.

Der eine Grund liegt in der Armut – darin, dass viele Menschen unter prekären oder menschenunwürdigen Verhältnissen leben, dass wichtige Grundbedürfnisse nicht befriedigt werden können, dass der Zugang zu ausreichender Bildung nicht gelingt, dass Möglichkeiten, auf legalem Weg am Marktgeschehen und am kulturellen Reichtum der Gesellschaft teilzunehmen, nicht in ausreichendem Maß gegeben sind. Bekanntermaßen ist das ein entscheidender Nährboden für die Entfaltung krimineller Energie.

Der zweite wichtige Grund ist die Möglichkeit der anonymen Teilnahme an den gesellschaftlichen Austauschprozessen. Eine klassische Möglichkeit dafür ist durch das anonyme Austauschmittel der Geldwährung gegeben. Darüber hinaus gibt es eine Reihe von Möglichkeiten zum verdeckten Agieren, sei es als (uniformiertes) Mitglied einer Armee oder Miliz, als vermummter Teilnehmer einer Demonstration, als anonymer Telefon-Stalker oder als anonymer Blogger oder Troll im Internet. Insbesondere die Anonymität des Geldes beschert der Gesellschaft die Möglichkeit, dass auf hohem und allerhöchstem Niveau wiederum niederste Instinkte Raum greifen können.

Um den zuerst genannten Nährboden der Kriminalität, d. h. den der Armut, zu minimieren, ist es notwendig, die kulturellen und materiellen Grundprobleme der Gesellschaft in allen Regionen, Schichten und Kasten der Welt zu lösen. Dazu ist es unerlässlich, dass der Teil der Weltbevölkerung, der das Glück hat, Wachstumsbedürfnissen frönen zu können, diesen Mitmenschen die Hand reicht und ihnen den Weg zur gleichberechtigten Teilnahme an allen marktwirtschaftlichen und kulturellen Prozessen öffnet. Marktwirtschaftliche Elemente sind dabei mit großer Sicherheit eine wichtige Grundlage für eine positive Entwicklung, nicht jedoch, wenn es ihnen gestattet wird, sich zu verselbstständigen und zum obersten Prinzip aufzuschwingen, sondern nur dann, wenn es gelingt, sie zu regulieren und in den Dienst der Aufwärtsentwicklung der Kultur auf dem gesamten Globus zu stellen.

Beim zweiten wichtigen Grund für Kriminalität, Korruption und mafiöse Strukturen ist die Situation weniger eindeutig. Ein Teil der Möglichkeiten zum anonymen

Agieren kann im Bedarfsfall durch den Gesetzgeber eingeschränkt werden – nicht von ungefähr gibt es z. B. in Deutschland ein Vermummungsverbot bei Demonstrationen. Bei einem anderen Teil – etwa beim Internet – würde die verstärkte Hinwendung zu gesicherten Identitäten technologischen Fortschritt sowie einen gewissen Kulturwandel erfordern. Banktransaktionen können im Rahmen von Geldwäschegesetzen, Antikorruptionsgesetzen, Steuergesetzen, Strafrecht etc. begrenzt überwacht werden. Doch Geldwährungen stehen der Gesellschaft wohl nur dann mit der gebotenen Effizienz zu Diensten, wenn Transfers und Vermögensverwaltung ansonsten ohne kleinliche Überwachung und ohne Aufhebung des Bankgeheimnisses auskommen. Beim Bargeld ist jedoch die Grenze endgültig erreicht. Hier gehören Freizügigkeit sowie Anonymität (bezüglich Herkunft und Verbleib) zum impliziten Grundprinzip. Mit Verboten und Einschränkungen ist es also eher unmöglich, eine weitreichende Lösung des Anonymitätsproblems herbeizuführen.

Vielleicht ist es aber auch möglich, durch positives Denken zu einem Lösungsansatz zu gelangen. In den weitaus meisten Fällen ist das Handeln im gesellschaftlichen Kontext damit verbunden, dass man für die Konsequenzen geradezustehen hat. Die entsprechende Bilanz drückt sich im Ansehen und im Image aus, das man im gesellschaftlichen Umfeld genießen darf. Das gilt für natürliche Personen genauso wie für Institutionen und Firmen. Nicht von ungefähr ist für im Wettbewerb stehende Firmen die Image-Pflege sehr wichtig. Es ist unstrittig, dass informationelle Komponenten wie Know-how, Patente und Image einen höheren Stellenwert haben als die Kapitaldecke. Deshalb lässt sich bei einer pleitegegangenen Firma der über Jahrzehnte oder Jahrhunderte mit einem bestimmten Image angereicherte Markenname noch hervorragend verkaufen. Darin drückt sich letztlich auch der Umstand aus, dass ästhetisch-kulturell-informationelle Werte und Prozesse den Vorrang vor der materiell-monetären Sphäre haben.

Aus soziologischen Untersuchungen ist bekannt, dass Menschen immer dann nahezu automatisch zu integeren Handlungsweisen neigen, wenn sie annehmen, dass sie beobachtet werden könnten und dass egoistische Verhaltensweisen eher nur im Verborgenen, in vermeintlich sicherer Dunkelheit eine Chance haben. Aus der Geschichte der mafiösen Strukturen, Drogenkartelle, kolonialen Eroberungsfeldzüge und aus dem Hitler-Faschismus kann wiederum abgelesen werden, dass diese Art der Dunkelheit im Rahmen einer Radikalisierung der Gesellschaft durchaus auch öffentlich Raum greifen kann, wenn von der Annahme ausgegangen werden kann, dass weder ein Richter noch progressive, auf Menschlichkeit bedachte gesellschaftliche Kräfte zur Stelle sind, die einen wirksamen Gegenpol bilden könnten.

Aus dieser Kenntnis über die Randbedingungen menschlichen Handelns kann geschlussfolgert werden, dass es dem Anliegen einer humanistischen Gestaltung der Gesellschaft zuträglich sein muss, wenn Werte wie Ansehen, Reputation, Image einen besonders hohen Stellenwert haben. Im Grunde ist wie gesagt eine solche hohe Stellung der Werte in der Gesellschaft eher natürlich. Dennoch gibt es diesbezüglich einen gewissen Variationsspielraum, der entscheidenden Einfluss auf die Chancen ausübt, die in der Gesellschaft für die Ausbreitung unlauterer, korrupter, krimineller Handlungsweisen bestehen.

Um der Lauterkeit bessere Chancen einzuräumen, ist es deshalb sinnvoll, folgenden Erfordernissen besonderen Nachdruck zu verleihen:

- In allen gesellschaftlichen Sphären sollte großer Wert auf Transparenz, Reputation und Image gelegt werden. Diese Werte sind womöglich die wichtigsten Grundpfeiler der Kulturgesellschaft.
- Nur das Agieren unter der eigenen, zuverlässig (z. B. im Internet) nachgewiesenen Identität und Autorisierung kann einen Wert in der Gesellschaft haben. Anonymes Agieren muss in Bereichen, in denen es negative Auswirkungen haben kann, durch Recht, Ordnung und ausreichende technische Lösungen unterbunden werden.
- Geld und Reichtum, egal wie groß, haben keinerlei Bedeutung für Image und Reputation. Eine Bedeutung für diese informationellen Werte kann nur aus der Art des Umgangs mit dem Reichtum erwachsen.
- Gleichzeitig ist es von außerordentlicher Wichtigkeit, durch das Rechtssystem zu garantieren, dass die Verfügungsgewalt über Geld und Reichtum nicht mit unlauteren Mitteln erlangt werden kann. Die Bekämpfung von Kriminalität, Korruption, Steuerhinterziehung etc. ist eines der wichtigsten gesellschaftlichen Anliegen. Von einer Kulturgesellschaft kann nur dann die Rede sein, wenn es gelingt, diesen Werten auch erfolgreich Nachdruck zu verleihen. Theoretisch scheint das weitestgehend unstrittig zu sein, aber es gibt eigentlich keine Region in der Welt in der man die Umsetzung dieses Anliegens als vollständig gelungen bezeichnen könnte. Steuergerechtigkeit auf globaler Ebene kann nur durch den Aufbau eines demokratisch legiti-

mierten Erdenstaates oder einer Institution erlangt werden, die in dieser Hinsicht über eine ausreichende Ausstattung mit exekutiver und judikativer Macht verfügt.

- Der Vorrang der kulturell-ästhetischen Sphäre vor der materiell-monetären Sphäre der Gesellschaft muss sich unter anderem darin ausdrücken, dass Versuche, mit finanziellen Mitteln Image-Punkte zu kaufen, nach Möglichkeit durch eine adäquate Art der Wahrnehmung als solche entlarvt und entzerrt werden. Wenn z. B. den Werbespots eines Großkonzerns nicht mit der gebührenden Skepsis begegnet wird, kann dieser Punkt schon mal nicht erfüllt sein.
- Es ist außerordentlich wichtig, einen sensiblen Umgang mit reputationsbildenden Prozessen zu pflegen.
- Anonym geäußerte Statements und anonym verbreitete Informationen können grundsätzlich keinerlei Einfluss auf reputationsbildende Prozesse haben. Die Annahme, dass es möglich ist, diesem Grundsatz im gesamtgesellschaftlichen Maßstab wirksam zu folgen, scheint kaum realistisch. Andererseits muss jedoch klar sein, dass jegliche Abweichungen zu Ungerechtigkeiten und zur Akkumulation destruktiver Potenziale führen müssen.
- Der respektvolle und zuvorkommende Umgang mit jedem Mitmenschen und mit seinen Chancen, sich als Mensch zu zeigen, muss ein allgemein geachteter gesellschaftlicher Wert sein. Mobbing und Rufmord sind kriminelle Handlungen.
- Reputation ist ein wichtiges Grundrecht des Menschen. Das Rechtssystem muss ein dediziertes Reputationsrecht umfassen.

- Das System der gesellschaftlichen Vitalsysteme muss so entwickelt und optimiert werden, dass den Bürgern ausreichende Schnittstellen zur Einbindung ihrer individuellen Vitalsysteme in legale Prozesse und Strukturen zur Verfügung stehen. Dabei geht es um kulturelle Kooperation, Arbeitsplätze, ausgewogen verteilte Bildungs- und Karrierechancen, künstlerische, unternehmerische, wissenschaftliche, karitative, aktivistische, politische, familiäre Entfaltungsmöglichkeiten etc. und um respektvollen Umgang mit ausnahmslos jedem Mitglied der Gesellschaft.

Wenn Image und Reputation in der Gesellschaft einen hohen Stellenwert haben, Geld nicht mit Reputation verwechselt wird, die Regel des Vorrangs kulturell-ästhetischer Werte vor materiell-monetären Werten nicht verletzt wird, die Entwicklung der Kulturgesellschaft vorankommt und der Systemcharakter der individuellen und gesellschaftlichen Vitalität ausreichend beachtet wird, kann davon ausgegangen werden, dass damit zugleich auch die Eindämmung von Kriminalität und Korruption verbunden sein wird.

Nebenbei wäre noch zu erwähnen, dass natürlich ein auf ethischen Werten basierendes Rechtssystem und der Wille und die Fähigkeit, diesem auch Geltung zu verschaffen, eine wichtige implizite Randbedingung einer entsprechenden Aufwärtsentwicklung sind.

5.4 Umweltzerstörung, Ressourcenverschwendung, Bevölkerungsexplosion

Dass der Mensch versucht, die Atomkraft zu nutzen, dass er dabei Risiken zur lebensfeindlichen atomaren Verseuchung ganzer Landstriche eingeht, die bereits zum

Teil eingetreten sind und die mit absoluter Gewissheit wieder eintreten werden, dass er sich ein Atommüll-Problem schafft etc., ist einerseits völlig irrational und widerspricht andererseits auch jeglicher Art der Motivation, die aus halbwegs gesunder emotionaler Dynamik begründbar wäre. Die einzige mögliche Erklärung für ein solches Verhalten kann wohl nur darin bestehen, dass sich der Mensch, wenn er so handelt, in einer ernsthaften Notlage wähnt und er keinen anderen Ausweg mehr weiß.

Gerade bei den Gesellschaften, die Atomkraft nutzen, ist allerdings nicht erkennbar, dass es ernsthafte reale Not gibt. Es ist vielmehr so, dass sie sich lediglich Prinzipien verschrieben haben (wie z. B. dem Zwang zum Konsum und zum extrem gesteigerten Komfort), die in letzter Konsequenz zu solchen Entscheidungen führen, wobei die Einhaltung dieser Prinzipien durch keinerlei Notstand diktiert wird, sondern eher durch bequemes Festhalten am einmal eingeschlagenen Weg. So gesehen ist die Nutzung der Atomkraft nur eines der vielen Anzeichen, die dafür sprechen, dass die menschliche Gesellschaft in ihrem Verhalten, milde ausgedrückt, mindestens eine Neigung zur Unzurechnungsfähigkeit hat.

Gerade aus der ästhetischen Sichtweise fällt dies besonders ins Auge.

Weitere extreme Symptome sind Kriege und terroristische Zerstörungsakte wie auch jegliche Formen von Gewalt und Repression. Darauf wird weiter unten noch eingegangen.

Abgesehen davon gibt es zahlreiche weitere rätselhafte Erscheinungen, die, zwar vielleicht mit etwas geringerem Grad der Absurdität, im Prinzip jedoch in dieselbe

Kerbe hauen. Dazu gehören – wie im Eingangskapitel beschrieben – unter anderem:

- die Verbrennung fossiler Energieträger in großen Mengen mit der Konsequenz des Anstiegs des Treibhauseffektes und des Meeresspiegels, der Verschiebung von Klimazonen, der Zunahme extremer Wetterereignisse, der beschleunigten Erosion der Gebirge etc.,
- die Verschandelung der Landschaft durch Windkraftwerke und Hochspannungsleitungen,
- die Dezimierung der natürlichen Biodiversität im Rahmen eines Verdrängungswettbewerbs und die Schaffung künstlicher Diversität mit vergleichsweise dilettantischen Methoden,
- die Zerstörung der Umwelt durch Müll, Vergiftung, Monokulturen, Rodung, Zersiedelung,
- das Vorantreiben des wissenschaftlich-technischen Fortschritts unter grober Missachtung von Gleichgewichten, Synergien und Symbiosen, deren Herausbildung ganze Zeitalter benötigt hat und deren Wirken als die wesentliche Lebensgrundlage angesehen werden muss,
- die radikale Ausbeutung aller Ressourcen, die technologisch gerade irgendwie verwertbar sind ohne Rücksicht auf die Folgen für Mensch und Natur.

All diese Tendenzen erhalten ihre Brisanz durch folgende zwei Faktoren:

- Der wissenschaftlich-technische Fortschritt gibt den Menschen die Möglichkeit, alle diese Untaten mit immer höherem Wirkungsgrad zu vollbringen.
- Die explosionsartige Bevölkerungsentwicklung sorgt dafür, dass sich die Menschheit in die Lage

bringt, diesen Prozess auch bis an die äußersten globalen Grenzen zu treiben.

Die Menschheit steuert direkt und kaum gebremst auf die weitgehende Vernichtung der Umwelt und der Lebensgrundlagen und auf den endgültigen Kollaps der Wirtschaft zu.

Dass die Preise für wichtige Ressourcen wie Nahrungsmittel und Öl zeitweilig durch Spekulationen so erhöht werden, dass weltweit krisenhafte Zustände und große Not ausgelöst werden, ist ein erstes, noch relativ schwaches Symptom für diese zu erwartende Entwicklung. Der Ruf nach Eindämmung der Spekulation, insbesondere der mit Nahrungsmittel-Derivaten, ist ganz gewiss richtig und bedenkenswert. Die Hoffnung, dass das Problem allein damit endgültig gelöst werden kann, ist jedoch nicht berechtigt. Alarmieren muss die Tatsache, dass der Ressourcenhunger der Autos und der ölverarbeitenden Industrie bereits mit der Notwendigkeit der Versorgung der Weltbevölkerung mit Nahrungsmitteln kollidiert.

Der Klimawandel mit den zu erwartenden, bereits allmählich eintretenden und nicht mehr zu leugnenden Folgen ist eine weitere Absurdität.

Aus der Sichtweise einer halbwegs intakten Vernunft, gerade aber auch aus der Sichtweise des Ästhetik-Prinzips können diese Tendenzen nur als ausgesprochen desaströs bezeichnet werden. Einerseits ist der Planet Erde voll kluger Menschen, die in der Lage sind, spezielle Sachverhalte mit hoher Kompetenz und Seriosität zu beurteilen, komplexeste Problemstellungen zu lösen und aufwendigste Projekte erfolgreich zu Ende zu bringen. Andererseits handelt die Gesellschaft als Ganzes derartig irrational, unintelligent und in tiefgreifendem Widerspruch zu den Gefühlen und Ansprüchen ihrer Mitglieder.

Für dieses Phänomen gibt es im Wesentlichen folgende Erklärungen:

- Die Übertreibung der Konsummanie.
- Die Professionalitätsfalle.
- Ganz allgemein die Tatsache, dass der Mensch längst keine natürlichen Feinde mehr hat außer sich selbst, dass er so die volle Verantwortung für sein Handeln erhalten hat, sich an diese Tatsache jedoch nur ungern gewöhnen möchte. Er breitet sich praktisch wie ein Krebsgeschwür aus, das seinen Wirt und damit sich selbst zu beseitigen droht, wobei er, im Vergleich zum Krebsgeschwür, an der Tendenz zu signifikant intelligenterem Verhalten zweifeln lässt.

Die Problemlawine, die hier auf die Menschheit zurollt, ist so drastisch, dass ein Entkommen nur gelingen kann, wenn alle Mittel ausgeschöpft werden. Das bedeutet unbedingt auch, dass die laufenden Anstrengungen zum energieeffizienten und ökologischen Wirtschaften weiter intensiviert werden. Weitere wichtige Erfordernisse sind jedoch die deutliche Reduzierung der Neigung zum expansiven ressourcenbasierten Konsumverhalten und die Eindämmung der expansiven Bevölkerungsentwicklung.

Ersteres würde einen Wertewandel, eine Justierung des Betätigungsfeldes für die Wachstumsbedürfnisse erfordern, bei der die materiell-monetäre Sphäre als primärer Fokus an Bedeutung verliert und stattdessen Informationen, Wissen, Kunst, Reputation an Bedeutung gewinnen. Implizit sollte das mit dem Trend zu höherer Achtung vor kulturellen Werten und vor der Unversehrtheit der Umwelt verknüpft sein. Es wäre richtig, hierbei auch von einer Schrumpfung der Märkte für ressourceninten-siv hergestellte Produkte und von einer Beschränkung auf das Notwendige zu sprechen. Der Schrecken dieser Vision für die nervösen kapitalistischen Märkte mag sich in Grenzen halten, wenn man geneigt ist, zur Kenntnis zu nehmen, dass das Wachstum der Austauschvorgänge nur auf eine andere Ebene verlagert wird. Einerseits sind das ganz allgemein kulturelle Austauschprozesse, andererseits resultieren daraus auch jede Menge neue Anforderungen für die Welt der Produkte wie der Finanzen. Ästhetik war auch bisher bereits einer der wichtigsten treibenden Faktoren für die Marktwirtschaft und die Werbewirtschaft bedient sich gerade dieses Hebels besonders gerne. Was sich signifikant ändert, ist nur die Richtung, in die das Schiff steuert, es ist kein Untergang. Es ist nicht so, dass die Anforderungen, die der Mensch an die Kultur und an die Märkte hat, verschwinden oder dass sie geringer werden, sie wandeln sich vielmehr nur bzw. sie steigern sich in eine bisher vielleicht etwas ungewohnte Richtung. Es handelt sich um nichts anderes als eine spezielle Art des Strukturwandels.

Das zweite wichtige Erfordernis, das der Eindämmung der expansiven Bevölkerungsentwicklung, kann nur erfüllt werden, wenn die Ursachen, die für dieses Problem verantwortlich sind, so gut als möglich beseitigt werden. Formuliert werden kann das ganz einfach: Die Armut muss durchschlagend bekämpft werden und Mindeststandards bezüglich Bildung und Aufklärung müssen durchgesetzt werden. Zur Aufklärung würde auch das Wissen über die globalen Folgen umfangreicher Nachkommenschaft gehören. Armut und soziale Unsicherheit müssten zumindest so weit bekämpft werden, dass die Anwendung dieses Wissens tatsächlich auch infrage kommt.

Trotz der dringenden Notwendigkeit, einer bei Weitem ausreichenden globalen Wirtschaftsleistung und der bestechenden Einfachheit dieser Strategie scheint es jedoch unendlich schwierig, diesen Weg ernsthaft zu gehen. Einige wichtige Schritte wurden bereits unternommen. Seit dem 16.12.1966 gibt es z. B. den „Pakt der Vereinten Nationen über wirtschaftliche, soziale und kulturelle Rechte“, auch „UNO-Sozialpakt“ oder „UNO-Pakt I“ genannt. Leider wird diese Initiative jedoch, wie viele humanitäre Projekte, im Machtpoker der Großkonzerne und Großmächte zielgerichtet unterminiert (siehe Ziegler 2011b, 146ff.).

Es wäre umso besser, je schneller der beschriebene, längst fällige Strukturwandel ernsthaft begonnen würde und je schneller weltweit Einigkeit über die humanitären Ansprüche geschaffen werden könnte. Sonst ist womöglich der Tag nicht mehr weit, an dem die Frage „Desaster oder Kultur?“ nicht mehr gestellt werden braucht.

Dieser Strukturwandel hängt vom Verhalten eines jeden Erdenbürgers ab, von seiner täglichen Lebensgestaltung, von seiner Haltung im gesellschaftlichen Kontext und von der Frage, wie er sein natürliches Mandat ausübt und weitergibt. Ein wichtiger Schlüssel liegt jedoch vor allem auch in der Sichtweise der Menschen, die am Prozess der Gestaltung globaler Übereinkünfte zum Umgang mit Umweltrisiken beteiligt sind. Es geht um die Frage, welche Art von Mandat ihnen von den Bürgern, die durch sie vertreten werden, erteilt wurde und in welchem Maß die entsprechenden Haltungen von Engstirnigkeit oder Weitsicht geprägt sind.

Im Sinne der Widerspiegelung der Umwelt im neuronalen System, der Bedürfnisbefriedigung und des Vitalsystems gilt die Regel, dass immer nur ein bestimmter Ausschnitt der Umwelt als relevant angesehen werden kann.

Zu diesem Bereich gehört mindestens immer das unmittelbare Erleben. Speziell vom Menschen erwartet man jedoch, dass er darüber hinaus auch seine Phantasie, sein Gedächtnis, seine kognitiven Fähigkeiten etc. benutzt, um der Logik einer Vorstellungswelt zu folgen, deren zeitliche und räumliche Grenzen weit über die unmittelbare Lebensumgebung und das Tagesgeschehen hinausreichen. Dabei ist es völlig gleichgültig, in welchem Grad Vorhersagen über dramatische Verläufe in der Zukunft auch tatsächlich eintreffen. Es geht vielmehr darum, dass bezüglich der Risiken, die nach bestem aktuellem Wissensstand wahrscheinlich bestehen, ein aktives Management betrieben wird. Beim Verlauf der Verhandlungen zum Nachfolgeabkommen für das Kyoto-Protokoll kann man hingegen nur konstatieren, dass die Zukunft der Menschheit im engstirnigen Interessen- und Machtpoker regelrecht verzockt wird.

Aus der kulturell-ästhetischen Sichtweise ist es nicht zulässig, dass Umwelt oder kulturelle Werte im Interesse monetärer Ansprüche beeinträchtigt werden, ohne zuvor die Frage zu klären, wie die entsprechenden Schäden kompensiert werden können. Diese Klärung ist notwendig, ein Unterlassen kann unabsehbare Folgen haben. Daraus leitet sich im Zusammenhang mit jeglicher Art der Einwirkung auf die Umwelt die Notwendigkeit der Beweislastrichtigstellung ab.

Bisher obliegt es der Natur sowie für ihren Schutz eintretenden Umweltschützern, Aktivisten und Wissenschaftlern, Beweise zu erbringen, dass Schäden eingetreten sind und Risiken bestehen. Die Notwendigkeit des Handelns muss sodann mit teilweise lächerlich anmutenden Mitteln gegenüber kapitalen und politischen Machtpolen durchgeboxt werden, bevor es irgendwann zu Maßnahmen kommt, die jedoch der Situation dann in der Regel nicht wirklich entsprechen.

Eine angemessene Lösung für dieses Problem müsste von der Schuldvermutung und von der Umkehr der heute noch weitestgehend auf dem Kopf stehenden Beweislast ausgehen. Bei jeglicher Einwirkung auf die Umwelt sollte generell unterstellt werden, dass Schäden entstehen und bei technologischen und wirtschaftlichen Aktivitäten grundsätzlich der Nachweis erforderlich ist, dass diese Schäden minimiert und kompensiert werden. Dieses Erfordernis müsste für alle Akteure auf dem Globus gelten, insbesondere jedoch auch für die großen multinationalen Unternehmen und für die Weltmächte.

Für das Verhältnis zwischen der Welt des Kapitals und des Reichtums auf der einen Seite und den in armen Ländern unter Entbehrungen leidenden Menschen auf der anderen Seite sowie in Hinsicht auf das Erfordernis, letzteren in ausreichendem Maß die Einbindung in das System der gesellschaftlichen Vitalsysteme zu ermöglichen, bietet sich ebenfalls die Beweislastrichtigstellung als Lösungsansatz an.

5.5 Machtstreben, Gewalt und Kriege

Das Verhalten des Menschen als gesellschaftliches Wesen und die Dynamik des gesellschaftlichen Entwicklungsprozesses ist heute von großer Ambivalenz geprägt. Einerseits gibt es ausgeprägten Fortschritt in vielerlei Hinsicht, andererseits treten regelmäßig animalische Verhaltensmuster zutage. Mit jedem Jahr der Entwicklung wird diese Mischung explosiver. Diese Eigenart der menschlichen Gesellschaft mag einerseits extrem lächerlich erscheinen – z. B. aus der Perspektive eines Staubkorns im Weltall –, andererseits muss sie extrem beunruhigen – z. B. aus der Perspektive eines beliebigen Menschen, der sich jedoch zufällig gerade in einer Stimmung befindet, in der er sich nichts vormacht. Letztlich ist diese Eigenart aber sowohl erklärbar als auch abwendbar.

Beginnen wir mit der Erklärung.

Oben wurde im Abschnitt mit der gleichlautenden Überschrift bereits herausgearbeitet, dass die historische Situation des Menschen durch die Notwendigkeit geprägt war, sich in einer feindlichen Umgebung zu behaupten und dazu alle zur Verfügung stehenden Mittel in Anwendung zu bringen. Aus den Naturgesetzen ergibt sich zwingend, dass dazu unter anderem auch folgende Mittel gehören:

- Das Demonstrieren von Stärke.
- Die Verteidigung von Jagdrevieren bzw. von Territorien.
- Gewalt und Totschlag.

Diese Verhaltensmuster bzw. Notwendigkeiten gehören zu einem Kontext, der insbesondere folgende Eigenschaften aufweist:

- Die Umgebung ist voller Gefahren und feindlicher Lebewesen; es geht um das nackte Überleben und um die Behauptung einer Position in der Nahrungskette; die Mittel, die zur Behauptung in dieser Umgebung zur Verfügung stehen, sind grenzwertig (es gab einmal eine Zeit, in der die menschliche Population sehr klein war).
- Der Aktionsradius der Menschengruppen war eng begrenzt.

Die heutige Situation ist weitestgehend das genaue Gegenteil:

- Die Mittel, die dem Menschen zur Verfügung stehen, um sich zu behaupten, sind extrem und potenzieren sich mit jedem Jahr. Der Mensch hat längst keine natürlichen Feinde mehr (außer sich selbst) und er steht längst am oberen Ende aller Nahrungsketten.
- Es gibt im Grunde keine territorialen Begrenzungen mehr. Zwischen allen Nationen, Gruppierungen und Schichten bestehen enge Vernetzungen. Alles hängt mit allem zusammen. Jede etwas ernsthaftere Krise und jede etwas ernsthaftere Infektion zirkuliert über den gesamten Globus. Die Erde ist längst eine große gemeinsame Residenz für das Menschengeschlecht geworden.

Das Dilemma ist, dass die alten Verhaltensmuster immer noch sehr tief sitzen.

Insbesondere beim Individuum, aber auch bei den Nationen und gesellschaftlichen Gruppierungen haben sich die Sitten verfeinert. Die Neigungen zum Aufstauen und Schüren feindlicher Gefühle und zum Ausleben von Aggressionen sind jedoch jederzeit bzw. überall präsent. Das gesamtgesellschaftliche Erklimmen der Bedürfnispyramide ist ohne Zweifel längst das wichtigste Projekt der globalen Bevölkerung und doch wird dieser Anspruch auch wiederum regelmäßig geleugnet und verraten. Die Hypothese, dass zum (Über-) Leben die Schaffung eines territorialen bzw. von physischer Dominanz bestimmten Einflussbereiches notwendig sei, der, wenn nötig, mit allen Mitteln verteidigt werden muss, ist nicht auf dem Weg, sich aus den Köpfen zu verflüchtigen.

Es ist eine banale Wahrheit, dass das auch nie endgültig passieren wird. Die Wiedererweckung derartiger Hypothesen wird vielmehr immer eines der Rückzugs-

Szenarien sein, wenn es Probleme gibt. Diese Gesetzmäßigkeit ergibt sich aus dem historischen Fundament der menschlichen Gesellschaft und aus dem Gesetz der relativen Vormächtigkeit der Bedürfnisse, welches immer auch auf die niederen Bedürfnisebenen zutreffend bleiben muss.

Als anachronistisch muss jedoch die Tatsache bezeichnet werden, dass diese Hypothese auch aus den mehr oder weniger systematisch erarbeiteten Sichtweisen vermeintlich fortschrittlich gesinnter politischer und wirtschaftlicher Kräfte nicht verschwindet und Bevölkerungs-Mehrheiten ihnen das durchgehen lassen. Die Ansprüche einiger besonders machtbesessener Exemplare des Menschengeschlechts werden auf breiter Front sanktioniert, solange es möglich scheint, den eigenen Hass, den eigenen Anspruch auf Wohlstand und Reichtum, den eigenen Glauben mit deren Strategien zu verknüpfen. Situationen, in denen die Unzufriedenheit wächst, sei es durch zufällig eintretende Krisen oder durch zufällig eskalierende Konflikte, führen regelmäßig zur Verstärkung dieses Trends, sodass die Gefahr einer Abwärtsspirale ständig präsent ist. Im Sinne der Bedürfnispyramide kann man das so sehen, dass die Weltpolitik ständig in Gefahr ist, von der sich flächenbrandartig ausweitenden Vormächtigkeit von Mangelbedürfnissen massiv nach unten gezogen zu werden.

Das Gegenmittel sind alle Arten von Wachstumsbedürfnissen und das Bekenntnis der Mehrheit und der strategisch denkenden und handelnden Köpfe an die sich selbst erfüllende Prophezeiung, dass dieser Weg des humanistischen Fortschritts gangbar ist.

Selbstverständlich ist es ausgesprochen wichtig, die Identität und Eigenständigkeit bestimmter Gruppierungen, Ethnien und Nationen zu wahren; das ist auch bereits aus ästhetischer Sichtweise absolut sinnvoll. Selbstverständlich müssen Angriffe auf die Menschenrechte zurückgewiesen werden. Wahrscheinlich kann dabei die Anwendung des allerletzten Mittels, das in Gewalt oder gar Krieg besteht, niemals vollständig eliminiert werden.

Wenn es jedoch etwas gibt, das definitiv nicht akzeptabel ist, dann ist es die Neigung vieler Gruppierungen, Großunternehmen, Staaten und Großmächte, strategisch auf das Kalkül der physischen Gewalt, des militärischen Bedrohungspotenzials oder der Erpressung durch Geld und Besitzansprüche zu setzen. Eines der größten Probleme hierbei ist die enge Wechselbeziehung der Machtpole, die in Form von Milizen, staatlichem Militär und Staatsräson gegeben sind, mit den materiell-monetären Machtpolen, die sich im kapitalistischen Marktgeschehen herausbilden. Die Wirtschaft und insbesondere die Großkonzerne neigen zur Bildung strategischer Allianzen mit den maßgeblichen militärischen und staatlichen Machtpolen. Dabei bedingen sich Kapital, staatliche und militärische Macht gegenseitig.

Das Streben von Unternehmen, im Wettbewerb immer stärker zu werden, liegt in der Natur der Sache. Es ist normal, dass in den Chefetagen Pläne zur Erlangung einer dominanten Marktposition geschmiedet werden. Gebremst werden können Unternehmen in diesem Bestreben nur durch den Verbraucher, den Konkurrenten und das Kartellrecht. Wenn diese Mechanismen jedoch versagen, dann geht das Großkapital eine fatale Symbiose mit militärisch abgestützter Staatsmacht ein. Wenn der von Wahlfreiheit und Pluralismus bestimmte Markt versagt und die Politik den Trend zu überbordenden Kapitalkonzentrationen zulässt, steigt letztlich auch die Erpressbarkeit des Staates durch die Großunternehmen. Beide sind voneinander abhängig und können fast gar nicht anders, als Hand in Hand bei der Erzeugung möglichst großer Dominanz zusammenzuarbeiten.

Hinzu kommt die oben bereits erörterte Problematik der ressourcenintensiven Art des Wirtschaftens. Aus dem Ressourcenhunger, der heutzutage durch eine leistungsfähige und prosperierende Volkswirtschaft generiert wird, resultieren Zwänge, weltweit den Zugang zu Ressourcen zu sichern mit der Notwendigkeit, sowohl alle sich im Marktgeschehen als auch in der politisch-militärischen Dynamik ergebenden Optionen systematisch auszunutzen. Das kapitalistische System schafft sich so, insbesondere auch im Zusammenhang mit der Neigung zum ausgeprägten und bewusst forcierten Konsum materieller Güter, eine künstliche Notsituation, die geostrategisches Machtstreben zur Voraussetzung für das Überleben des Systems werden lässt.

So ist es nicht verwunderlich, wenn heute ausgerechnet die Weltmächte als Blockierer vieler entscheidender humanistischer und ökologischer Initiativen auffallen. Durch ihre selbst erzeugte Abhängigkeit von Ressourcen und von der Möglichkeit, diese extensiv auszubeuten, sind sie motiviert, dies zu tun. Durch die Machtkonzentration sowohl in materiell-monetärer als auch in militärisch-politischer Hinsicht haben sie die Möglichkeit, mit ihrem Streben nach Macht und Vorteilsnahme eine Zeit lang durchzukommen.

Was für die Großmächte gilt, ist für alle kleineren und auf globaler Ebene weniger vormächtigen Länder ebenso gültig. Leider gibt es genügend Beispiele des Ringens um regionale oder territoriale Ansprüche mit den Mitteln der Erpressung, der Gewalt und des Krieges. Nicht immer ist dabei der Kapitalismus im Spiel.

Gebremst werden könnten der Staat und auf diesem Weg letztendlich auch die Großunternehmen nur durch eine ernsthafte Intervention der Bürger. Großmächten und sonstigen Machtpolen könnte wiederum das Schicksal blühen, dass ihnen eine wachsende Zahl weniger machtbewusster Staaten gemeinsam ernsthaften Widerstand entgegensetzt.

Letztlich ist alles eine Frage des gesellschaftlichen Kräftesystems. Seine Regeln sind nicht nur für die politischen Verhältnisse innerhalb eines Staates gültig, sondern auch für die globalen zwischenstaatlichen Machtverhältnisse. So gibt es mindestens zwei Kräftesysteme, im Rahmen derer sich eine Großmacht, Regionalmacht oder Diktatur ihre besonderen Ansprüche fortgesetzt erkämpfen muss.

Dass die globale Staatengemeinschaft versucht, die Dominanz der Großmächte und den Wahnwitz militanter Staaten und Gruppierungen zu bremsen, ist folgerichtig. Aus welcher Logik heraus könnte jedoch das innere Kräftesystem den Machtanspruch unterminieren wollen? Warum sollte eine Nation die eigene Regierung und das Militär des eigenen Landes im Bestreben, den Status zu erhalten und auszubauen, bremsen wollen? Die Antwort ist ganz klar: Sie wird es nicht wollen. Letztendlich ist es legitim, für die eigenen Bedürfnisse und die eigene Stärke und damit auch für die Stärke des eigenen Landes einzutreten. Darum, das zu leugnen oder zu verteufeln, geht es auch gar nicht.

Was jedoch womöglich nicht legitim ist, sind die Mittel, die dafür eingesetzt werden. Es geht also darum, dass bei der Durchsetzung der Machtansprüche auf der Höhe der Zeit agiert und mit der angemessenen Subtilität vorgegangen wird. Und das ist ein Anspruch, bei dem sich sehr wohl die in einem Land mit Machtansprüchen lebenden Bürger mit den Bürgern, die ebenfalls in dieser Welt leben, auf Augenhöhe treffen könnten. In gewissen Grenzen, was den Grad der Übereinstimmung anbelangt, könnte sich auf der Basis des gemeinsamen Anspruchs, eine globale Kulturgesellschaft zu errichten, eine Situation ergeben, bei der eine große Zahl von Erdenbürgern verschiedener Nationen und Schichten an einem gemeinsamen Strang zieht.

Im Grunde ist genau das ein seit Langem fortschreitender Prozess. Der Anspruch, eine Welt zu errichten, die von Humanismus, Menschenrechten, sozialer Sicherheit und Frieden gekennzeichnet ist, ist ein Projekt, das seit ewigen Zeiten im Gange ist. Jede Entwicklung von Beziehungen ist immer auch mit dem Bestreben verbunden, einen tragfähigen gemeinsamen Nenner zu finden, dem allerdings immer auch destruktive Vorgänge und Kräfte gegenüberstehen. Die humanistischen Ansprüche sind in vielen Verfassungen verankert. Der Vorrang des politischen Vorgehens vor dem militärischen ist die wichtigste Regel der Weltpolitik.

Das Problem ist jedoch, dass der Erfolg dieses Prozesses immer wieder auf fatale Weise infrage gestellt wird, dass nach der partiellen Lösung politischer Widersprüche sich diese letztlich doch immer wieder verschärfen und sich selbst verstärkende Destruktionsprozesse in Gang kommen, die deutlich zeigen, dass nach einer hoffnungsvollen Versöhnungsphase jeweils das nächste große Desaster vorprogrammiert ist.

Ein entscheidendes Problem ergibt sich dabei aus der Tatsache, dass Mensch und Gesellschaft im Rahmen von Schrumpfungsprozessen, Krisen und Konflikten nicht einfach mit der Gefahr einer graduell geringeren Bedürfnisbefriedigung konfrontiert sind, sondern auch mit dem möglichen Umstand, dass Bestandteile von Strukturen bzw. Bausteine des Vitalsystems infrage gestellt werden, die eine wichtige Bedeutung für das Gesamtsystem haben. So kann es sein, dass Verluste, die, von außen betrachtet, geringfügig und verschmerzbar erscheinen mögen, tatsächlich jedoch das System selbst bedrohen, in welchem sich Menschen eingerichtet haben. Aus dem emergenten Charakter des neuronalen Systems, der prinzipiellen Einzigartigkeit des Wahrnehmungsspiegels im Kopf des Individuums und dem sich daraus folgerichtig ergebenden Anspruch der Souveränität eines jeden Menschen und einer jeden Gruppe ergibt sich, dass die Beurteilung der Schwere der Folgen entsprechender Bedrohungen nur den Betroffenen selbst zukommt. Im Rahmen von Konflikten folgt aus dieser Tatsache nahezu zwingend die Konsequenz, dass regelmäßig eine der Konfliktparteien eine für sie unsichtbare rote Linie überschreitet, die bei der gegnerischen Konfliktpartei zu unerwartet heftiger Gegenwehr führt. Aus der mangelnden Beachtung dieses Zusammenhangs erklärt sich jegliche Art der Konflikt-Eskalation.

Ein weiteres Problem ergibt sich aus dem Umstand, dass es durch die unterschiedliche Stellung, die jeder Akteur im Weltgefüge einnimmt, durch die unterschiedlichen Sichtweisen und durch die voneinander abweichenden Lebensumstände, geradezu zwangsläufig zu Handlungen kommen muss, die von einer Seite in gewissem Maße wohlgemeint sind, deren Konsequenzen jedoch auf einer anderen Seite als negativ wahrgenommen werden. Auch bei den allerbesten Absichten (diese seien einmal unterstellt) ist diese Gefahr nicht vollständig vermeidbar.

Problematisch ist ferner auch, dass destruktive Vorgänge immer auch mit der Folge verbunden sind, dass die Konvertibilität kultureller und materieller Währungssysteme tendenziell abnimmt. Durch die Ausweitung von

Antipathien werden zwischenmenschliche Beziehungen eingeschränkt oder beschädigt und es kommt zur Verminderung der Möglichkeiten des Austauschs immaterieller Werte. Durch wachsende Unsicherheiten, psychologische und physische Bedrohungen verlieren die Austauschprozesse auf verschiedensten kulturellen und materiellen Ebenen einen Teil ihrer Lebendigkeit. Dadurch steigt grundsätzlich die Gefahr, dass entscheidende Teile von Vitalsystemen bedrohlich ins Wanken geraten.

Des Weiteren muss beachtet werden, dass kulturelle Bindungen, intellektuelle Kompetenzen und sonstige Bestandteile der immateriellen Vitalsystemsubstanz allmählich wachsen und dass dieser Prozess nur vorankommt, wenn zumindest partiell eine gewisse Kontinuität möglich ist, was die materiellen Lebensgrundlagen und das friedliche Miteinander anbelangt. Das ist ein Aufbauprozess, der wesentlich mehr Zeit benötigt als z. B. ein wirtschaftlicher Wiederaufbau. So kann ein unter großen Entbehrungen ausgestandener Konflikt zum Verlust gewisser, nur schwer zu ersetzender substanzieller Bestandteile der Kultur führen oder deren Aufbau verhindern.

Um aus diesem Dilemma zu entkommen, ist es aus heutiger Sicht wahrscheinlich ganz besonders wichtig, einen Weg einzuschlagen, der die Chancen drastisch erhöht, dass Wachstumsbedürfnisse das Geschehen auf der Erde flächendeckend bestimmen können. Dazu ist es insbesondere erforderlich, folgenden Erfordernissen Geltung zu verschaffen:

- Es muss ein Entwicklungstand des Gemeinwesens angestrebt werden, bei dem alle Menschen, je nach den psychischen und körperlichen Möglichkeiten, die ihnen gegeben sind, durch eigene Anstrengungen für die Erfüllung ihrer Grundbedürfnisse sorgen können.

- Allen Menschen muss eine faire Chance eingeräumt werden, an den kulturellen Prozessen und Errungenschaften teilhaben zu können.
- Wenn es bezüglich einer Region, einer Ethnie, einer Bevölkerungsschicht nicht gelingt, den auf Eigenständigkeit basierenden Prozess der Integration in die gesellschaftlichen Austauschprozesse erfolgreich voranzubringen, hat die Lösung dieses Problems Vorrang vor allen anderen gesellschaftlichen Aufgaben und Erfordernissen. Falls dazu außergewöhnliche Mittel nötig sind, wie z. B. der vorübergehende Schutz eines schwächelnden regionalen Marktes durch Zölle oder seine mögliche Stützung mithilfe von Subventionen, die aus dem Steuer-Topf des demokratisch legitimierten Erdenstaates angeboten werden, so hat dies Vorrang vor den sonst gültigen Marktwirtschaftsprinzipien. Schwache Keime der marktwirtschaftlichen Teilhabe, deren Entwicklung jedoch Voraussetzung für die auf Souveränität basierende Integration eines Teiles der Weltbevölkerung ist, müssen geschützt werden, bis eine gewisse Konkurrenzfähigkeit gegeben ist. Dazu gehört, dass ihnen nicht zugemutet wird, mit hochproduktiven oder gar subventionierten Großunternehmen auf gleicher Augenhöhe konkurrieren zu müssen. Dazu gehört, dass Subsistenzlandwirtschaft unabhängig von der jeweils bereits erreichbaren Produktivität gefördert und vor Übergriffen durch die Logik des Marktes bzw. durch finanzstarke oder korrupte / militante / kriminelle Kräfte geschützt wird.

- Die Wachstumsstrategie muss so ausgerichtet sein, dass nicht das gesamte Beziehungssystem sehenden Auges an die Wand des globalen Ressourcenmangels gefahren wird. Insbesondere bieten mentales Wachstum, Bildung und die Entwicklung des Intellekts die besten Chancen, diesem Anspruch gerecht werden zu können. Die Verwerfungen des kapitalistischen Systems der Gegenwart, die neoliberalistische Übertreibung und die maßgeblich auf die Ausweitung des Konsums materieller Güter ausgerichtete Wachstumsstrategie muss überwunden oder zumindest zugunsten einer mehr kulturell-ästhetischen Ausrichtung abgeschwächt werden, wie in den vorangehenden Abschnitten beschrieben.
- Letztlich muss es auf diesem Weg gelingen, den Charakter der Globalisierung so zu verändern, dass weniger wirtschaftliche Abhängigkeit und Gegensätzlichkeit geschürt wird, dass stattdessen strategisch wirtschaftliche Synergien für weitestgehend alle Erdenbürger aufgebaut werden und der Anspruch zur Entwicklung einer globalen Kultur- und Wohlstandsgesellschaft glaubhaft vermittelt wird. Solange die maßgeblichen Gewinner der Globalisierung auf militärische und wirtschaftliche Dominanz und auf den a priori nicht menschlichen Shareholder Value setzen, wird hingegen zwangsläufig Ablehnung und Hass provoziert.
- In Hinsicht auf potenzielle oder manifeste Konflikte muss allen Seiten klar sein, dass jede noch so kleine Verstärkung des Drucks, jeder noch so kleine Nadelstich beim Adressaten eine existenzielle Bedrohung (des Vitalsystems) auslösen kann. So muss jedes Bedrohungsszenario schrittweise zum Aufbau eines Drucks führen, der sich auch bei noch so de-

fensiver Primär-Haltung (diese sei einmal unterstellt) irgendwann entladen muss. Es ist ein Gebot der Vernunft, die Fähigkeit zu kultivieren, Druck auszuhalten, ohne den Gegendruck zu erhöhen. Nur wenn das die oberste Strategie ist, gerät der Begriff der Verteidigung, den militärische Ministerien heute in der Regel im Namen führen, nicht zur Heuchelei.

- Eine gnadenlose Embargopolitik, auch wenn sie einem noch so menschenverachtenden Regime gilt, kann nur falsch sein, da sie vor allem das Volk trifft und ihm die kulturelle Substanz nimmt, die später die Grundlage für den friedlichen Aufbau einer humanistisch-demokratischen Gesellschaft sein könnte.

Machtansprüche mit den der heutigen Zeit angemessenen Mitteln geltend zu machen bedeutet, dies mit intelligenten und subtilen Mitteln zu tun, mit Politik, Diplomatie, Klugheit, Verhandlung sowie mit offenem Visier und transparentem Verhalten, nicht jedoch mit dem Ausspielen militärischer oder wirtschaftlicher Stärke, mit der Inbesitznahme der Welt durch das Großkapital und mit dem Dogma des freien Marktes um jeden Preis, auch um den der Trennung der Menschen in solche, denen Menschenwürde und Grundrechte gegeben sind und solche, denen keine fairen Chancen gewährt werden. Machtansprüche mit den der heutigen Zeit angemessenen Mitteln geltend zu machen bedeutet zu überzeugen und Vertrauen zu generieren, dass die Strategie tatsächlich auf das Ziel ausgerichtet ist, eine Kulturgesellschaft zu entwickeln, in der alle Menschen an den Austauschprozessen teilnehmen können und in der Gruppierungen, Ethnien, Religionsgemeinschaften, Regionen und Nationen ihre Identität wahren können.

Wer eine Machtpolitik toleriert oder unterstützt, die ganz offensichtlich nicht auf diesen Anspruch ausgerichtet ist, macht sich letztendlich mitschuldig an der Verschärfung der globalen Gegensätze und daran, dass das Globalisierungsspiel mit dem erhöhtem Risiko des Desasters behaftet ist. Wer die Augen vor Akten der Erpressung, Ausbeutung, Unterdrückung oder Menschenrechtsverletzung, vor barbarischen Praktiken oder vor dem Zwang zum Schweigen verschließt, die von einem Staat, einer Kaste, einer Gruppierung, einer mafiösen Organisation ausgehen, mag dafür unterschiedliche Motive haben. Eines davon ist Angst und die legitime Abwägung, dass die Sicherheit der eigenen Familie wichtiger ist, als von Fairness geprägte gesellschaftliche Verhältnisse. Wer jedoch über den realen Spielraum verfügt, etwas dagegen zu unternehmen – auf der Basis der Menschlichkeit und Gewaltfreiheit – und sei dies vermeintlich auch ein noch so schwacher Impuls, der verpasst eine Chance, einen Beitrag zur Verbesserung der Welt zu leisten.

Bei der Abwägung der entsprechenden Entscheidungen muss klar sein, dass Akteure, die Machtpositionen in einer Art und Weise nutzen, die den Anforderungen an die Menschlichkeit nicht gerecht wird, sich ethisch-moralisch auf eine sehr tiefe Stufe stellen. Es besteht kein Anlass zu dem Verdacht, dass ihnen Reputation in bemerkenswertem Ausmaß zusteht. Diese Regel gilt unabhängig von Besitz, Reichtum, physischem Bedrohungspotenzial, historischer Rechtfertigung oder früheren Verdiensten.

Bei der Verwirklichung der keinesfalls utopischen Vision einer gerechten Welt besteht ein besonderes Problem darin, dass jedes Volk und jeder Staat den Weg selbstverständlich nur souverän, auf inneren Prozessen der Willensbildung basierend beschreiten kann. Die Weltgemeinschaft hat prinzipiell keinen Anspruch auf ein dirigistisches Einschreiten von außen. Sie kann und muss jedoch versuchen, im Rahmen der informationellen und wirtschaftlichen Austauschprozesse den humanistischen Ansprüchen Geltung zu verschaffen. Eine kluge Vorgehensweise erfordert allerdings, dies eher in Form von Angeboten zu vollziehen, die im Rahmen der kulturellen Identität des jeweiligen Landes als akzeptabel erscheinen könnten, als durch Druck, Drohkulissen und den Aufkauf von Ländereien und Ressourcen.

5.6 Kurzsichtigkeit der Demokratie und Professionalitätsfalle

In Abschnitt 1.9 wurde die These aufgestellt, dass die Kurzsichtigkeit der Demokratie ein bedeutender Grund dafür ist, dass die Gesellschaft in dem Bestreben, ihre drastischen Defizite zu beheben, immer wieder auf breiter Front scheitert. In Abschnitt 4.2 wurde postuliert, dass die Professionalitätsfalle einer der Gründe dafür ist, dass das Risiko der Aushöhlung des politischen Pluralismus und der Demokratie ständig eintritt (Risiko 2). Die wichtigsten in diesem Zusammenhang zu nennenden Probleme sind die folgenden:

- Die kurzen Legislaturperioden sind ein Faktor, der die Fähigkeit der Legislative deutlich beschränkt, Entscheidungen zu treffen, die für die langfristige Perspektive wichtig, für die nähere Zukunft jedoch eher mit unbequemen Einschnitten verbunden wären.
- Die Politiker sind teilweise darauf angewiesen, die durch Lobby-Vertreter zur Verfügung gestellte Expertise zu nutzen sowie auf die Stimmungen zu achten, die bei diesem besonders einflussreichen Teil

der Wählerschaft vorherrschen. Seitens der Lobbyisten ist es dabei legitim, dass sie professionell die Sichtweisen ihrer jeweiligen Interessengruppe vertreten.

- Forschungs- und Entwicklungsprojekte speisen sich maßgeblich aus Mitteln, die von finanzkräftigen Interessengruppen strategisch in diese Projekte investiert werden.
- In vielen Demokratien werden die Bilanzen bei der systematischen und gerechten Gestaltung der Gesellschaft zusätzlich sehr stark durch Korruption und Kriminalität belastet.
- Von anderen Staatsordnungen, in denen wichtige demokratische Rechte oder Menschenrechte keine Geltung haben, kann man noch weniger erwarten, dass sie Beiträge zur Entwicklung der menschlichen Gesellschaft leisten, die von Gerechtigkeit, Weitsichtigkeit oder Gewissenhaftigkeit gekennzeichnet wären.
- Von fortschrittlichen Demokratien kann man offensichtlich wiederum nicht erwarten, dass sie sich gegenüber weniger wohlhabenden oder weltanschaulich anders orientierten Gesellschaften jederzeit fair verhalten.
- Krisenhafte Entwicklungen, die nicht zuletzt auf systematische Defizite in der Politik und im Wertesystem zurückgehen, führen außerdem zu Handlungszwängen, durch die Spielräume für eine gerechte und strategisch klug angelegte Politik zusätzlich eingeschränkt werden. Zitate aus der politischen Debatte wie „Wir müssen die Probleme Schritt für Schritt lösen“ oder „Wir fahren ein Stück

weit auf Sicht“ illustrieren sehr schön, auf welchem Niveau das politische Handeln häufig stattfindet.

Diese Charakteristika des demokratischen politischen Geschehens könnte man anprangern, verteufeln, verfluchen – zumindest muss man sie kontrovers diskutieren. Eigentlich gibt es gute Gründe dafür, warum der demokratische Prozess diese Tendenzen aufweist. Eine Politik, bei der alle mitbestimmen und bei der die Mandate regelmäßig ablaufen und neu vergeben werden, hat den Preis, dass es keine Instanz gibt, die längerfristig planerisch tätig ist und die die Geschicke systematisch lenkt. Stattdessen muss jeder Schritt immer wieder das Resultat aus der Abwägung aller Interessen sein. Andere Ansätze – wie z. B. der der Planwirtschaft oder verschiedenste Formen der Diktatur – haben gezeigt, welche fatalen Folgen es haben kann, wenn sich der Staat zu weit vom Prinzip der Gewaltenteilung entfernt.

Andererseits ist es nicht plausibel, warum man beim einzelnen Menschen erwarten kann, dass er seine Bedürfnisse, seinen Intellekt und seine Lebensgestaltung in den Griff bekommt und dass er dabei lernt, systematisch vorzugehen, während man an den Menschheitsorganismus diese Anforderung nicht stellen darf. Wo liegt die Ursache für diesen Widerspruch? Was wird hier eigentlich falsch gemacht?

Dieser Widerspruch kommt weniger dadurch zustande, dass die Teilung des demokratischen Prozesses in die drei Gewalten Legislative, Exekutive und Judikative falsch wäre, sondern dadurch, dass ein vierter Baustein erforderlich ist, der jedoch zu schwach entwickelt ist. Dies ist die Fähigkeit der demokratischen Gesellschaft, ihre Entscheidungen nicht nur an den akuten Zwängen der schwankenden Stimmungen und Kräfteverhältnisse auszurichten, sondern ihnen zugleich auch eine Komponente zu verleihen, die analytisches und planerisches Vorgehen verkörpert. Dazu zählt die Fähigkeit der demokratischen Gesellschaft, der Legislative mehrheitsfähige Analysen, Hypothesen und Entwürfe zum Thema der systematischen Gestaltung der Gesellschaft vorzulegen, die der globalen Dimension des Menschheitsdilemmas tatsächlich genügen könnten. Es ist die Fähigkeit der Gesellschaft, einen offenen und vorbehaltlosen Diskurs über die eigenen Geschicke zu führen und daraus praktikable Lösungsstrategien zu entwickeln. Zieht man diesbezüglich einmal in stark verkürzter Form Bilanz, so ergeben sich auf der Haben-Seite unter anderem folgende Punkte:

- Es gibt eine ausgeprägte Medienkultur, die sich in weiten Teilen der Welt auf der Grundlage des Rechts auf freie Meinungsäußerung entfalten kann.
- In vielen Ländern gibt es Protestbewegungen, die sich zur Bekämpfung sozialer oder politischer Probleme formieren.
- Die Welt kennt zahlreiche Organisationen, Bildungseinrichtungen, Wissenschaftsbetriebe und Denkfabriken (bzw. Thinktanks), die sich unter anderem mit soziologischen, ökologischen, gesellschaftlichen, wirtschaftlichen und politischen Problemstellungen auseinandersetzen. Viele dieser Einrichtungen befinden sich zwar über ihre Trägerschaft bzw. über vorgegebene Themenspektren in einer gewissen Nähe zu Interessengruppen, zur lobbyistischen Expertise und zur Professionalitätsfalle. Andererseits ist eine halbwegs erfolgreiche Auseinandersetzung mit den Themen unserer Zeit ohne eine sehr weitgehend ergebnisoffene und schöpferische Herangehensweise gar nicht mehr denkbar.

- Der im Internet stattfindende globale Kommunikationsprozess ist unter anderem auch durch Diskussionen geprägt, in denen politische Themen aufgegriffen werden.

Auf der Soll-Seite muss man jedoch erwähnen,

- dass es bezüglich der gesellschaftlichen Prozesse und der Frage, wie diese zu beurteilen und zu beeinflussen seien, auch so etwas wie eine Deutungshoheit gibt, die im Sinne der Wahrung von Machtansprüchen mit professionellen Mitteln hart umkämpft wird. In dieser Hinsicht befindet sich die Welt heute noch zu sehr im Banne zweier herausragender historischer Gegebenheiten. Diese sind zum einen das Scheitern der linken Ideologien und zum anderen der hohe Stellenwert der Chicagoer neoliberalistischen Schule.
- Ersteres hat dazu geführt, dass es heute regelrecht verpönt ist, weltanschauliche Sichtweisen zu reflektieren, die in erster Linie der Gerechtigkeit verpflichtet sind.
- Letzteres hat die dadurch entstandene Lücke besetzt, indem dem erklärten Prinzip des Eigennutzes, der Gier, der Maximierung des Shareholder Value, der Privatisierung als pauschaler Problemlösungsstrategie und der Mär vom Markt als Naturgesetz etc. ein Platz in den globalen Wertesystemen zugewiesen wurde, der ethische Maßstäbe zu sehr an den Rand geraten lässt.

Heute ist weitgehend unstrittig, dass der Neoliberalismus eine Fehlentwicklung ist und dass wieder mehr auf regulierende Maßnahmen gesetzt werden sollte. Diese Notwendigkeit ergibt sich bereits aus den krisenhaften Entwicklungen, die seit 2008 zu verzeichnen sind.

Es wäre jedoch sinnvoll, darüber hinaus auch die Tatsache zu akzeptieren, dass es der Gesellschaft an tragfähigen weltanschaulichen Hypothesen und an Problemlösungsstrategien mangelt, die sowohl der globalen Dimension des Dilemmas als auch ethischen Ansprüchen besser genügen können. In Hinsicht auf die Deutungshoheit wäre dabei zu beachten, dass diese allein dem souveränen Träger der Staatsgewalt, d. h. dem Volk bzw. allen Erdenbürgern gemeinschaftlich zukommt.

Glücklicherweise ist die Medienkultur, zumindest partiell, so gut entwickelt, dass die ethischen Defizite des globalen Machtpokers auch ständig an den Pranger gestellt werden und man sie so als solche überhaupt entlarven kann. Etwas schwieriger scheint es jedoch zu sein, Bilder zu zeichnen, die die Hoffnung verstärken würden, dass es für einige der Antagonismen womöglich wirksame Lösungswege geben könnte.

Die Protestbewegungen geben Anlass zur Hoffnung, dass die Zivilgesellschaft in der Lage ist, Unrecht und Missstände unter Eingehung von Risiken zu bekämpfen. Gleichzeitig zeigt sich, dass es häufig sehr mühsam ist, brauchbare Lösungswege zu beschreiten und fühlbare Fortschritte zu erreichen.

Der Bildungs- und Wissenschaftsbetrieb, Institute und Denkfabriken, Organisationen und Stiftungen leisten viele wertvolle Beiträge zum gesellschaftspolitischen Diskurs, ohne die die heutige Welt viel hoffnungsloser wäre. Doch die Gesamtbilanz fällt noch etwas zu brav aus. Die Herangehensweisen könnten offensiver sein, respektloser gegenüber gesellschaftlichen Konventionen sowie etwas mehr auf den globalen Wohlstand ausgerichtet denn auf die Sichtweise, die sich im Rahmen des jeweils zu bearbeitenden Themas aufdrängt.

Im Internet wiederum mangelt es nicht an der nötigen Respektlosigkeit. Das Netz wird täglich von ketzerischen Blogs zu jedem beliebigen Thema überflutet. Insgesamt spielen jedoch Narzissmus und die destruktive Troll-Kultur dabei eine herausragende Rolle. Versuche, gesellschaftspolitische Problemstellungen etwas ernsthafter zu thematisieren gibt es zwar auch, sie finden jedoch in der Regel keine große Resonanz. Am besten gelingt dies noch im Zusammenhang mit Protestbewegungen.

Von einem offenen Diskurs über die systematische Gestaltung der globalen Kulturgesellschaft könnte dann die Rede sein, wenn es gelingen würde, positive Aspekte aus all diesen Prozessen so weit wie möglich zusammenzuführen. Dieser Prozess würde dann berechtigt als „offen“ bezeichnet werden können, wenn er zumindest folgende Charakteristika aufwiese:

- Respekt in dem Sinne, dass die jeweilige historische Situation als Ergebnis des schöpferischen Ringens aller Menschen betrachtet wird, die bisher das Licht der Welt erblickt haben; Respekt in dem Sinne, dass es nicht sinnvoll ist, bisherige Erfahrungen und Wissensbausteine einfach zu ignorieren oder vom Tisch zu wischen.
- Respektlosigkeit in dem Sinne, dass keine Dogmen akzeptiert werden, dass Theorien, Konventionen und Wertesysteme vorbehaltlos hinterfragt werden, dass Beiträge von Eliten und professionellen Teilnehmern nicht anders behandelt werden als die von beliebigen andere Teilnehmern, dass suggestive Wirkungen, die von ökonomischen oder militärischen Spannungsfeldern ausgehen, nicht akzeptiert werden.

- Die Kommunikation zeichnet sich durch ein Klima aus, das von Konstruktivität und schöpferischer Offenheit gekennzeichnet ist. Schulen und Ideologien, die regelmäßig reflexhafte Abwehrreaktionen oder fortgesetzte Grabenkämpfe auslösen, eignen sich nicht dazu, in diesem Diskurs eine Rolle zu spielen. Für die entsprechenden Themenfelder muss im Zweifelsfall eine neue Sprache gefunden werden.
- Primäre Ausrichtung auf die Prioritäten, die sich im Sinne der globalen Gemeinschaft stellen, wobei selbstverständlich von einem Bild des Menschen und der Gesellschaft ausgegangen wird, das Individualität, Verschiedenartigkeit und kulturelle Identitäten berücksichtigt.
- Keine Scheu vor den großen internationalen Konzernen, den mächtigsten Staaten, bedeutenden Oligopolen, kriminellen Organisationen. Wenn der globale gesellschaftspolitische Diskurs diesen Teil der Verhandlungsmasse ausblendet, kann man ihn auch gleich begraben. Es kann sein, dass es notwendig wird, Menschen, die in diesem Sinne besonders exponiert sind, durch eine globale demokratische Legitimation und durch eine globale Exekutive zu schützen.
- Der Diskurs findet auf internationaler Ebene statt. Die Teilnahme steht prinzipiell allen Erdenbürgern offen. Der Diskurs findet in der Weltsprache statt – de facto ist das Englisch. Im Zusammenhang mit im Internet ablaufenden Meinungsbildungsprozessen ist es sinnvoll, auf die gesicherte Identität der Teilnehmer zu setzen.
- Ein wichtiges Ziel ist die Erarbeitung von Analysen, Hypothesen und strategischen Konzepten, die der

Legislative als Vorlagen zur Verfügung gestellt werden können und es ihr ermöglichen, Entscheidungen zu treffen, die, wenn nötig, auch unbequeme Maßnahmen beinhalten oder gewisse Risiken in sich bergen. Der vorangegangene offene Dialog bietet in gewissem Maße die Gewähr, dass die Gesellschaft von den Konsequenzen nicht überrascht wird.

- Der Diskurs zeichnet sich dadurch aus, dass er zumindest teilweise auf Beiträgen basiert, die naiv erscheinen. Ein weiteres Charakteristikum besteht darin, dass die Teilnahme grundsätzlich und jederzeit möglich ist, ohne dass dafür umfangreiche Mittel und Leistungspotenziale erforderlich wären.
- Die Arbeitsweise ist jedoch prinzipiell auch auf Wissenschaftlichkeit und Professionalität ausgerichtet. Professionalität ist in diesem Fall im Sinne von echter Substanz und Fundiertheit gemeint, nicht im Sinne der Blendung durch eine schöne oder populistische Fassade. Professionalität ist des Weiteren im Sinne möglichst großer Unabhängigkeit oder möglichst großer Nähe zur Gesamtheit aller Erdenbürger zu verstehen, nicht im Sinne der Nähe zu irgendwelchen anderen Geldgebern oder Autoritäten bzw. nicht im Sinne der Nähe zur Professionalitätsfalle.
- Der Diskurs führt niemals zu einem fertigen Ergebnis. Es ist sicher kaum möglich, ein einmal erreichtes Kreativitätslevel jederzeit zu halten oder weiter auszubauen. Es wäre jedoch wenig hilfreich, wenn man sich dadurch zur Dogmatisierung oder Ideologisierung verführen ließe.

Das vorliegende Buch versteht sich als Beitrag zu diesem Diskurs.

5.7 Der Weg zur Kulturgesellschaft

Wie wäre es zu erreichen, dass die menschliche Gesellschaft sich endgültig auf den Weg zur Kultur macht, dass sie das Wohl all ihrer Mitglieder ernsthaft sucht und dass sie es dabei geschickt vermeidet, erst schlimme Zäsuren eintreten zu lassen?

Ganz einfach: Die Welt entwickelt sich so, wie die Bürger es wollen.

Aus der Geschichte kann man ablesen, wie die Gesellschaft geneigt ist, die fälligen Lektionen zu lernen. Es hat z. B. der Schrecken des Zweiten Weltkrieges bedurft, damit 1945 die UNO gegründet und am 10.12.1948 die „Allgemeine Erklärung der Menschenrechte“ verkündet wurde. Auch war diese schlimme Katastrophe offenbar erst notwendig, damit die Haltung wesentlicher Teile der Gesellschaft zum Hungerproblem nun nicht mehr von Malthus’ menschenverachtendem Bevölkerungsgesetz bestimmt wurde, sondern von Völkerrechtsnormen und vom Willen, soziale Gerechtigkeit zu schaffen, was unter anderem 1945 zur Gründung der FAO geführt hat (Food and Agriculture Organization; siehe Ziegler 2011b, 98ff.).

Extrapoliert man diese offensichtlich von Stupidität gekennzeichnete Fähigkeit zum Erkenntnisgewinn, so muss es wohl erst zu tiefgreifenden Zäsuren und zu noch wesentlich schlimmeren irreparablen Schädigungen kommen, als sie heute bereits eingetreten sind, ehe das unumgängliche Einlenken letztlich tatsächlich möglich gemacht wird.

Schlägt man den Bogen zurück zur Funktionsweise des menschlichen Gehirns, so gibt es ganz allgemein zwei Wege, auf denen der Mensch zu Erkenntnissen gelangen kann. Der Weg, der z. B. auch bereits beim Säugetier mindestens verfügbar ist, ist der des Lernens durch Erfahrungen, auch „Versuch und Irrtum“ oder „trial and error“ genannt. In diesem Fall muss es zunächst zu signifikanten Veränderungen kommen, es muss etwas schiefgehen, es muss ein Schaden eintreten, es muss ein Unfall passieren, bevor der Lerneffekt folgt. Der zweite Weg ist der über die Phantasie. In diesem Fall reicht es aus, wenn über die Fähigkeit zur Simulation und Rekombination in der Vorstellungswelt bzw. in der Welt 3 von Popper Hypothesen aufgestellt, die möglichen Konsequenzen des Handelns unter Zuhilfenahme des ZB bedacht, diese verifiziert und daraus die nötigen Schlussfolgerungen gezogen werden. Kurz gesagt: die Vernunft wird eingesetzt.

Für den einzelnen Menschen ist das im Grunde kein Problem. Es ist die Regel, dass vernünftige Entscheidungen getroffen werden, bevor ein Schaden eintritt. Auf gesamtgesellschaftlicher Ebene scheint dies deutlich schwieriger zu sein. Hier bedarf es offenbar regelmäßig eines GAUs, eines schlimmen Krieges, einer Umweltkatastrophe, eines Terroranschlages, der regionalen Ausbreitung eines kriminellen oder mafiösen Krebsgeschwürs oder ähnlich desaströser Vorgänge. Das Erklimmen der Bedürfnispyramide im gesamtgesellschaftlichen Maßstab ist vom ständigen Eintreten des Destruktivitätsfalls markiert.

Das entscheidende Problem dabei sind die Fokussierung des Denkens und die im Rahmen des gesellschaftlichen Kräftesystems wirkenden Kraft-Richtungspfeile. Angenommen ein großer Teil der Menschen würde sich über gesamtgesellschaftliche Vorgänge und über den globalen Kontext Sorgen machen, sie hätte den Zugang zu ausreichenden Informationen und den Willen, diese zu benutzen, so wäre es denkbar, dass politische Strömungen mit jeweils ausreichendem Potenzial zum rechtzeitigen Einlenken entstehen. Dem ist aber nicht so. Ein großer Teil der Erdenbürger neigt vielmehr dazu, sich auf näher liegende Themen oder einen Glauben zu fokussieren, es damit gut sein zu lassen und das natürliche Mandat bei der Gestaltung der Kulturgesellschaft nicht bewusst zu nutzen. Die Neigung zum Glauben, sei es ein religiöser oder ein atheistischer Glaube (z. B. der an den freien Markt, an die Demokratie, an die Wissenschaft), ist dabei nicht das Problem. Glaube ist vielmehr, wie oben bereits herausgearbeitet wurde, eine Notwendigkeit. Das Problem besteht erst dann, wenn der Glaube dazu verführt, das natürliche Mandat nicht wahrzunehmen und den selbstbewussten Geist nicht dazu zu benutzen, entsprechend der gegebenen Möglichkeiten auf die gesamtgesellschaftliche Entwicklung und damit auf die eigene Zukunft und auf das Wohlergehen der genetischen und mentalen Nachfahren einzuwirken.

Erst wenn eine entscheidende Mehrzahl der Erdenbürger zu einer Haltung gelangt, die den offensiven Umgang mit dem natürlichen Mandat beinhaltet, stehen die Chancen für die Vermeidung des Desasters und für die friedliche Fortentwicklung der Kulturgesellschaft gut. Dazu reicht es definitiv nicht, auf die Entstehung demokratischer Verhältnisse und, wenn sie eingetreten sind, auf ihr vorbildliches Funktionieren zu hoffen und nach Abgabe der Stimme dann davon auszugehen, dass alles getan ist, was getan werden konnte. Selbstverständlich ist die demokratische Form der Mitbestimmung eines der wichtigsten und grundlegendsten Erfordernisse einer humanistischen Gesellschaft. Aber die Teilnahme an diesem Prozess als Wähler ist nicht alles. Für den Anspruch, die menschliche Vernunft gesellschaftlich zum Tragen zu bringen, ist diese Form der Einflussnahme letztlich nur eine besonders komfortable Lösung für einen kleinen Teil des Problemspektrums.

Das natürliche Mandat wahrzunehmen bedeutet viel mehr, als wählen zu gehen. Es bedeutet, im Alltag generell allen Vorgängen kritisch gegenüberzustehen, sei es als Arbeitnehmer, Chef, Firmeninhaber, Shareholder, Eigentümer, Beamter, Politiker, Bürger, Ästhet, Konsument, Marktteilnehmer, Wissenschaftler, Mitglied einer Organisation, Aktivist etc. In allen Sphären der Gesellschaft zählt der gestaltende, vom selbstbewussten Geist getragene Einfluss eines jeden Teilnehmers an den gesellschaftlichen Austauschprozessen.

Wie gesagt, es liegt an jedem einzelnen Menschen selbst, wobei denjenigen, die bereits im kulturellen Wohlstand leben oder denjenigen, die gar eine einflussreiche Stellung in der Gesellschaft erlangt haben, eine besonders herausragende Rolle zukommt.

In jedem Fall wäre zu bedenken, dass die Spielzeuge heute einfach zu groß, die Mittel zu mächtig sind, um es bei der Versuch-und-Irrtum-Strategie zu belassen oder sich dem Fatalismus zu ergeben. Aus fatalistischen Haltungen wären die mächtigen Mittel unserer Zeit nie entstanden, deshalb kann es nur falsch sein, sich ihm zu überlassen.

Eines der Zukunftsszenarien könnte ein Zeitfenster beinhalten, welches der Menschheit zur Verfügung steht, um sich ernsthaft auf die Erfordernisse der Zeit einzustellen und um den Weg zu einer globalen Kultur- und Wohlstandsgesellschaft einschlagen zu können. Verpasst sie dieses Zeitfenster, könnte eine Situation der sich selbst verstärkenden globalen Destruktion eintreten, die den letzten Weltkrieg womöglich beträchtlich relativieren würde. Dazu wäre es allerdings nötig, die drohenden

Ressourcenengpässe und die Umweltrisiken nicht zu unterschätzen sowie – je nach der persönlichen Situation – aus dem Teufelskreis des Hasses, der religiösen Verblendung oder der komfortablen Nische der Wohlstandscouch herauszufinden und auf der Basis der Achtung vor den Mitmenschen und vor der Natur Einigkeit herzustellen. Wenn dieses Projekt mangels Beteiligung nicht stattfindet, besteht kein Grund zum Optimismus.

Zwei Punkte sind dabei noch besonders wichtig. Erstens ist es die fortgesetzte Bereitschaft aller Beteiligten, etwas aufzugeben. So plausibel es erscheint, dass Menschen darauf bestehen, an dem geliebten Hass oder Wohlstand festzuhalten, so falsch ist es auch. Man kann nur etwas Neues gewinnen, wenn man bereit ist, etwas aufzugeben, und das ohne jegliche Garantien. Zweitens muss Politik als strategische Design-Aufgabe begriffen werden. Politiker, die dies nicht zum Schwerpunkt ihres Handelns machen, sondern sich stattdessen in den Dienst kurzsichtiger Klientel-Interessen stellen, und Wähler, die Letzteres von den Politikern erwarten, haben es verdient, dass jegliches desaströse Szenario eintritt.

Es geht um die Frage, ob das Menschheitskind immer noch jede heiße Herdplatte anfassen muss, ehe es versteht, dass es nicht optimal ist, diese zu berühren. Mindestens zweimal konnte dies bereits vermieden werden – in der Kubakrise und am 26.09.1983 (siehe Hannusch 2012) ist es nicht zum Atomkrieg gekommen, wenn auch nur unter großer Beteiligung der Glücks-Komponente. Was zählt ist jedoch der Fakt, dass damals der Krieg nicht über das sogenannte kalte Stadium hinaus eskaliert ist.

Die heutige Situation ist weit weniger eindeutig. Wenn man will, kann man trefflich über die richtige Strategie und über Sinn und Unsinn einzelner Entscheidungen streiten. Die auf gesamtgesellschaftlicher Ebene erforderliche Wahrnehmungsleistung ist beim heutigen Stand der Dinge wesentlich höher, als im Kalten Krieg. Vor allem scheint es auch keine klaren Anhaltspunkte dafür zu geben, wann genau die Fristen für fällige Entscheidungen ablaufen. Viele Fristen sind jedoch längst überschritten – so ist es sicher, dass viele Tier- und Pflanzenarten dezimiert oder gar ausgerottet worden sind, dass der Einsatz moderner Waffen und atomare Unfälle unzählige Menschenleben gefordert haben etc. Die Frage ist: Wie weit wollen wir noch gehen?

Anhang

Der selbstbewusste Geist

Popper/Eccles 2008 stellen sich insbesondere auch der Frage, wie der selbstbewusste Geist zustande kommt und wo er lokalisiert werden kann. Im vorliegenden Buch wird diese Frage etwas anders beantwortet als bei Popper und Eccles. Im Folgenden werden die unterschiedlichen Interpretationen in einigen Aspekten diskutiert.

Das Buch „Das Ich und sein Gehirn“ diskutiert die Frage, was der selbstbewusste Geist des Menschen ist, was ihn ausmacht, worin er besteht und wo er zu lokalisieren ist. Das Buch nähert sich dieser Frage von der philosophischen (Karl R. Popper, 19–278) und von der neurologischen Seite (John C. Eccles, 279–502).

Poppers Beitrag zeichnet sich u. a. durch das Postulat aus, dass es in Hinsicht auf das Leib-Seele-Problem drei Welten zu unterscheiden gilt. Zitat (37): „Es ist aus verschiedenen Gründen zweckmäßig […], einige dieser kosmisch-evolutionären Stufen in der folgenden Tabelle 1 anzuordnen (sie ist von unten nach oben zu lesen). […] Sie hat […] den Vorzug, einige der wohl größten Ereignisse der schöpferischen oder emergenten Evolution knapp zusammenzufassen.“ (siehe Tabelle 3 nach Popper in Popper/Eccles 2008, 38)

Eccles bezieht sich auf diese Darstellung und fügt ihr bezüglich der Resultate des menschlichen Handelns eine etwas differenziertere Betrachtung hinzu. Einerseits ordnet er der Welt 3 das „WISSEN IM OBJEKTIVEN SINN“ zu und unterteilt dies in „Kulturelles Erbe kodiert in materiellen Substraten“ und „Theoretische Systeme“. Einen anderen Teil der Resultate des menschlichen Handelns sieht er in der Welt 1 – dies sind aus dem Tätigsein

Tabelle 3 – Welt 1 bis 3

Welt 3 (die Erzeugnisse des menschlichen Geistes)	(6) Kunstwerke; wissenschaftliche Entdeckungen (5) Menschliche Sprachen; Theorien (Mythen) über uns selbst und über den Tod
Welt 2 (die Welt der subjektiven Erlebnisse)	(4) Ich-Bewußtsein und Wissen um den Tod (3) Empfindung (tierisches Bewußtsein)
Welt 1 (die Welt der physikalischen Gegenstände)	(2) Lebende Organismen (1) Die schwereren Elemente; Flüssigkeiten und Kristalle (0) Wasserstoff und Helium

des Menschen resultierende „ARTEFAKTE" bzw. „Materielle Substrate von menschlicher Kreativität, von Werkzeugen, von Maschinen, von Büchern, von Kunstwerken, von Musik". Zwischen der Welt 2, bestehend aus äußerem Sinn, innerem Sinn und dem Ego oder Selbst und der Welt 1 definiert er eine im Großhirn zu lokalisierende Schnittstelle, die er Liaison-Hirn nennt (433).

Wie Eccles die Wechselbeziehung zwischen den drei Welten definiert, bringt er auf Seite 432ff. zum Ausdruck:

> Es „wird alles, was existiert und was erfahren wird, in die eine oder andere der drei Welten eingereiht: Welt 1, die Welt physischer Gegenstände und Zustände; Welt 2 die Welt der Zustände des Bewußtseins und des subjektiven Wissens aller Art; Welt 3 die Welt der vom Men-

schen geschaffenen Kultur, die die Gesamtheit des objektiven Wissens umfaßt. […] Weiterhin wird vorgeschlagen, daß eine Interaktion zwischen diesen Welten besteht. Es besteht eine reziproke Interaktion zwischen den Welten 1 und 2, und zwischen den Welten 2 und 3 im allgemeinen […] über die Vermittlung von Welt 1. Wenn das objektive Wissen von Welt 3 (die vom Menschen geschaffene Welt der Kultur) in Form verschiedener Gegenstände von Welt 1 kodiert ist – Bücher, Bilder, Strukturen, Maschinen –, so kann sie nur dann bewußt wahrgenommen werden, wenn sie über die geeigneten Rezeptoren und afferenten Bahnen zum Gehirn projiziert wird. Reziprok kann die Welt 2 der bewußten Erfahrung Veränderungen in Welt 1 bewirken, zuerst im Gehirn und dann als Muskelkontraktionen; somit ist Welt 2 in der Lage, ausgiebig auf Welt 1 einzuwirken. Dies ist die postulierte Wirkungsfolge bei der Willkürbewegung, die in Kapitel E3 betrachtet wurde. Wir können die vermuteten Interaktionen der trialistisch-interaktionistischen Hypothese folgendermaßen formulieren: Welt 1 ↔ Welt 2 und Welt 3 ↔ Welt 1 ↔ Welt 2, wo Welt 2 → Welt 1 das Problem der willkürlichen Handlung (Kapitel E3) und Welt 1 → Welt 2 das Problem der bewußten Wahrnehmung (Kapitel E2) beinhaltet. Jedoch, wenn selbstbewußter Geist mit kreativem Nachdenken über Probleme oder Ideen beschäftigt ist, scheint eine direkte Interaktion von Welt 2 und Welt 3 zu bestehen […].“

In Abschnitt 42 „Das in der Welt 3 verankerte Ich“ führt Popper aus: „Doch das menschliche Selbstbewußtsein überschreitet, wie ich meine, jedes rein biologische Denken.“ (183) Und später: „In all diesen Fällen ist es die Verankerung des Ich in Welt 3, die den Unterschied ausmacht. Sie beruht auf der menschlichen Sprache, die es uns ermöglicht, nicht nur Subjekte zu sein, Zentren des Handelns, sondern auch Objekte unseres eigenen kritischen Denkens, unseres eigenen kritischen Urteils." (184)

Insofern kann die Herangehensweise von Popper begrüßt werden. In Hinsicht auf die Evolutionstheorie von Darwin wird auch diese Bemerkung als ausgesprochen hilfreich angesehen (Kapitel P6 „Zusammenfassung", 259):

> „(9) Natürliche Auslese und Selektionsdruck stellt man sich gewöhnlich als das Ergebnis eines recht gewaltsamen Kampfes ums Dasein vor.
>
> Aber das ändert sich mit der Emergenz des Bewußtseins, der Welt 3 und der Theorien. Wir können jetzt unsere Theorien den Kampf ausfechten lassen – wir können unsere Theorien sterben lassen an unserer Stelle."

So gesehen ist es sehr beruhigend, dass die Evolution des Menschen wohl mittlerweile eng mit der Entwicklung des Bewusstseins verknüpft ist und dass der Kampf ums Dasein möglicherweise maßgeblich in sprachlichen und geistigen Sphären stattfindet.

J. C. Eccles entwirft dazu eine dualistisch-interaktionistische Hypothese über das Bewusstsein. („Vorwort", 282): „Nach der in diesem Buch vertretenen dualistisch-interaktionistischen Philosophie ist das Gehirn eine Maschine von fast grenzenloser Komplexität und Feinheit, und in bestimmten Regionen, unter geeigneten Bedingungen, ist es offen gegenüber der Interaktion mit Welt 2, der Welt der bewußten Erfahrung." Aus dieser Formulierung ist erkennbar, dass Eccles einen wesentlichen Teil des Gehirns, wahrscheinlich den gesamten der Wahrnehmung und Handlungskoordination dienenden sensomotorischen Apparat, der Welt 1 zuordnet.

Genaueres dazu wird z. B. in Abschnitt 50 „Der selbstbewußte Geist und das Gehirn“ ausgeführt (432): „Es wird vorgeschlagen, daß es – der neuralen Maschinerie mit all ihrer Leistung überlagert, wie in den Kapiteln E1 bis E6 ausgeführt – an bestimmten Orten der Großhirnhemisphären (den Liaison-Zentren) wirkungsvolle Interaktionen mit dem selbstbewußten Geist gibt, sowohl empfangend als auch gebend.“

Näher wird das in Abschnitt 51 erklärt (436):

> „Im folgenden soll die Hypothese kurz umrissen werden. Der selbstbewußte Geist ist aktiv damit beschäftigt, aus der Vielzahl aktiver Zentren auf der höchsten Ebene der Hirnaktivität herauszulesen, nämlich den Liaison-Zentren der dominanten Großhirnhemisphäre. Der selbstbewußte Geist selektiert aus diesen Zentren gemäß der Aufmerksamkeit und integriert von Augenblick zu Augenblick seine Wahl, um auch den flüchtigsten Erfahrungen eine Einheit zu verleihen. Darüberhinaus wirkt selbstbewußter Geist auf diese neuralen Zentren, indem er die dynamischen räumlich-zeitlichen Muster der neuralen Ereignisse modifiziert. So schlagen wir vor, daß selbstbewußter Geist eine überlegene interpretierende und kontrollierende Rolle auf die neuralen Ereignisse ausübt.“

Im weiteren Verlauf des Kapitels E7 wird erklärt, dass es in den Liaison-Zentren kortikale Module gibt, die die Kontaktstelle seitens der physischen Welt (Welt 1) gegenüber dem selbstbewussten Geist (Welt 2) sind. Diese Kontaktstellen sind nicht immer offen für Interaktionen mit dem Bewusstsein, sondern es gibt ein sich ständig wandelndes Muster an offenen und geschlossenen Modulen, wobei mit den in diesem Prozess gerade nicht erreichbaren Modulen sowie mit weiter entfernt liegenden neuronalen Abschnitten indirekt über die gerade offenen Module Interaktionen möglich sind.

Dem folgenden Satz in der „Zusammenfassung" des Teils von J. C. Eccles (451) kann zugestimmt werden: „Man kann behaupten, daß die starke dualistisch-interaktionistische Hypothese, die hier entwickelt worden ist, sich durch ihre große erklärende Kraft empfiehlt." Insbesondere soll auch der Annahme zugestimmt werden, dass das Bewusstsein etwas ist, das ein ausgeprägtes Eigenleben hat und dass reziproke, bidirektionale, interaktionale Prozesse zwischen dem selbstbewussten Geist und den sonstigen neuronalen Prozessen und damit auch der physiologischen und physischen Welt (Welt 1) stattfinden.

Im Weiteren gibt es jedoch eine Schlussfolgerung, die hier hinterfragt werden soll (452): „Doch die Frage: Wo ist der selbstbewußte Geist lokalisiert? ist im Prinzip nicht zu beantworten. Dies kann man sehen, wenn man einige Komponenten des selbstbewußten Geistes betrachtet. Es hat keinen Sinn zu sagen, wo die Gefühle von Liebe oder Haß, oder von Freude oder Furcht, oder von solchen Werten wie Wahrheit, Güte und Schönheit lokalisiert sind, die für geistige Bewertung gelten."

Dieser Annahme wird folgendes Postulat entgegengesetzt:

Der selbstbewusste Geist kann nur im Gehirn lokalisiert sein – und zwar insbesondere genau in jenen Zentren, die Eccles als das Liaison-Hirn bezeichnet (Abschnitt 52, 444): „Aus den Untersuchungen (Kapitel E5, E6) über globale und umschriebene Läsionen des menschlichen Gehirns dürfen wir schließen, daß das Liaison-Hirn einen großen Teil der dominanten Hemisphäre umfaßt, besonders die Sprachfelder und die polymodalen Felder ebenso wie einen großen Abschnitt des Präfrontallappens". Doch während Eccles in diesen Hirnarealen nur die Kontaktstellen zum selbstbewussten Geist sieht, soll hier behauptet werden, dass sie auch zugleich der Sitz des selbstbewussten Geistes sind.

Zugleich soll noch einmal unterstrichen werden, dass der selbstbewusste Geist eigenständig, unabhängig ist; er ist mit der Welt der sonstigen neuronalen Prozesse (und damit der Welt 1) nicht gleichzusetzen, sondern steht mit ihr in einer interaktionalen Wechselbeziehung. Wie passt das zusammen? Eine mögliche, plausibel erscheinende Erklärung dafür ist die folgende:

Die Prozesse im Großhirn laufen prinzipiell in zweierlei Modi ab – einmal im operativen Modus und zum anderen im Simulationsmodus. Der operative Modus ist zuständig für die Aufgaben, bei denen tatsächlich Interaktionen mit der Umwelt stattfinden, also z. B. beim Lösen einer Kartensortier-Aufgabe, beim Lesen eines Textes, beim Sprechen etc. und natürlich bei allen körperlichen Aktivitäten (Arbeit, Sport). Der Simulationsmodus ist bei Hirnprozessen aktiv, die nicht direkt mit solchen externen Interaktionen verknüpft sind. In diesem Fall spielen sich ähnliche Prozesse ab wie im operativen Modus, jedoch sind die efferenten Weiterleitungen gehemmt und es sind keine echten afferenten Prozesse involviert, stattdessen werden die neuronalen Prozesse aus der Erinnerung bzw. dem Gedächtnis gespeist.

Die These vom Simulationsmodus ergibt sich nahezu zwingend, wenn man berücksichtigt, dass Impulskontrolle ein wesentliches Merkmal des menschlichen Verhaltens ist. Außerdem wird diese These durch das Wissen darüber gestützt, dass bei Denkprozessen teilweise eine latente Ansteuerung von Muskeln und Aktivitätsmustern stattfindet.

Der operative Modus und der Simulationsmodus laufen im menschlichen Gehirn ständig simultan ab und sie bedienen sich (partiell) derselben Hirnareale. Die neuronalen Prozesse beider Modi können dabei als eigenständig betrachtet werden, d. h. sie sind nicht deckungsgleich und sie stehen auch nicht in einer direkten Beziehung zueinander, sondern sie stehen in einer Wechselwirkungsbeziehung. Der Kritik am Epiphänomenalismus und Parallelismus bei Popper (siehe Kapitel P3, Abschnitte 20, 24) soll hier also voll entsprochen werden.

Die Frage, wie die in einem bestimmten Augenblick offenen Kontaktstellen zwischen Welt 1 und Welt 2 erklärbar sind, kann so beantwortet werden, dass es die Schnittmenge der Module ist, die vom operativen und gleichzeitig bzw. simultan ablaufenden Simulationsmodus benutzt werden bzw. durch ihn aktiviert sind. Abgesehen davon kommt das Zusammenspiel zwischen Welt 1 und 2 über das Gedächtnis zustande.

Zur Frage der Gefühle und Emotionen soll in diesem Zusammenhang ebenfalls eine explizite Erklärung abgegeben werden. Die folgende Schlussfolgerung von Eccles soll nicht nur als unbefriedigend, sondern auch als unnötig angesehen werden (siehe auch Zitat oben): „Es hat keinen Sinn zu sagen, wo die Gefühle von Liebe oder Haß, oder von Freude oder Furcht, oder von solchen Werten wie Wahrheit, Güte und Schönheit lokalisiert sind, die für geistige Bewertung gelten." (452) Denn an anderer Stelle bei Eccles wird die Antwort auf die Frage, wo Emotionen ihren Ursprung haben, gegeben (siehe Kapitel E2, Abschnitt 13: „Emotionale Färbung bewußter Wahrnehmungen", 334f.):

> „Nauta [1971] vermutet, daß der Zustand des internen Milieus des Organismus (Hunger, Durst, Sex, Angst, Wut, Lust) vom Hypothalamus, den Nuclei septi und verschiedenen Bausteinen des Limbischen Systems, wie dem Hippocampus und den Amygdalae zum Präfrontallappen signalisiert wird. [...] Somit würden der Hypothalamus und das Limbische System über ihre Projektionen zum Präfrontallappen die bewußten Wahrnehmungen, die aus den sensorischen Inputs gewonnen werden, modifizieren, mit Emotionen färben und sie mit Motivationen überlagern."

So gesehen besteht zunächst kein Zweifel, wie extern gespeiste Wahrnehmungen und Wahrnehmungen körperlicher Aktivitäten und vegetativer Vorgänge zu ihren Emotionen kommen. Wie entstehen aber nun die Gefühle, die mit höheren Werten wie „Wahrheit, Güte und Schönheit" und der weiteren unendlichen Vielfalt menschlicher Empfindungen verknüpft sind? Die Antwort, die hier gegeben werden soll, lautet: Im Simulationsmodus werden Emotionen zusammen mit den sensorischen (genauer: sensomotorischen) Ereignissen primär aus dem Erinnerungsvermögen gespeist, das die Emotionen einschließt. Bei den Verarbeitungsprozessen in diesem Modus entstehen neue informationelle Konstrukte von nahezu beliebigem Ausmaß, wobei generell Emotionen mit im Spiel sind. Aus diesen Prozessen müssen dabei zwangsläufig neuartige, synthetische Emotionen entstehen, die es ohne die bewussten Verarbeitungsprozesse niemals geben würde. So entstehen die typisch menschlichen Gefühle und die höheren Werte (im positiven wie im negativen Sinne). Generell kann man dabei sagen, dass jegliche Emotionen immer die Relevanz ausdrücken, die die informationellen Konstrukte, an die sie geknüpft sind, für die Person haben, in deren Gehirn sie entstehen. Anders als bei einem Computer sind also alle Informationen auf diese Weise mit einer emotionalen Komponente gefärbt – dies ist das Menschliche an den Verarbeitungsprozessen.

Die emotionale Komponente kann dabei unterschiedlich stark sein – von extremer, überwältigender Stärke bis zur nahezu vollständigen Emotionslosigkeit. Der Umstand, dass praktisch alle Prozesse im Gehirn auf diese Weise mehr oder weniger stark mit zielführenden, priorisierenden Anteilen ausgestattet sind, ist der entscheidende und wahrscheinlich äußerst vorteilhafte Unterschied zum Computer.

Im Kapitel über das bewusste Gedächtnis (E8, 453ff.) wird ein enger Zusammenhang des selbstbewussten Geistes mit dem Gedächtnis und dabei insbesondere mit dem Kurzzeitgedächtnis hergestellt. Es werden zwei limbische Regelkreise beschrieben (Abschnitt 62, 472ff.), denen wesentliche Leistungen für das Kurzzeitgedächtnis und für das Langzeitgedächtnis zugemessen werden. In diesen Regelkreisen finden neuronale Aktivitäten statt, bei denen fortgesetzt räumlich-zeitliche Erregungsmuster wiederholt und modifiziert werden. Eine entscheidende Rolle spielt dabei die Aufmerksamkeitssteuerung, die wiederum eng mit dem selbstbewussten Geist verknüpft ist.

In Abschnitt 60: „Die Rolle des selbstbewußten Geistes für das Kurzzeitgedächtnis“ wird ausgeführt (465ff.):

> „Betrachten wir eine einfache und einzigartige Wahrnehmungserfahrung, zum Beispiel den ersten Anblick eines uns bisher unbekannten Vogels oder eines neuen Automodells. Zuerst finden viele Stufen kodierter Übertragung vom retinalen Bild zu den verschiedenen Ebenen der Sehrinde mit Merkmalerkennung als der

höchsten bisher bekannten Interpretationsebene statt, wie im Kapitel E2 beschrieben. Auf einer weiteren Stufe schlagen wir eine Aktivierung von Moduln des Liaison-Hirns vor, die ‚offen' gegenüber Welt 2 (Kapitel E7) sind, wobei das folgende Herauslesen durch den selbstbewußten Geist die volle Wahrnehmungserfahrung bewirkt. Dieses Herauslesen durch den selbstbewußten Geist beinhaltet die Integration zu einem einheitlichen Erlebnis der spezifischen Aktivitäten vieler Moduln, die Integration, die dem Erlebnis die abgebildete Einzigartigkeit verleiht (Kapitel E7). Außerdem ist es eine Zwei-Wege-Aktion, bei der der selbstbewußte Geist die moduläre Aktivität ebenso modifiziert, wie er von ihr empfängt, und sie möglicherweise durch Testverfahren in einer Input-Output-Weise bewertet. [...] Weiterhin müssen wir in diesen ablaufenden Mustern modulärer Interaktion geschlossene, sich selbst wieder erregende Ketten postulieren. [...]

Solange die modulären Aktivitäten in diesem spezifischen Interaktionsmuster fortbestehen, nehmen wir an, daß der selbstbewußte Geist unablässig in der Lage ist, es gemäß seinen Interessen und seiner Aufmerksamkeit herauszulesen. [...] Wir meinen, daß die fortgesetzte Aktivität der Moduln durch fortgesetzte aktive Intervention oder Verstärkung durch den selbstbewußten Geist gesichert werden kann, der auf diese Weise Erinnerungen durch Prozesse, die wir erfahren, behalten kann, und sich auf sie als entweder verbale oder nichtverbale (zum Beispiel bildliche oder musikalische) Wiederholung beziehen kann. Sobald sich der selbstbewußte Geist in einer anderen Aufgabe engagiert, endet diese Verstärkung, das Muster neuronaler Aktivitäten bricht zusammen und der Kurzzeitgedächtnisprozeß endet."

Die Dauer und Wiederholungszahl von bestimmen Aktivitäten im Regelkreis des Kurzzeitgedächtnisses wiederum hat wesentlichen Einfluss darauf, ob und wie stark bestimmte Muster auch im Langzeitgedächtnis, als chemische Veränderungen in Synapsen, eingeschrieben werden. Des Weiteren spielt dabei die Stärke der beteiligten Emotionen eine wichtige Rolle.

Im Zusammenhang mit dem Aktivitätsregelkreis des Kurzzeitgedächtnisses wird die Rolle des Hippocampus genannten Hirnareals besonders hervorgehoben. Ohne die Leistungen dieses Areals ist es möglich, bestimmte Muster und damit Gedächtnisinhalte des Kurzzeitgedächtnisses zu behalten, solange die Aufmerksamkeit ungeteilt auf diese gerichtet ist bzw. solange keine anderen Aktivitätsmuster auftreten. Unter Beteiligung des Hippocampus ist es jedoch darüber hinaus möglich, Muster auch nach Aufmerksamkeitsbeeinträchtigungen wieder zum Rotieren zu bringen. Dieses Hirnareal macht sozusagen – wenn man es in der Sprache der Informatik ausdrücken will – den Unterschied vom Single-Threading zum Multi-Threading aus. Dadurch ist es möglich, mehrere Wahrnehmungs- und Aktivitätsprogramme simultan auszuführen.

Wie oben bereits erwähnt, soll die Hypothese, dass der selbstbewusste Geist über das Liaison-Hirn mit dem restlichen Nervensystem interagiert, selbst jedoch nicht lokalisierbar ist, hier abgelehnt werden. Es wird vielmehr behauptet, dass es gerade die limbischen Regelkreise sind, die, insbesondere im Zusammenhang mit der Fähigkeit, die Aufmerksamkeit zwischen unterschiedlichen Mustern hin und her zu schalten, auch den selbstbewussten Geist ausmachen. Es wird behauptet, dass ständig simultan einerseits Wahrnehmungs- und Aktivitätsprogramme zur direkten Interaktion mit der Umwelt ablaufen und andererseits auch Simulationsprogramme, die den selbstbewussten Geist und das Kurzzeitgedächtnis verkörpern. Dabei sind alle Muster (Threads) einerseits selbstständige Prozesse, zugleich kann jedoch auch ein Teil der Muster und Informationen überspringen. Es soll noch einmal betont werden, dass angenommen wird, dass die Denkprozesse, d. h. die Prozesse, die im Simulationsmodus ablaufen bzw. die den selbstbewussten Geist verkörpern, dirigiert durch die limbischen Regelkreise, genau in denselben Hirnarealen ablaufen, welche auch für Leistungen der Sprache und der koordinierten Interaktion zuständig sind. Parallel dazu können diese Hirnareale nahezu gleichzeitig für echte Interaktionen mit der Umwelt verwendet werden, ohne dass beides zwangsläufig eng miteinander verkoppelt ist.

Natürlich ist es naheliegend, dass während einer körperlichen Aktivität sich auch der Geist einem dazu passenden Thema zuwendet, das ist jedoch nicht zwingend so. Vielmehr kann es sein, dass sich der Geist z. B. mit der Planung einer Reise beschäftigt, während ein anderer Teil des Nervensystems (ein anderer Thread) mit Wahrnehmungs- und Steuerungsaufgaben bei einer Gartenarbeit beansprucht ist. Nach einem Telefonanruf, bei dem über ein familiäre Angelegenheit gesprochen wird und ein Termin notiert wird, können beide Programme wieder aufgenommen werden.

Ebenso plausibel ist es, dass die Multitaskingfähigkeit Grenzen haben muss – insbesondere, wenn Höchstleistungen von denselben Hirnarealen verlangt würden. Zum Beispiel scheint es eher schwer vereinbar zu sein, eine Rede über ein intellektuell anspruchsvolles Thema zu halten, während gleichzeitig über ein völlig anderes, nicht minder komplexes Thema nachgedacht wird. Die erstere Anforderung ist für sich genommen komplex genug, da sie bereits simultane Prozesse im Sprachzentrum erfordert – einerseits für das Sprechen selbst und andererseits für das Durchdenken der Bedeutung dessen, was gesagt werden soll und für die Planung der nächsten Sätze.

Durch die Simultan-Hypothese verträgt sich dabei die Behauptung, dass der Sitz des selbstbewussten Geistes Hirnarealen zuzurechnen ist, die auch gleichzeitig wichtige Funktionen bei der Interaktion mit Welt 1 ausüben und die, wenn man so will, das Liaison-Hirn ausmachen, mit dem Anspruch, die dualistisch-interaktionistische Sichtweise bei der philosophischen Dimension des Leib-Seele Problems aufrechtzuerhalten. Es soll nicht starr behauptet werden, dass es nicht auch teilweise Module und Areale gibt, die keine Welt-1-Aufgabe mehr erfüllen – das wäre vielmehr zu erforschen. Sondern es soll festgestellt werden, dass es diese nicht notwendigerweise geben muss, dass das Bewusstsein sozusagen nicht unbedingt eine eigene, dedizierte Residenz haben muss, sondern dass mit dem Simulationsmodus bereits die Grundlage für einen selbstbewussten, eigenständigen Geist erfüllt ist.

Zur philosophischen Seite soll die Frage, wer ggf. Recht oder Unrecht hat, der Materialismus, der Behaviorismus, die Identitätstheorie, der Epiphänomenalismus, Descartes, Newton, Leibnitz, eine andere Schule oder Popper, hier nicht zur Diskussion gestellt werden. Die philosophischen Ausführungen von Popper sowie der Anspruch, eine dualistisch-interaktionistische Position zu beziehen, werden vielmehr vorläufig als gegeben hingenommen und es wird lediglich nach einer neuen, plausibler erscheinenden Antwort auf die Frage nach dem Sitz des selbstbewussten Geistes gesucht. Dies geschieht wiederum nicht aus einem akademischem Interesse heraus, sondern weil es für die Frage nach den Gleichgewichtsverhältnissen im menschlichen und menschheitlichen Organismus von entscheidender Bedeutung ist. Insbesondere geht es um die Annahme, dass die neurologischen Vorgänge im Zusammenhang mit Welt 1 und Welt 2 – so sehr sie auch eigenständige, eine Dualität verkörpernde Prozesse sein mögen – doch den Mechanismus, über den Emotionen und Gefühle beteiligt sind, vollständig teilen. In beiden Fällen stammen die Emotionen aus derselben primären Quelle (siehe oben Popper/Eccles 2008, 334f.). Der Unterschied ist, dass es im direkten Zusammenhang mit sensorischen Wahrnehmungen und motorischen Aktivitäten (Welt 1) primäre physiologisch induzierte Gefühle sind, während es bei den Gedächtnisinhalten um erinnerte Gefühle geht, die im Zusammenhang mit dem selbstbewussten Geist und den durch ihn erzeugten simulatorisch-synthetischen neuronalen Mustern (Welt 2) wiederum um zugehörige synthetische Kombinationen von Gefühlen bereichert werden.

In jedem Fall verkörpern Gefühle und Emotionen die Relevanz, die ein neuronaler Prozess – welcher Art auch immer – für den Menschen hat, in dem dieser Prozess stattfindet. Alle Vorgänge, die ins Bewusstsein dringen (wahrscheinlich auch solche, die nicht ins Bewusstsein dringen), verfügen über eine solche Relevanz-Komponente. Diese kann zwar mehr oder weniger stark oder schwach sein, aber ohne sie ist kein Bewusstsein möglich. Vielmehr ist es ein grundlegendes Gesetz, dass alle neuronalen Prozesse implizit einer ständigen Bewertung unterliegen. Dies geschieht auch für beliebige synthetische informationelle Konstrukte über denselben Mechanismus, wie bei rein operativen (Welt-1-) Vorgängen, über die limbischen Regelkreise.

Der selbstbewusste Geist wird durch die limbischen Regelkreise in Gang gehalten, moduliert und dirigiert. Er setzt sich jedoch aus allen Hirnprozessen zusammen, die dabei im Wahrnehmungsapparat, Steuerungsapparat und im Gedächtnis ablaufen. Er realisiert sich also als Prozess des inneren Erlebens, der in der Gesamtheit aller neuronalen Projektionsräume stattfindet. Von ganz entscheidender Bedeutung ist dabei auch noch der Umstand, dass sich dieses innere Erleben im Wachzustand unablässig fortsetzt, sodass die Illusion eines über die Zeitachse integrierten Gesamtbewusstseins entsteht. Als Illusion muss dieses Gesamtbewusstsein deshalb bezeichnet werden, weil die aus dem Kurzzeitgedächtnis bereits entflohenen Prozesse in diesem nur noch als Erinnerungsfetzen herumgeistern, die jedoch jederzeit als Referenzpunkte für den Rückruf detaillierterer Erinnerungen genutzt werden können.

Warum neigt ein Computer sehr stark und jederzeit zu unsinnigen Reaktionen, die man ihm mühsam austreiben muss (z. B. durch Tests), und warum neigt der Mensch typischerweise nicht dazu? Weil jeglicher Informationsverarbeitungsprozess beim Menschen mit einer Bewertung verknüpft ist, weil sich unsinnige Antworten und Reaktionen sofort und direkt durch irgendein ungutes Gefühl entlarven und weil die limbischen Regelkreise automatisch nach Antworten suchen, die ein ausreichend positives Gefühl vermitteln.

Die Universalität der Welt der Emotionen, die Feststellung, dass es hierbei eine Kontinuität, ein einheitliches Naturgesetz gibt, das von niederen bis zu höheren neuronalen Prozessen gültig ist, liefert eine brauchbare Verbindung von der Philosophie und Neurologie zur humanistischen Psychologie von A. Maslow und zur Maslow'schen Bedürfnispyramide.

Glossar

Ästhetik-Prinzip – Genauer: **Prinzip der differenziellen Ästhetik**. Betrachtet die Welt der menschlichen Empfindungen und Gefühle als Einheit und begreift sie als generell der (ästhetischen) Bewertung unterliegend. Erregungsmuster und Speicherinhalte im Großhirn sind grundsätzlich und generell dem Prinzip der Emotion verhaftet. Homöostase, niedere und höhere Bedürfnisse bilden insofern eine Einheit, als dass sie aufeinander aufbauen. Über niedere Bedürfnisse und deren Befriedigung entstehen Basiserfahrungen, aus denen durch → Simulation und → Rekombination komplexere Inhalte und Emotionen werden, die wiederum mit höheren Bedürfnissen korrelieren. In diesem Sinne bilden sowohl die emotionale Sphäre der menschlichen Psyche als auch das Bedürfnissystem eine Einheit. Zur Charakterisierung dieser Einheit bietet sich der Begriff „Prinzip der differenziellen Ästhetik" deshalb an, weil er sämtliche Abgründe des menschlichen Seins berücksichtigt, zugleich aber auch die optimistische und zielführende Aussage beinhaltet, dass ein Leben erreichbar ist, welches vom Streben nach den höchsten Gefühlen und seiner partiellen Erfüllung geprägt ist. Letztlich ist diese Herangehensweise auch deshalb plausibel, weil ästhetische Akzente (wie z. B. der Besuch eines klassischen Konzerts) folgerichtig dazu führen, dass auch die Grundbedürfnisbefriedigung in einem ästhetischen Rahmen zelebriert wird (z. B. ein Restaurant-Besuch nach dem Konzert). Dabei ist es wichtig zu verstehen, dass feine Ästhetik (im künstlerischen oder Knigge-Sinn) wahrscheinlich nicht die höchste Form der Ästhetik ist, sondern dass sich letztere erst dadurch erschließt, dass es gelingt, den ggf. vorhandenen hedonistisch-narzisstischen Schatten oder beschränkten Horizont zu überspringen. Aus der differenziellen Arbeitsweise des → ZB ergibt sich, dass z. B. eine sportliche Aktivität mit dem Kick eines gewissen Risikos ein intensiveres ästhetisches Erlebnis vermitteln kann als eine vergleichsweise gleichförmige Sportart. Der Verdacht liegt jedoch nahe, dass dabei noch kein nennenswerter Schatten übersprungen worden ist. Erfüllung stellt sich wohl eher ein, wenn man z. B. benachteiligten Menschen in irgendeiner Form Unterstützung zuteilwerden lässt. Dem differenziellen Prinzip entsprechend sollte es dabei insbesondere angebracht sein, das wirkliche Elend in der Welt zu bekämpfen. Je weniger die Augen vor den ekelhaftesten Auswüchsen der menschlichen Zivilisation verschlossen werden, desto höher ist der Gewinn, den der Betrachter möglicherweise für sein psychisches bzw. ästhetisches Wohlbefinden erreichen kann. Berücksichtigt man den → Menschheitsorganismus, so empfiehlt sich die generalisierte Sichtweise des Prinzips der differenziellen Ästhetik auch insofern, als dass sie die Gesamtheit aller Menschen als ästhetisch empfindende Wesen berücksichtigt. Ein weiterer Aspekt ergibt sich aus der Gegenüberstellung der inneren, emotional-ästhetischen Seite der menschlichen Bedürfniswelt mit ihrer äußeren, materiellen Seite. Die Voraussetzungen für die Bedürfnisbefriedigung werden auf der materiellen Seite geschaffen, die letztendliche Erfüllung findet jedoch immer in der emotional-ästhetischen Sphäre statt. Aufbauend auf den vorangehenden Ausführungen wird hier behauptet, dass Ästhetik das universelle und oberste Erfüllungsprinzip des neuronalen Systems und damit der Gesamtheit aus der inneren Welt des Individuums und seinen äußeren Beziehungen ist.

Destruktivitätsfall – Tritt ein, wenn wichtige Bausteine eines → Vitalsystems erodieren, so dass Synergien verlorengehen und es zum Zusammenbruch von Teilen des Systems kommt. Dabei geht es um vielfältige Erscheinungen. Beispiele sind Streitigkeiten aller Art, Ehescheidungen, Kriege, Wirtschaftskrisen, Börsencrashs sowie womöglich zumindest ein Teil der Fälle von unvermittelt auftretenden psychischen Erkrankungen. Für entsprechende Zusammenbrüche kann es erkennbare Ursachen geben – wie z. B. die Verschärfung eines Ressourcenengpasses. Ebenso können sie jedoch aus der natürlichen Dynamik der Wechselbeziehungen entstehen, wenn diese zufällig zu einem fatalen Dominoeffekt führt.

Kultur-Prinzip – Übertragung des → Ästhetik-Prinzips auf die Gesellschaft mit der Begründung, dass Kultur nichts anderes ist als die Verwirklichung ästhetischer Ansprüche in der Gesellschaft.

Menschheitsorganismus – Dieser Begriff wird hier verwendet, um zu betonen, dass alle Menschen auf der Erde durch vielfältige Interaktionen und Abhängigkeiten auf Gedeih und Verderb miteinander verbunden sind und dass sie also ein gemeinsames System bilden.

Mentale Nachfahren – Der Mensch hat prinzipiell auch dann Nachfahren, wenn er keine eigenen Kinder hat. Durch sein Dasein, durch jegliche Art der Kommunikation, hinterlässt der Mensch Spuren in der Gesellschaft und somit auch in nachwachsenden Generationen.

Natürliches Mandat – Damit wird die Tatsache ausgedrückt, dass jeder Mensch, allein dadurch, dass er da ist und in der Gesellschaft lebt, automatisch politischen Einfluss ausübt. Dieses Mandat kann er partiell weitergeben – z. B. als demokratisches Mandat, aber er kann es nicht ganz abgeben oder vermeiden. Außerdem folgt aus jeder Interaktion in der Gesellschaft auch ein gestalterischer Einfluss, der auch niemals vollständig von politischem Einfluss getrennt werden kann. Wenn jemand versucht, keinen politischen Einfluss auszuüben, besteht das Resultat lediglich darin, dass er damit für Fatalismus oder Konservativismus votiert.

Neurasthenie des ökonomischen Wachstums – Nervenschwäche der kapitalistischen Ökonomie, ihre Abhängigkeit von Stimmungen; ständige Krisenneigung des marktwirtschaftlichen Systems; Nervosität der Märkte; Wachstumszwang.

Operativer Modus – Modus von neuronalen Prozessen, in welchem sie Wahrnehmungs- und Handlungsabläufe, also Interaktionen mit der Umwelt, steuern.

Professionalitätstrend – Trend zur zunehmenden Spezialisierung der Tätigkeitsprofile und Professionalisierung der gesellschaftlichen Prozesse. Unter anderem folgt daraus, dass immer mehr Investitionsmittel und Arbeitsleistungen benötigt werden, um vergleichsweise kleine Fortschritte zu erreichen. Durch diesen Trend steigt das Risiko, dass sich die Gesellschaft zwar mit immer besseren Einzelleistungen hervortut, sich jedoch auf interdisziplinärem Gebiet und in Bezug auf die Kompetenz, ihre Geschicke ausreichend gut zu lenken, in eine fatalistische Abwärtsspirale begibt.

Rekombination – Rekombination bzw. Kombination von beliebigen neuronalen Mustern bzw. Gedächtnisinhalten. Wird durch den → Zuwendungsbegutachter im → Simulationsmodus ermöglicht. Anderer Ausdruck für Denken, kann aber auch den Fakt besser ausdrücken, dass es dabei nicht immer um hochgeistige Gegenstände geht, sondern dass es eine Kontinuität gibt von einfachen antizipatorischen Prozessen bei der Handlungsplanung und -steuerung bis zu höchsten kognitiven Leistungen. Das Grundprinzip ist immer dasselbe.

Schrecklichkeitseffekt – Empfindungen, die sich einstellen, wenn ästhetische oder ethische Ansprüche auf eine Realität treffen, die vergleichsweise barbarisch oder brutal gestaltet ist. Der → Subtilitätstrend ist mit dem Erfordernis verbunden, dass Menschen, die diesen Trend tragen, Möglichkeiten finden, mit einem mehr oder weniger krassen Widerspruch zwischen hohem kulturellen Anspruch und „schrecklicher" Wirklichkeit umzugehen. Dazu ist jeweils eine entsprechend große Leidensfähigkeit erforderlich ebenso wie ein Erklärungsmodell, mit dem sich die Hoffnung auf bessere Zeiten aufrechterhalten lässt.

Selbstbewusster Geist – Bei Popper/Eccles (2008) wird der selbstbewusste Geist mit der sog. Welt 2, den Leistungen des Kurzzeitgedächtnisses und mit dem Liaison-Hirn in Verbindung gebracht. Die Frage, wo er zu lokalisieren ist, wird jedoch als nicht beantwortbar beschrieben. Davon abweichend wird hier der selbstbewusste Geist auf die Leistungen des → Zuwendungsbegutachters, seine vermittelnde Funktion zwischen Homöostase, Kurzzeitgedächtnis und Langzeitgedächtnis sowie auf die These vom → operativen Modus und → Simulationsmodus zurückgeführt. Die Frage, wo der selbstbewusste Geist zu lokalisieren ist, wird hier so beantwortet, dass der Ort die Gesamtheit der an diesen Prozessen beteiligten Hirnareale ist. Diese Prozesse befähigen den Menschen, sich mental aus dem unmittelbaren Kontext der Interaktion mit der Umgebung sehr weit hinauszubegeben. Aus der Möglichkeit, sich so auch in Kontexte zu versetzen, in welchen er sich selbst gegenüber steht, resultiert das Ich-Bewusstsein.

Simulation – Modellmäßiges Durchspielen des Verhaltens eines realen Systems. Verwendung erfolgt hier wie bei dem → Simulationsmodus.

Simulationsmodus – Modus von neuronalen Prozessen, wenn dabei ein generalisierter inhibitorischer Mechanismus an zentraler Stelle verhindert, dass diese Prozesse mit äußeren Wahrnehmungs- oder Handlungsabläufen direkt verknüpft sind. Das Gehirn simuliert beliebige Erregungsmuster und geht spielerisch mit Sinnen und Gedächtnisinhalten um, ohne dass dabei tatsächlich Handlungs- bzw. Wahrnehmungsprozesse stattfinden. Das Komplementärprinzip dazu ist der → operative Modus. Die simulatorischen Fähigkeiten des neuronalen Systems stehen in engem Zusammenhang mit Impulskontrolle, → Rekombination, Denken und → selbstbewusstem Geist. Der Simulationsmodus ermöglicht im Zusammenspiel mit Gedächtnis, → Rekombination und dem → Zuwendungsbegutachter den Zugang zu neuronalen Mustern, die Informationen oder Vorgänge an fernen Orten, in Vergangenheit, Zukunft oder Fiktion repräsentieren.

Simultan – Begriff für scheinbar, aber nicht tatsächlich gleichzeitig ablaufende Prozesse (wird hier auch auf das neuronale System angewendet). Beispiel Simultanschach: Ein Schachgroßmeister spielt gegen 10

Gegner, geht dabei von Brett zu Brett, überlegt kurz und macht jeweils einen Zug; aus Sicht der 10 Gegner spielt der Großmeister gleichzeitig gegen sie alle. Bei genügender Leistungsfähigkeit eines simultan arbeitenden Systems ist für den Nutzer des Systems der Unterschied zwischen echter Parallelität und simultaner Arbeitsweise typischerweise nicht relevant. Computer arbeiten vorwiegend simultan, indem sie Prozessen und → Threads die Prozessorzeit scheibchenweise zuteilen. Mehrprozessorsysteme beherrschen darüber hinaus auch echte Parallelität.

Subtilitätstrend – Annahme, dass eine Komponente der Geschichte der menschlichen Gesellschaft darin besteht, dass sich der Kampf ums Dasein mit fortschreitender Zeit auf immer subtilere Ebenen verlagert. Es gibt sozusagen eine Entwicklung von der Barbarei zur Kulturgesellschaft, die sich kontinuierlich mit dem Aufbau immer besser ausgeklügelter → Vitalsysteme fortsetzt, solange keine Unterbrechung durch sich verschärfende Ressourcenengpässe oder durch den → Destruktivitätsfall eintritt. Dadurch ist z. B. auch erklärbar, warum die Menschen in der Wohlstandsgesellschaft zunehmend aus kleinen Problemen große Affären machen und warum das aus der Perspektive ärmerer Länder lächerlich erscheinen mag.

Thread – Allgemein: Faden; wird hier im Sinne des Thread-Begriffes aus der Informatik gebraucht, der einzelne → simultan zueinander ablaufende Programmausführungsstränge bezeichnet. In Hinsicht auf das menschliche Gehirn werden hier auch die einzelnen im Limbischen Regelkreis → simultan zueinander zirkulierenden neuronalen Muster mit dem Thread-Begriff in Zusammenhang gebracht.

Vitalsystem – Gesamtheit aus körperlicher und psychischer Gesundheit sowie allen zur Verfügung stehenden mentalen und ökonomischen Potenzialen. Es geht um alle Aktiva sowohl in der ästhetischen als auch in der materiellen Sphäre sowie um ihre Wechselbeziehungen. Dieser Begriff fasst die entsprechenden Bausteine in beiden Sphären zusammen und betont den Systemcharakter. Wird sowohl im Sinne des Vitalsystems des Individuums als auch der Gesellschaft gebraucht. Letzteres fasst wiederum auch die Vitalsysteme der beteiligten Individuen und ihre Wechselbeziehungen zusammen. Letztlich korreliert der Begriff „gesellschaftliches Vitalsystem" stark mit dem der „menschlichen Kultur", wobei ersterer jedoch den Suffizienz-Aspekt besonders hervorhebt. Aus dem Systemcharakter folgt, dass es nicht einfach um die Anhäufung zahlenmäßig erfassbarer Mengen geht, sondern dass skalare Veränderungen von Eingangsgrößen typischerweise diskontinuierliche Veränderungen bei Systemparametern zur Folge haben. Entscheidend ist insbesondere die Sichtweise, dass ein suffizientes Vitalsystem erst dadurch zustande kommt, dass eine Vielzahl von Komponenten errichtet und aufeinander abgestimmt wird. Die Erosion weniger Bestandteile kann bereits zur Zerstörung des Systems oder zu erheblichen Restrukturierungsaufwänden führen.

ZB/Zuwendungsbegutachter – (Englisch: AA/Attention Assessor) Zentrale Steuereinheit des Großhirns, welche die Handlungs- und Zuwendungssteuerung mit der emotionalen Bewertung der neuronalen Muster verbindet. Im → operativen Modus des neuronalen Systems steuert der ZB Prozesse der Wahrnehmung und des koordinierten Handelns. Im → Simulationsmodus werden hingegen Prozesse des Erinnerns, der → Rekombination, des Denkens gesteuert. In beiden Modi erfolgt die Begutachtung bzw. Bewertung der neuronalen Muster sowohl im Sinne ihrer Auswahl und Modulation (Zuwendung, Aufmerksamkeit, Aktivitätskoordination) als auch im Sinne der Beurteilung ihrer positiven oder negativen Wirkung für den Organismus (Emotion). Das System, welches hier als ZB bezeichnet wird, korreliert mit Leistungen, die in der Literatur einerseits als Kurzzeitgedächtnis und andererseits als Aufmerksamkeitssteuerung beschrieben werden. Die in diesem System zirkulierenden und der emotionalen Bewertung unterliegenden Signale zeichnen auch für das Einschreiben der neuronalen Muster in das Langzeitgedächtnis verantwortlich. Der ZB ist wahrscheinlich vor allem in zentral gelegenen Hirnarealen zu lokalisieren, wie limbisches System, Hippocampus etc. sowie im Präfrontalkortex. Eine entscheidende Rolle dürfte außerdem das Hypothalamus genannte vegetative Zentrum des Großhirns spielen, durch welches die als Homöostase bezeichneten Regelvorgänge zur Aufrechterhaltung lebenswichtiger Stoffgleichgewichte zustande kommen. Während durch den ZB im → operativen Modus Aktivitäten zur Grundbedürfnisbedürfnisbefriedigung gesteuert werden, fließen über diese vegetative Schnittstelle Bewertungskomponenten in die Hirnprozesse ein. Dabei werden im Langzeitgedächtnis Basiserfahrungen abgespeichert, aus denen bei den sonstigen durch den ZB dirigierten Hirnaktivitäten alle komplexeren Formen von Erfahrungen, Bewusstseinsinhalten und Emotionen entstehen.

ZB/differenzielle Arbeitsweise des ZB – Wie bei einem Regelkreis besteht das primäre Grundprinzip des ZB in der Schaffung eines ständigen Ausgleichs von zufällig eintretenden Differenzen zwischen Ist- und Sollwerten. Die Skala der am ZB einwirkenden homöostatischen Signale und Schmerzempfindungen kann normalerweise nur vom extremen Mangel (nahe minus unendlich) bis zur vollständigen Ruhe reichen (nahe Null). Die Erfahrung des Mangels provoziert jedoch nach der Beseitigung der größten Not automatisch ein Streben ins Gegenteil (in Richtung plus unendlich). Das neuronale System und allen voran der ZB stellen sich automatisch der Aufgabe vorzusorgen und der Indikator dazu sind Gefühle, die das Gegenteil der Mangelempfindungen darstellen können. Aus diesem Prinzip entspringt ein innerneuraler Wettbewerb um Signal-Sequenzen, die einen möglichst hohen Grad an Vitalität repräsentieren können. So kommt es, dass die differenzielle Skala der menschlichen Empfindungen von extremen Frustrationen und Ängsten bis hin zu Hochgefühlen und ästhetischen Erlebnissen reicht. Ohne ständige Ausschläge der Empfindungen in positiver und negativer Richtung und ohne entsprechende Spannungsfelder würde jeglicher Antrieb versiegen.

Abbildungsverzeichnis

Tabellenverzeichnis

Literatur

Conway, Edmund (2011): 50 Schlüsselideen Wirtschaftswissenschaft. Spektrum Akademischer Verlag, Heidelberg.

Crouch, Colin (2011): Das befremdliche Überleben des Neoliberalismus. Postdemokratie II. Suhrkamp Verlag, Berlin.

Hannusch, Heidrun (2012): „Der Mann, der die Welt rettete. Raketenalarm in der Sowjetunion. Es droht der Dritte Weltkrieg. Bis Stanislaw Petrow bemerkt, dass es ein Fehlalarm ist." Sächsische Zeitung vom 16.11.2012, S. 3.

Hessel, Stéphane (2011): Engagiert Euch! Ullstein Buchverlage, Berlin.

Majetschak, Stefan (2010): Ästhetik zur Einführung. Junius Verlag, Hamburg, 2., unveränderte Auflage.

Maslow, Abraham H. (2010): Motivation und Persönlichkeit. Rowohlt Taschenbuch Verlag, Reinbek bei Hamburg, 12. Auflage.

Mättig, Thomas (2012): „Kill and go". taz.die tageszeitung vom 04.12.2012, S. 12.

Popper, Karl R.; Eccles, John C. (2008): Das Ich und sein Gehirn. Piper Verlag, München/Zürich, 10. Auflage.

Spini, Debora (2006): *La societá civile postnazionale.* Meltemi, Rom.

Stanford, Peter (2011): 50 Schlüsselideen Religion. Spektrum Akademischer Verlag, Heidelberg.

Ziegler, Jean (2011a): Der Hass auf den Westen – Wie sich die armen Völker gegen den wirtschaftlichen Weltkrieg wehren. Wilhelm Goldmann Verlag, München, 3. Auflage.

Ziegler, Jean (2011b): Wir lassen sie verhungern – Die Massenvernichtung in der Dritten Welt. C. Bertelsmann Verlag, Gütersloh.